世纪波
Century Wave

创新领导力

[美] 琳娜·M. 艾切维妮亚◎著
(Lina M. Echeverria)
陈 晶 顾天天◎译

解放创造力，加速创新，带来突破性变革

IDEA AGENT
LEADERSHIP THAT LIBERATES CREATIVITY AND
ACCELERATES INNOVATION

电子工业出版社
Publishing House of Electronics Industry
北京·BEIJING

Idea Agent: Leadership That Liberates Creativity and Accelerates Innovation.
by Lina M. Echeverria
Copyright © 2013 Lina M. Echeverria.
Published by AMACOM, a division of the American Management Association, International, New York. All rights reserved.

本书中文简体字版经由 AMACOM 授权电子工业出版社独家出版发行。未经书面许可，不得以任何方式抄袭、复制或节录本书中的任何内容。

版权贸易合同登记号　图字：01-2013-3471

图书在版编目（CIP）数据

创新领导力：解放创造力，加速创新，带来突破性变革 /（美）琳娜·M. 艾切维妮亚（Lina M. Echeverria）著；陈晶，顾天天译. —北京：电子工业出版社，2017.11
书名原文：Idea Agent: Leadership That Liberates Creativity and Accelerates Innovation
ISBN 978-7-121-32822-0

Ⅰ. ①创… Ⅱ. ①琳… ②陈… ③顾… Ⅲ. ①企业领导学 Ⅳ. ①F272.91

中国版本图书馆 CIP 数据核字(2017)第 243886 号

责任编辑：刘露明
文字编辑：王　斌
印　　刷：三河市华成印务有限公司
装　　订：三河市华成印务有限公司
出版发行：电子工业出版社
　　　　　北京市海淀区万寿路 173 信箱　邮编 100036
开　　本：720×1000　1/16　印张：17　字数：230 千字
版　　次：2017 年 11 月第 1 版
印　　次：2017 年 11 月第 1 次印刷
定　　价：48.00 元

凡所购买电子工业出版社图书有缺损问题，请向购买书店调换。若书店售缺，请与本社发行部联系，联系及邮购电话：（010）88254888，88258888。
质量投诉请发邮件至 zlts@phei.com.cn，盗版侵权举报请发邮件至 dbqq@phei.com.cn。
本书咨询联系方式：（010）88254199，sjb@phei.com.cn。

赞 誉

作为剧烈动荡变革的亲身经历者,作者的观点无疑可以起到警醒、即时提示及指导的作用。她归纳出了如此多的企业文化精髓,让我们真正懂得卓越的头脑思维及叛逆的个性创造所能产生的突破各种障碍的动力。这是任何想在自己的企业中燃起变革激情的人,都必须要读的一本书。

——罗伯特·凯泽

凯泽领导力解决方案公司总裁,卡普兰·德弗里斯企业高级合伙人,
The Versatile Leader 的合著者,*The Perils of Accentuating the Positive* 的作者

无论你是什么组织、什么层级的领导者,这本书在指导你如何管理一支优秀的、充满激情和创造性的团队方面,都称得上是一部卓越的著作。琳娜·M.艾切维妮亚以她特有的激情,在她领导的团队中与成员分享和实现了共同的梦想。书中列举的事实都源自他们真实经历的激荡变革的过程,披露了在当今经济竞争的激烈环境下如何走出困境的具体心路。琳娜是一位伟大的引路者,她为职场中的传统精英们开辟出一条拓展激情的新路。你会在本书中找到完整的管理思想体系,以及许多具体的生动案例,它会为你的团队变革和发展提供有效的借鉴。

——查尔斯·费什曼

《纽约时报》畅销书作家,*The Wal-Mart Effect* 和 *The Big Thirst* 的作者,
Fast Company 杂志长期撰稿人

IDEA AGENT

市面上的绝大多数书籍都忽略了真正的变革是超越简单的程序和技术层面的这个事实。而本书的作者，却用她在美国巨型企业中亲身经历的动荡变革，以及因辉煌业绩而赢得的无懈可击的信誉，告诉了我们真正的变革意味着什么，并揭示出卓越成功背后的强大力量源泉——企业文化的重构和发展，其中包括激情、欲望及授权管理，为他人创造尽情释放的空间等。另外，书中还讲述了在新形势下如何规避风险的管理机制。作者强调，无论是创新还是改革的力量都源自企业内部，而非受外力的简单驱使。琳娜用她的睿智为我们做出了很好的引导。

——克林特·赛德尔
罗伊·帕克领导团队项目总裁，康奈尔大学约翰逊研究院院长，
The Leadership Wheel and This Hungry Spirit 的作者

作为曾经的共事者和见证人，我亲身体验到了琳娜的领导哲学在日常工作中的巧妙运用，那是一种集天赋、才智及多种人生色彩于一身的奇妙性格的混合。她凝聚起团队成员的信赖，跨越企业的部门建制，促进整体团队的协调，从而引发和带动起前所未有的激荡变革。在本书中，琳娜为我们揭示出变革并不是简单的妥当安置人才及重组资源，而是为每个个体构建独立的创造空间，使之在适宜的环境中及合作的氛围里释放出全部激情与创造力的策略。这本书不是为了那些将领导力理解为自命不凡的某种特殊才干的人而写的，而是为那些真正懂得领导力的实质——服务于团队的整体利益，释放团队成员潜在的能力——的人而作的。我有幸目睹并经历过书中提到的很多引人入胜的情节，这是他们的亲历，也是我们的生活！

——皮特·L. 博库
康宁公司玻璃研发团队首席技术官

赞誉

任何人，只要真正对突破性变革感兴趣，那么就一定会从本书中受益。书中完全个性化的描述及对真实细节的披露，尽述了一位杰出的女性在世界上最具创造活力的企业中，是如何倡导和亲历激荡变革的。这绝不是一本枯燥谈论创新与变革的理论书籍，它更像为读者特意安排的一次惊心动魄的旅行，使读者可以跨越旅途中的某些艰险，从而近距离观察一个真实女性的细腻、复杂的心路历程，很多地方都会让你感到神奇和惊异，并最终为她通过大胆变革，将一个全球性的巨型企业提升到如此辉煌的境界而感到由衷的钦佩。

——苏珊·M. 坎德尔
埃森哲咨询公司研究员
Workforce of One: Revolutionizing Talent Management Through Customization 的作者

这是一部精彩的著作，其中详述了领导力在变革中皆会涉及的最核心的问题。全书始终贯穿的个性细节，可以窥见作者琳娜在康宁公司任职期间的激烈变革过程中错综复杂而又丰富细腻的内心世界，特别是在变革过程中如何处理人的情感这一点上，我认为没有一本书能胜过本书所追求的境界。

——迪恩·R. 斯彼泽博士
Transforming Performance Measurement 的作者

序

如果让首席执行官或组织中的领导罗列一下哪些事情让他们夜不能寐，创新一定名列前茅。其中原因不难理解。成立年代久远并且拥有辉煌历史的大型公司，如今正在以惊人的速度衰落，值得警示。成立于100多年前的柯达公司面临破产；长期垄断美国零售业的西尔斯公司（Sears）正在逐步着手业务清算，开始关闭店铺、变卖旗下品牌；通用汽车公司在1959年是美国最大的公司，而在50年后也逃脱不了破产的命运。这些败落的公司还包括波德斯书店（Borders Books）、论坛公司（Tribune）、美林证券公司（Merrill Lynch）、环城百货（Circuit City），还有众多银行和航空公司。研究表明，一家经标准普尔评级的公司的平均寿命现在约为12年。进入1957年财富500强的公司只有37%在40年后依然存在。一项针对1912—1995年世界最大公司的研究中，一位经济史学家发现，只有20家公司存活了下来，而且这些公司都是与自然资源领域相关的产业，较少受到剧烈变革的影响。

面对这样的现实，公司的领导者意识到了创新对于公司生死存亡的重要性。然而，意识到与实际做到是两码事。领导者如何把创新应用于自己的组织呢？本书将就此问题给读者以启示和深刻见解。

创新最根本的问题在于采用新方法处理事务的同时提高创造力和执行力，并

序

且保证这些新的理念付诸实践。只有当新理念得到实施并贯彻执行时，我们才会说某人有创新能力或某事具有创新性。许多组织已经在工艺和产品上做出创新，却依然失败，原因就是它们没能把新的理念成功应用于市场（看看施乐帕克研究中心研发个人计算机，EMI公司研制CAT扫描仪，柯达公司发明第一台数码相机的例子）。还有的公司在执行新理念方面做得比较好，但最后因为没能配套生产新产品并提供新的服务而失败（看看百视达公司无法通过邮递方式出租DVD，美国钢铁公司调整战略却无法与小型钢铁厂生产的低成本钢材竞争，或者当年声名赫赫的泛美航空公司和环球航空公司无力与新型的廉价航空公司抗衡的例子）。领导者面临的挑战是，既要培养创造力，又要提高执行力；既要提供自由的氛围，又要有制度约束。

对于如何做到这点，不乏种种建议。虽然很多讲述创新的书籍中都包含了不少见解和实用的建议，但大多数都在某种程度上没能真正把握创新的精髓，同时僵化了创新的定义。很多研究创新与挑战的作者（包括我自己在内）都能很好地阐述组织内领导者在创新过程中面临的挑战，有时我们也能为领导者提供一些如何提高创新性的合理建议。然而，我们没能做到的是全面把握住这些建议所需要的激情及其中蕴含的复杂性。我们就像聆听交响乐表演的音乐评论家（我们既不是指挥家，也不是演奏家），或者像那些未曾经历一场战役却对伟大战役侃侃而谈的历史学家，从这个意义上讲，我们给出的建议虽然严格来说没有任何错误，却无法点明事关成败的关键点——因为你既不是交响乐队的指挥家，也不是战场上的指挥官。和众多研究组织创新却没有实战经验的作者不同，琳娜有着丰富的亲身经历。

琳娜对如何把创造力和执行力结合在一起有深刻的理解。她的经验告诉她，

IDEA AGENT

在释放研究者的创造力与监督他们生产实际产品并产生收益之间，存在微妙的平衡点，那就是"创造性张力"——正因如此，她正是阐述此问题的不二人选。琳娜不仅是拥有地质学博士学位的世界知名工程师和科学家，而且在康宁公司（Corning）有超过 30 年的担任科研员和高级经理的工作经历——这家公司拥有 160 多年的历史，在科技创新及组织变革领域取得了突出的成绩，该公司生产的一切产品都以光纤为原材料，从控制汽车排放的过滤器载体，到美国宇宙飞船的玻璃，再到智能手机的耐用显示屏。除了她无数的科技成果（个人专利及著作），琳娜还负责管理公司在欧洲和美国的科学家和技术专家。在担任康宁公司科学与技术部副部长期间，她负责研发新技术，并把这些技术转化为产品生产——创造力与执行力的核心精髓所在。在她的职业生涯中，她在陶瓷学、电信学、光纤学、纳米技术、液晶显示器等诸多领域进行了大量研究并取得了创造性的成果。所有这些她都是从小团队做起，最终带领整个研发实验室。她的业绩赢得了广泛赞誉，人们都说，只要在她手下干活，就一定能达成最好的结果，她能在团队中营造一种充满创造力和激情的氛围。她在取得辉煌的职业成就的同时，还养育了两个同样出色的孩子（两个孩子都是科学家），而且她还对自己制作服装充满浓厚兴趣。举个小例子就能说明她无穷的激情和能量，那时她在哥伦比亚重刑犯监狱所在的小岛上做实地调查研究，工作的同时还要哺育 6 个月大的宝宝。

琳娜世界知名科学家及经理人的经历，使得她洞察到了其他人仅仅通过观察和描述无法传递的内容。她的经历使她不仅体验到了成功的喜悦，同样也经历了在帮助组织创新时遇到的挫折。她能为创新组织中遇到的困难给出实用的建议，这些建议并不是从采访或案例中得到的二手知识，而是她在实施创新过程中真实的感悟。她的书既是一本引人入胜的回忆录，也是她在相关管理方面经验的浓缩

序

精华。本书讲述了关于管理创新的图书中普遍缺失的内容，即倡导创新并不仅仅是想出好点子，还会经历矛盾冲突，需要良好的心态和饱满的激情——这便是她常说的创新需要的"七种激情"。她丰富的经历使得本书更加具有说服力，弥补了其他类似图书中的缺失——帮助读者真正了解怎样才能成为促进创新在组织中发生的卓越领导者。

查尔斯·奥莱利

斯坦福大学商学院 Frank E.Buck 教授，负责组织创新执行项目，

Winning Through Innovation: A Practical Guide to Leading Organizational Change and Renewal 和 *Ambidextrous Organizations: Resolving the Innovator's Dilemma* 的合著者

Hidden Value: How Great Companies Achieve Extraordinary Results with Ordinary People 的合著者

前 言

快速创新之下的领导力

显然对于所有从事科技研发并使技术投入生产的人来说，创新的世界里充满竞争，瞬息万变，而真正的创新就必须要"走在现实之前"，才能持续地应对变化。在过去的一个世纪里，我们的生活在各个方面都大踏步地向前发展了——科技、医药、电影艺术、建筑，而实现这些转变的基础相较于当下我们遇到的挑战，都是如此"简单的事物"。当我们回顾19世纪和20世纪，可以毫不夸张地说，在那个时代发明创造要比今天容易。具体体现在，那时的发明创造仅依靠一门科学或一项技术即可，或是满足不成熟和尚未开发的市场，或是满足人们迫切的需求。从发明电灯泡、发现青霉素及之后的其他抗生素的研发或发明电影胶片，到利用光纤传递信息产生互联网，这些突破性进展可以仅依靠一位发明家的天赋或基本从事单一专业研究的团队的努力就可实现。但要在今天这个世界里取胜，不仅要有独到的洞察力和切实的创造力，还要多学科相互配合的团队共同努力。在这个复杂又多变的世界里，创新的一般流程依然需要，但并不足以产生真正的突破。

今天，产生突破性创新很困难而且日益困难。因为多数发明越来越复杂且研发速度越来越快，为了成为第一个将新技术投入市场并占据一定优势的人，创新者就必须在快速运转的团队中，对市场需求进行预测并找到解决方案。这是核心

前言

所在。让团队成员共同"演奏一场交响乐"就是推动创新的方法。首先我们要理解创造力与创新力的区别。就如特丽莎·阿马比尔（Teresa Amabile）[*]形容的：创造力是用富有想象力的方式处理问题的能力，它是创新的基本要素；创新力是以切实的方法取得突破并有获得成功可能的能力。创造力本身并不会产生创新力。带领团队创新是取得突破的关键，这是一种技能，不能等同于组织内的一般工作。就像高性能的装置一样，需要每天调试，专人处理，具体问题具体分析。

组织内不同知识背景的人每天都应该有新的创造。技术公司的研究员和业务主管，电影制片厂的演员和行政人员，医院的外科医生和管理人员，他们在一起工作，每天都会发生不同知识背景的碰撞。在给予创造以自由来寻找打破僵局的新创意的同时，要制定业务、竞争、预算及产品周期需要的规范，把握好两者间的平衡非常必要。你需要做到这两点——你可以的。成功企业的秘密是，它们知道要想利用好创造力就需要研究员、开发员、制造者、营销员一起配合工作，而不是各自为战。

如果领导者能够使团队成员产生共鸣，或者使自己的工作充满意义的同时能激情地管理成员并使组织充满激情；如果领导者的价值观是坚信获得成功就必须依靠团队合作、营造创新的文化氛围、进行个性化管理——根据不同人、不同情况、不同项目、不同团队，那么在他们的领导下，组织就能很好地进行创新。

作为领导者，我们必须最大限度地把团队中最佳员工的全部潜力激发出来，了解他们的创造性人格——他们的喜好、特质和优势，这对突破性创新至关重要。同样重要的一点是，与具有创造性人格的员工相处时如何抉择、如何处理冲突，

---

[*] 哈佛商学院教授。——译者注

IDEA AGENT

这个问题一定会出现。以上这两个关键点是"管理那些不服从管理的人"并达到目的而每天需要用到的,因为创新不能出现意外。我们需要管理、激励、启发,唤醒直觉和预感,从欢笑、愤怒、悲伤的感觉中提炼无法言表的感觉。我们需要营造一个理解创造力的氛围——在其中,人们能够具备发挥想象力并实现它的能力——同时提供发挥的空间。总而言之,我们需要用激情管理好激情。富有激情的管理方式不允许随心所欲地做无用功,或者把员工控制在狭小的空间里。它要创造一个自由、充满激情的氛围,让人们的创造力可以自由发挥,在制定较高目标的同时划定"负空间"指导思维发散。

几十年来,在管理创新的领域里不乏各种研究。在文献检索中输入"创新""变革""管理"这些关键字,你就会感到相关书籍及研究课题的数量正在成倍增长。这些作者很少谈及真正具有创新性的人,而是把大量篇幅用于定义什么样的人能被称为具有创新性。他们的研究对象是那些刚刚进入组织内倡导创新的人,这些人不想被别人领导,而且无视组织内的等级制度,希望能够取得立竿见影的效果,这些倡导创新的人自然会得到各方关注。创新者总是鲜明地表达自己的观点,专家们提出不同意见,组织内出现两派分化,创新者把支持自己一方的各种要素重新整合。

关于创新性思维本质及其过程的研究,通常会以研究管理创造力为基础。这些作者看到,一些公司经常把创新人才窝在角落里,扼杀他们的天赋,而领导者又不想自己被诟病为呆板、腐朽的领导者,于是他们就把焦点放在建立起强大、清晰、有掌控力的领导能力模式上:人才管理就是把认为具有创新性的人放到最前线,期待他们能发挥作用,同时在他们身边安排好专家和网络,提供相应支持。

对于满足组织需求是否需要循序渐进,我们没有定论,但显然创新不可能无

前言

缘无故出现。或许我们需要看看以前和当下的发明，了解世界需要的是什么，然后把握住最首要的那个：实现突破。

这不是一本总结研究的理论性书籍，相反，它是我通过发现员工潜能创造新科技而长期积累的个人经验，当然我也同样深受其影响。富有创造力的人才的性格带来的挑战，"优等生"和"坏小子"并存，性格矛盾的员工和自大的员工如何管理，如何创造自由发展的空间和规范管理，这些问题促使我明白了我应该成为怎样的领导者，来使我的员工发挥自己所长，同时取得突破。简单来说，创造自由发展空间和规范管理之间难以取得平衡，就像难以确定创新的力度一样。

每个人都是不同的，而且我也相信我的经验对很多人有借鉴作用。我的目的就是让那些希望带领组织创新的人们通过认知，与自身情况相结合，从而受到启发，得到灵感。在我从事创新工作的不同阶段，以及和不同组织内的人的交往过程中，我发现人们的创新力和组织内的人际交往基本上是相似的，与专业知识并无关系。然而，灵感不能简单复制，而要成为一种动力。因此，我早期对创新人才的一切公开建议都可以随着时代发展而调整，我非常尊重这些创新人才，也理解他们的激情。虽然我只有在美国发电站产业创新方面的经验，但这些经验也被广泛应用于建筑、医药与生物科学技术，组织规模也遍及小型企业和大型公司。

从我在技术创新、创新管理及传递创新理念的经验中，我发现有七个要素，可以使团队树立起创新理念，让他们既有活力，又服从管理约束力。我把这七个要素称为"创新的七种激情"：

- 直面并解决冲突
- 为团队中的卓越人才创造条件
- 放飞创造力，实现价值

IDEA
AGENT

- 追求卓越，丰富生活
- 构建创新文化
- 建立结构清晰的团队
- 提供可信赖的领导力

这七个要素相互关联，共同作用，使系统内的能量从处于中心位置的领导者处释放出来。处于中心位置的这个领导者应该充满激情且处事公正，身边的每个实践者都有明确的价值观。在解决矛盾冲突、追求卓越的实践过程中，营造出一种文化，让其中的每个成员都充满激情，创新方案层出不穷。精心培育且经过验证的组织文化能够让成员不仅仅局限在自己的团队里表达看法，还可以在整个组织内发表意见，这是促成创新很重要的推动力，因为它不再是从组织中心向外延展，而是在与其他团队的互动中影响周围的组织。

"创新的七种激情"也不是"万能神丹"。组织转型需要对创新精神有透彻的理解，而且要由组织来传递这种精神；同时，实力、勇气和毅力也是必需的，让人大吃一惊的能力和幽默感也很重要。这七种激情被看作组织创新的最佳方式，它可以利用好创新转型，使团队成绩最大化。然而，它也不是既定不变的原则，它是一种方法，一种理念，激励并启发领导者创造一种创新的组织文化。

目 录

我的个人经历：艺术与科学的冲突 /1
一 直面并解决冲突 /7

所谓创新，是指一种满足个人欲求与爱好、释放个人特长与激情的过程，在突破旧有格局中扮演着中间主导的力量。只要积极引导与管理好创新的能量，自然会得到激情释放后的结果。

我的个人经历：找到自己腾飞的翅膀 /30
二 为团队中的卓越人才创造条件 /36

给予充分自由的空间，为团队中的创新人才提供释放激情的环境。卓越的领导力体现在能为人才营造出最佳释放空间，同时为这些人的发明与创造提供必需的条件和保护。

我的个人经历：坚守价值观 /82
三 放飞创造力，实现价值 /87

如何掌握激情与理性之间的平衡，是衡量领导者是否具备卓越领导力的标准。同时，领导者自身的气质、勇气及幽默等个性层面的魅力，也决定着能否最终实现团队的终极价值。

我的个人经历：热带雨林中的卓越追求 /132

四 追求卓越，丰富生活 /138

  追求卓越并不意味着创造完美，而是向人们灌输一种把工作做到极致的精神。领导者要引领团队，为他们指明方向并激发他们的工作热情以争取最佳结果。

我的个人经历：南太平洋之行 /156

五 构建创新文化 /160

  尽管变革的文化相近，但并非所有变革都会成功。领导者必须认清变革的趋势，提供充分的理论依据，在尊重个性声音的前提下，为促成价值观的认同创造空间。

我的个人经历：一次机构改革 /179

六 建立结构清晰的团队 /181

  自由的空间和授权管理的文化只是激发创新激情的土壤，领导者还必须建立结构清晰的团队——团队中的每个人都有明确的职能定位，成员之间还能互动联系。

我的个人经历：去法国的路上 /212

七 提供可信赖的领导力 /215

  带领团队实现快速变革对领导力提出了挑战。自我意识是构成团队的基础，尊重个体是释放激情的动力，诚实、勇气、共鸣等则是最终实现突破性创新的关键。

结束语 让生活继续 /244

我的个人经历
艺术与科学的冲突

我第一次接触到有创造力的人，是在我的家乡哥伦比亚，那是一个很偶然的机缘，创造力总是不经意间出现在我们的生活中，然后成为生活中的重要组成部分。我母亲一直对艺术和文学很感兴趣，但直到 40 岁的时候，她都只是个家庭主妇。她很享受这样的生活，而且厨艺精湛，把家打理得井井有条。她十几二十岁的时候，曾经修读过艺术课程，一直想去意大利深入学习几年，直到第二次世界大战爆发。20 多年过去后，她又重新燃起了学习艺术的兴趣。她报名参加了艺术学院的晚间课程，和当地艺术社区的人们成了好朋友。没过多久，我家就成了当地知识分子的聚集地。我母亲经常招待一些在哥伦比亚学术界领先的学者和艺术家，以及从世界各地到访哥伦比亚的他们的同行。哥伦比亚画家波特罗、俄罗斯诗人叶夫图申科、哥伦比亚作家巴列霍和奥斯卡·赫尔南德斯、阿根廷舞蹈家拉·丘加都是我家的常客，成了我和兄弟姐妹们再熟悉不过的名字。于是，我们便在和他们的交往中渐渐长大。

那时他们还不是知名画家，也不是著名作家，但很显然他们都热爱自己的事业，听从自己内心的声音。我清楚地记得他们关于新理念或新技术充满激情的讨论、尖刻的批评或兴奋的反应。大家都激情高涨，无论观点多么极端，他们总会在之后继续坐下来讨论。对于这些有创造力的人——画家、小说家、雕刻家、舞蹈家、诗人、评论家，相互交流是能量和灵感的源泉。

这些记忆让我产生了共鸣，当时我刚进入企业创新的世界，第一次了解到创造一个可以使合理的矛盾冲突产生成果的环境有多么重要。20 世纪 80 年代早期，我就职于美国的创新巨头之——康宁公司。这家公司有着辉煌的历史，它把爱迪生发明的电灯泡推向市场，通过率先将光纤商业化，引领了电信时代，期间还有多项其他改变世界的发明创造。在康宁公司工作期间，我参加了核心研究小组，该小组的使命就是探索未来。我们常常孤军奋战，几乎没有任何东西可供指导或提供灵感，但同时也没有反对的声音。我们成员之间彼此相互交换想法，工作进行得不错。

做了 3 年研究工作后，我被调到了研发小组，同时负责研发汽车尾气排放陶瓷基片的项目——这种装置可以净化尾气排放，减少环境污染。康宁公司在控制汽车尾气排放陶瓷基片装置领域有着 15 年的经验，当时面临该领域的快速变革，需要迅速应对以满足需求。耐热震性的提升和控制资产的能力成了公司的头等大事。该项目的科学家们一直遵循着过去 15 年形成的原理，但目前迫切需要突破。我加入该项目后，综合我在地质学传统技术方面的知识和对玻璃陶瓷的理解——康宁公司一位科学家几十年前发明的一系列材料——以全新视角研究陶瓷基片。

我的发现与当时既成的理解相冲突，但我预想中的相互探讨或充满激情的讨论都没有发生，相反我觉得甚至没有人愿意坐下来给我一个公平阐述自己观点的机会——包括我的队友和负责研究理论的高级科学家。当时我凭借自己熟悉的技

我的个人经历
艺术与科学的冲突

术,提出了一个全新的假设。但是,科学界就是这样,没有人能保证它是正确的。我只是根据我得出的数据,凭直觉产生一个愿景,对于这个愿景的激情就是我的驱动力。但我发觉在团队会议中,没有我阐述观点的时间,而且我的观点也没有被项目经理采纳,它成了众人嘲讽的对象。团队内没有人支持我,但我依然在寻找一个可以公开讨论、提问的平台,可以让我的假设得到检验,同时听取在实验室从事其他领域研究的高级科学家的反馈意见。我还和玻璃方面的高级科学家讨论我的假设,和物理学家及计算机专家设计系统,列出车间统计员的有利数据,把我的数据和几年里车间生产数据相比,请分析人员测试我的理论并得到有利的支撑结论。他们的分析和讨论使我的观点更加明确,头脑更加清晰。我可以清楚地在头脑中把它勾画出来,而且对系统有透彻的理解,可以预测出实验结果并验证它们。我能感受到这股驱动力。我在小范围内被认可后,便预计我的观点很可能满足康宁公司的需求,即机械强度提高同时热膨胀系数降低。我从来都不是个幸运儿,很多年后我却成长为一名经验丰富的经理。

不管我怎样努力,都没有人倾听我的声音,我越来越感到沮丧,而且自信心备受打击,因为我既得不到队友的信任,也无法和他们有效沟通。于是我找到了项目经理乔·素雷利,虽然并不能由他判定我的理论是否正确,但他给了与我平等讨论的时间,至少他愿意当我的后盾,相信我在技术方面的专业能力。换言之,他给了我空间,给了我尊重和支持。

乔深受大家喜爱,既有能力又和蔼可亲,但他没能帮助有创造力的人员打开局面。他陷入了两难的境地,我团队的成员也找到他,跟他抱怨我不接受他们的批评。虽然他明白团队内的不同意见很重要,对推动科学发展大有裨益,但当争论开始产生负面影响、创新人员被排挤时,如果领导不能营造一个包容的氛围,

IDEA AGENT

会导致怎样的结果，可想而知。尽管乔也做了努力，但依然没有贸然"蹚这浑水"，没有处理科学家们对系统的不同看法，因此也没能营造出一个亟须的、相互包容、相互尊敬的氛围。

我的痛苦与日俱增，每天都反复做着同样的梦：我被置于大庭广众之下、被人们围观嘲笑、批判，无人伸出援手。梦中传递出的信息很清晰。那个曾经很爱交际的我，不再愿意参加任何团体活动，甚至连公司举办的圣诞派对也不例外。因此我和多数有能力、有进取心的人一样，在这样的形势下，做出了选择：准备跳槽。这是一个艰难的决定，因为我和丈夫都在外工作，孩子们刚刚上学。但我很确定，我对康宁公司已经没有激情了，赌这一次是值得的。我去特拉华州的一家大公司进行了面试。后来研究玻璃的团队领导者唐纳德·詹姆士找到了我，邀请我加入他的团队。20世纪80年代初，他的实验室比现在规模小，但他在业内人脉很广。他曾看过我在调研项目审核中的一些报告，而且相信我在证实自己假设的过程中咨询的高级科学家给了他想要的观点。他向我掷出了救命索并加了保险阀，他给我的工作是直接对马克·休伊特负责。马克·休伊特不仅是科学界的顶级研究专家，而且无论是对日常生活还是科学界的任何问题，他都能提出自己的观点，发挥其聪明才智。他的这些观点在我后来的几十年里一直指引着我，使我受益匪浅。然而，这项工作对我来说却不是"胜利大逃亡"。"你的鼻子都被打出血了"是开发部主管对我面临的局面的描述。我的自信心散落一地，灵感也被挟持了。

后来，当我第一次负责几个科学家组成的小团队时，我明显感觉，我需要营造一个充满良性冲突并且给予充足空间的环境，同时每个人都充满激情，就像我儿时和母亲在艺术沙龙时的感觉一样。尽管我在另一个极端环境里的经历痛苦不

我的个人经历
艺术与科学的冲突

堪,乔·素雷利却给我上了一课,让我明白管理好良性且有效的冲突有多么重要,我永远都忘不了。当我渐渐成长,开始管理技术团队,了解这些科学家时,当我不再是他们的同事而是他们的领导时,我童年的所有回忆都浮现了出来。但有两点不同:事情发生的情景不同,一个主题是当前科学技术发展状况,一个主题是艺术与文学;对象也不同,一个是团队合作者,一个是独立艺术家。然而,两者却有着紧密的联系,即当事人的个体特质——强烈的激情、有效的说服力,当然还有强大的自我。释放创造力并发挥全部潜质非常重要,就像那些我认识的艺术家和作家一样,他们都发挥了自己的全部潜质,和我负责第一个项目时的感受截然不同。更重要的是,要掌握冲突的限度,知道什么时候冲突会由良性演变为恶性——这一点在科学创造性的发现及进步中非常重要。如果小的冲突是良性的,大的冲突是恶性的,那么临界点在哪里?领导者如何带领一个已经开始变得不和谐的创造性团队?这就是乔曾经面临的问题,经过一段苦恼后,他给我造成了永远无法磨灭的伤害。许多年后,在我着手写书的过程中,我们又谈了谈,他回忆道:"你做的工作非常成功。你的创造性、坚忍不拔的毅力让其他人得以用不同视角审视问题,而且你的知识水平确实高人一等。然而,在这个过程中,你却受到了大家的排挤、蔑视与否定。这个项目在技术上是成功的,但我们失去了一个富有创造力的成员。公司差点儿就失去了你,而且让你非常痛苦,这些是本不应该发生的。我知道这是一次管理上的失败,但我想让你知道,我并不是没有努力尝试过改变。"

于是,在我头脑中就产生了一个问题:如何打造一种模式,可以容纳所有不同的观点;让成员间相互交流成为能量与灵感的源泉,每个人都能从他人的反馈中得到启发;个人的自我与傲慢不会成为障碍;矛盾冲突都能化解,而且没有人

IDEA AGENT

会因此离开？

  别人以为多年后我会负责专门研究这个领域，努力做到公平、公正，然而我却没有——我用了将近25年的时间才发现我的这些想法早已融入了我的工作中。当我与乳腺癌抗争多年，即将退休之时，我曾经咨询过的车间统计员卢克·巴帕达克斯参加了我的退休仪式，他带着几分伤感，跟我说了他的经历。他是个思维开放又对科学充满好奇的人，和他在一起我总是很舒服。他说，根据我对系统的理解和我提议的烧陶规程，他们已经学会了如何正确运用系统，而且车间现在可以根据要求对系统进行个性化调整，性能大幅度提高。

  一年后，当乔·素雷利了解到这个规程的准确性并得到了一致认可后，他跟我说："我坚信你的发明是科技领域最重要的发明之一，它从如何控制晶粒大小和微裂缝角度优化了烧陶规程。它可应用于基片处理和过滤程序，特别是当生成合成物的时候。你的想法极大地影响了接下来的工作，我猜想你从来都没有在工作上得到过应有的认可。我曾试图在我们那次谈话时给予纠正，但我做的太少也太迟了，这个错误对你和团队都造成了影响。团队失去了一个富有创造力又极其重要的成员，而且浪费了大量资源。当然，最终你的努力取得了巨大的成功，你应该为此欣慰。此外，我理解你推导出的这个理论是非常重要的，它有很高的技术价值，但由于专利权的问题，我们永远不会允许将它公之于众。"

  我再次明白，为什么领导者给推动创造力的激情以一定的空间非常重要，因为他们知道处理好这个问题就能在机遇的浪潮中拔得头筹，但他们不知道其中的缘由。没错，乔是对的：我现在感到很欣慰——虽然这番经历给我的唯一感受就是，我的创造激情已经熄灭。现在，我不由得想起海明威在《太阳照常升起》里的最后一句话："我们要能在一起该多好……"

一

直面并解决冲突

如果身边有很多创意画家、作家或音乐家,你就会发觉与创意相伴的总是鲜明的个性,甚至矛盾和冲突,在这些人前进的道路上总是不断遇到阻碍。他们把想象力转化为实物的驱动力非常强,于是我们得以享受到他们创造出的各种美好、优秀的作品。说到这里,我想到了画家梵高和作家海明威。前者在他生前从未出售过一幅作品,后者一生被内心的魔鬼左右,留给后人猜测他的未尽之言。即便处于最佳的环境中,不同的性格、自我及不安定因素和嫉妒都会产生冲突。虽然得不到美第奇家族[①]支持的艺术家对能享受资助的人非常羡慕,但殊不知得到资助的人,像米开朗基罗和达·芬奇这样的大师也不免存在相互竞争。

---

① 美第奇家族:对意大利文艺复兴有重大推动作用,曾资助许多艺术家。——译者注

IDEA AGENT

了解并理解创新人员

创新就好比熊熊烈火，你必须热爱它，才能从中受益。畏惧管理创新人员的各种激情，只会导致错失良机。相反，无畏能打开能量与创新的通道，走进机遇的世界。然而，这一过程通常会比较痛苦。这样的团队里并不是永远一团和气、相互恭恭敬敬、没有任何意外发生的。要强调一点的是：一定要对每个成员有充分了解，知道他们的背景、他们的动力、他们的解决方案。了解了这些，再谈谈如何在释放创造力的同时处理矛盾和冲突——并不是要遏制冲突的产生，而是要直面问题，让冲突发挥出优势来。

双重责任
平衡好每个人的个性，实现团队多样化

彼得·穆雷身上充分体现了创新的激情。他是一个能力很强的创新型研究员，是我早期的一个雇员，那时我们正在扩大玻璃研发团队，以满足20世纪90年代中期康宁公司的增长目标。他原来在国家实验室工作，从他来面试的那天起，他对所有事物的激情就表露无遗。他兴趣广泛，而且在每件事情上都出类拔萃，无论是演奏古典钢琴、理解复杂的玻璃系统，还是预测合成物质改变后的反应、烹调各种美食，或者讨论各种话题。只要他一走进房间，人们便能感受到他的聪明才智、好口才和说服力。面试结束后，大家对他的感觉是："他在康宁公司太屈才了，他肯定待不住。"毫无疑问，最后他在面试中脱颖而出，但很显然，如果我们希望他发挥才能，帮助康宁公司获得成功，对我们来说是一个巨大的挑战。

直面并解决冲突

　　我给他安排的工作是解决康宁公司玻璃显示器车间生产问题的一个项目。康宁公司早些年已经开发了一套生产高质量超薄玻璃的工艺，现在应用于制造特殊纤薄玻璃，用于大型液晶显示器、笔记本电脑和智能手机显示屏。随着市场对大型显示器多样化需求的发展，这种工艺的应用也在延伸，需要研发新型玻璃合成物以满足新的需求。彼得入职后，康宁公司就开启了一片新市场，而它便是今天康宁公司的主营业务。

　　液晶显示器精密度玻璃是一种非常高级的产品，半导体和滤光片要直接放在上面，因此要求十分严苛，不允许表面存在任何瑕疵。在1米宽的玻璃薄片上阻碍单一像素的一个缺陷就可能导致整个玻璃薄片无法接收图像。今天，康宁公司已在4个国家设立厂房，在生产研发上有了很大的灵活性，但在20世纪90年代中期，研发几乎全部依赖美国工厂，所供应的产品也大部分来源于此。当时，它是世界上生产用于显示器超薄专业玻璃的两家工厂之一。在生产工作中，由于玻璃会产生细小晶体及表面瑕疵导致整个显示屏无法接收图像的问题，我们经历了一段困难时期。但彼得加入团队后，他开始用独特且有说服力的方式展现他的新观念，不给团队其他人表达观点的空间。他能用他的洞察力和经验论证观点，而且有能力在与其他团队成员的辩论中完胜。其他成员，或是作风没有他强悍，或是没有那么强烈的欲望，无法表达出自己的不同看法。他负责的是方程式部分的研究，而且还愿意承担起研发和生产的工作，显然他有这方面的知识和经验，能带领大家找到解决方法。于是，就产生了两个问题：有了他，团队就能成功吗？没有他，团队就不能成功吗？

IDEA
AGENT

从容面对，熟练处理

创新与激情很难处理。强烈的自我认知驱使着人们将愿景转化为现实，虽然这意味着产生冲突，但即便在最佳的环境中，冲突也会发生。带领一支创新团队就意味着要驾驭好冲突，并从中受益，不能让它影响工作。虽然你的企业文化不提倡、不鼓励，甚至不接受不同意见或争论，但作为领导者的你也要创造一个安全的空间，让团队成员可以自由辩论，表达不同看法，最终找到一个更好、更有活力的答案。

如果创新人员内部发生矛盾，就想一想，当拥有强大创造力的人对事物产生不同的看法，才会产生矛盾，而团队就应该是这个样子，分歧、冲突和人与人之间紧张的关系是不可避免的。如果这些情况都没有出现，也许是你的组织对人员的控制程度太高了，严禁任何异议。在团队工作中，会有一些和你原先计划的思路完全不同的点子出现。故步自封或敷衍了事的结果只能是原地踏步，无法达成目标。作为一个领导者，首先要了解你的员工，要了解他们的想法、期望，以及他们在团队中的职责。你手中的调色板有很多不同的颜色供你选择，你首先要有自我认知，从而做到自我管理。了解每个员工及他们与其他人的关系是你工作的向导。此外，你还要从容面对矛盾和冲突，明确争论与讨论就像实验本身一样，对科学发展起至关重要的作用，然后，积极处理冲突，大家坐在一起协商，不能回避。

在彼得的问题上，我权衡了几种选择：让他同时担当职能领导和项目领导，但这并不是个理想的长久方案；或者给团队再加入一位研究员，

直面并解决冲突

单纯为了缓解紧张氛围,加强主要成员之间的交流;或者请个"大师",用佛教思想帮助成员学会认知并了解认知的重要性。作为领导者,直面问题,处理冲突才是最必要的。

生产问题很重要,会影响康宁公司在新兴市场上首次推出的新产品的销售,而彼得又是关键人物。在充分了解了他的专业能力和鲜明的个性、明白他需要他人给予其尊重和认可后,我作为这项玻璃研究项目的行政经理,同时担当了项目经理的工作,保证为所有成员创造一个可以畅所欲言的环境,既能激发灵感,又不失活力。但这并不是长久之计,我要管理项目、召集会议、安排日程、确定工作期限,还要每天负责组织内沟通、权衡各种争论,保证让大家有个公平表达自己观点的平台。最重要的是,在保证彼得在项目中的引领作用的同时,要避免因为他的个性导致与他人的不合。

有过把科学研究理论成果转化为生产实践经验的人都知道,研究团队与开发团队及生产团队之间的沟通非常重要。然而,彼得强烈的个性和对玻璃技术的高深知识,让负责将理论转化为生产的玻璃研究员克里斯·康尼翰非常不安。他现在在开发团队,当我第一次做调查总监的时候,他曾是向我汇报工作的首席研究员之一。他是一个非常严肃、认真的研究员,有丰富的实践经验,发明了很多玻璃合成物。他曾在处于玻璃研究领域先锋地位的公司工作,认为玻璃成分可用于玻璃显示器。他在传统玻璃技术方面实践经验丰富,而彼得有丰富的理论基础,因此他把彼得视为一个主要的威胁,在工作中总是有意无意地表现出对抗的状态。克里斯是个安静的人,业余生活很丰富,他把实验室外的大部分时

IDEA AGENT

间都用在了他的农场上，而他的农场也成了康宁公司玻璃研发团队许多研究员在实验室外继续释放激情的地方。

于是他们就形成了一个小团体，彼此有共同的兴趣爱好，相互信任。他们正是通过这种联系，使得团队之间的很多沟通问题得到解决。瑞克·拉雷多也是这个小团体中的一员，和克里斯的关系很好。我邀请他加入团队，唯一的目的就是解决研究团队与开发团队之间的沟通问题。同时，我向他清楚地解释了当前的情况，以及我对他的期待。

这个任命是非常规的，因为研究员的工作就是研究，而不是做人事工作，同时这样的任命也存在风险。没有明确的科研任务，瑞克在年终总结时如何汇报他的工作成果？我已经管理玻璃研发团队一年多了，已经营造出了一个"共同努力、共同奉献、实现目标"的工作氛围，然而不能开发出一个解决生产问题的方案会影响全局，所以我让瑞克加入了。由于他和克里斯是好朋友，彼此充分信任，所以他很快就和研发团队的成员建立起了良好的关系。大家都非常欢迎他的加入，觉得有他做中间人调停矛盾，大家都能松一口气。我的责任是为瑞克创造空间和机会，让他可以继续他的研究工作，在职业上向前发展，实现他的价值。我不能忽视这个问题。我必须确保，他在团队中充当沟通者的角色既不能是他工作的全部，也不能持续太长时间，他需要有研发自己技术的空间。所以，他的这个任命只是临时的，他很快又重新全面投入自己的工作中。由于我们很好地权衡了这两个客观要求，瑞克·拉雷多后来成了康宁公司玻璃黏合剂的创始人。

克里斯选择了其他路径，将研发的重点侧重于顾客的体验。公司经

一
直面并解决冲突

受住了时间的检验，成为最具市场影响力的显示屏企业之一。在他温和、体贴的表现方式下，其实掩盖着很多棘手的难题。为了满足顾客对显示屏的玻璃材质提出的新要求，他把产品完全推进到了一种全新的状态。

预期的目标永远不可能实现，由此产生的争议也并没有消除，而这样的争议也不会因你的怯弱逃避或据理力争的态度发生本质的改变。相反，正是这种争议的存在使博弈的力量聚合成挑战的动力，从而激励团队不断奋进，不至于失去向上的动力。尽管这些会牵扯我的精力和时间，但我把全部的工作都投入领导玻璃团队的研究中，并持续关注和管理着整个团队的工作。而这样的争议无疑充满了激情和挑战，我们不会因为惧怕争议而退避，也不会尝试去制止矛盾的出现。项目本身就是一个长期、艰巨的工作过程，必然会遇到各种复杂的矛盾和问题，而这其中所涉及的角色从研究开发到市场推广，无论是科学家还是工程师都同样面临着挑战。最终问题的解决需要仰仗各方力量的合作：玻璃材质的结构组成发生了改变，制作工艺进行了重新调整，流程的设计更加适合规模化的生产。但我们最看重的还是那种被称为"创新冲突"的变革状态，它使我们能在改善的过程中听到来自各方面的不同声音，以便我们有足够的自信发现最恰当的解决方案。

在项目管理至关重要的两个因素中，最关键的还是团队自身的建设。只有团队的健康发展才是项目顺利进展的保障。康宁公司所要实现的目标是，具备强大的市场开拓能力，以迎接世界范围内对高规格 LED 电视屏幕更大尺寸的需求。另外，因为彼得自身的能量和活力，以及他对周围环境释放出的影响力，使得他足以凝聚起强大的力量，最终使公司遵从他的意见,将玻璃材料的结构进行了改变,从而可以适应更加广泛的技术要求,生产出了符合市场需要的高精度平板玻璃。在当今世界,我们所能见到的那些显示屏材料,以及其他电子产品中所能应用到的玻璃材质,都要归功于这位科学家的见解,正是他桀骜不驯地坚持自我的学术主张,并且有足够的能力施加其自身的影响,才为我们带来了卓越的技术和非凡的产品。

对于我来说,这样的结果是令人欣慰的。团队研发的产品在历经数月被高度关注与检视后,其卓越的性能得到了充分的验证。更令人愉悦的是,这种材料被应用于我们日常会议的电子远程传递信息技术中。尽管我一直习惯凭自己的直觉行动,对于分布在各地的年轻管理者而言,我并不能提供给他们"如何去做"的工作方法,但对于他们中的多数人来说,我能给出的建议就是"按照你自己的理解去行动"。同时,我要做到的是随时能为新事物的发展创造一个好的环境。

没错,冲突的化解和调节并不意味着妥协。但如果你在自己的团队中能与最具权威的明星级人物达成妥协,并且遵从他们的意志采取行动,那么你的管理无疑会变得轻松容易很多。从他们在团队中的贡献和作用来看,这样做似乎也是顺理成章的事情,但这并不是我们所要提倡的管理文化,真正的领导责任应当建立在信赖而非依赖的基础之上。在环法自行车赛的三周赛程中,在参与赛事的团队中,所有的"支持者"都会把这项以赛手获胜为荣的工作当作"任务"承接下来。他们会在艰苦漫长的赛程中围绕着车队的明星成员能最终站在领奖台上而进行各种支持与辅助工作。他们深知团队的荣誉拴系在明星队员的腿部力量上这个明

一
直面并解决冲突

显的道理,所以他们都会尽心竭力地做好属于自己分内的技术支援。而作为领导者,我们当然要重视团队成员对彼此的尊重,并营造出相互协调的合作氛围。但是,这样的环境只能依靠大家的力量来完成,除此之外别无选择。我相信最优秀的科技人才也必然能构建出最卓越的人际关系,在构建的过程中或许存在着某些纠结甚至痛苦,但不会因妥协而夭折,而会最终获得完美的结局。

解决问题的法宝
自我管理之认知很重要

显示屏技术克服了生产难题,按理说问题应该算解决了,但我们没能创造一个激发创新的环境,这一点非常重要。如果这样的话,彼得就无法发挥他的全部潜能,服务于公司。这与让他认识到自己在冲突与最终问题得到解决的过程中扮演了什么角色同等重要。于是,"大师"登场了。

他名叫达萨。当时正值年度测评,他带领我们一组经理们参观车间,为员工提供全方位反馈信息。我当时刚做经理一年,发现这些信息非常有用,而他对自我认知有敏锐的观察力。后来我就给他打电话,请他帮助我解决管理中的冲突问题。他曾获得耶鲁大学历史系博士学位,并在康奈尔大学任教多年,对工作中的领导力、高效率、哲学、心理学等方面颇有造诣。他对发掘工作中人的潜能非常感兴趣,尽管处理管理中的冲突并不是他最擅长的领域,但让领导者和员工认识到存在的问题,却是他的管理思路。

IDEA AGENT

在认知问题的过程中，处理好矛盾和冲突，正确引导员工并不是一件容易的事情。它在短时间内不能产生效果，需要观察力、毅力和想要找到问题的意愿。从根本上说，首先要达成一致，即认为这个过程是有益的，然后收集个人行为及行为对他人影响的资料，并配合一系列辅导。过程的长短取决于个人的意愿。当我明白了领导者的首要素质是自我认知后，我和达萨合作了很多年，一直不忘自我认知的重要性。然而，彼得和这项工作的关系却一波三折。

通过这项工作，彼得给大家留下的印象是：他是个有创造力的研究人员，经常提出有价值的想法和建议，能用新方法解决复杂问题。他精力充沛、对工作有热情、有感染力，能向同事传递正能量。他愿意与其他研究人员合作，而且愿意指导并教授年轻研究人员，这一点是显而易见的。他心直口快、坚持己见，对保证高技术标准非常有帮助。人们产生这样的印象并不意外。这项工作对于彼得来说，重点是他认识到自己产生的正能量让他得到了回报，而他的一些行为举止却抵消了他重要的科研贡献。也许最让他自己惊讶的是，尽管他被视为一个勇于挑战现状、勇于扫除自己和同事面前障碍的积极分子，他饱满的精力却压制了一些性格安静的同事。他是个如此自信的人，以前他对这一点全然没有察觉。

彼得调整了不稳定的性格特征，用更加平和的方式展现他的精力。几个月后，同事们的反馈表明他开始有了积极的转变，虽然只是开始，工作中偶尔还有起伏，但这是一个漫长的过程，而他已经做好准备。后来的结果证明他这么做是值得的，他本人和康宁公司都收获了成功。如今，距他到康宁公司面试已经过去了将近 15 年。彼得在技术开发领域

一
直面并解决冲突

的多项贡献已经得到认可，而他本人也晋升为康宁公司最高级别的技术研究员。

我们的行为方式从很早开始就形成了固定的模式，自己虽不曾察觉，却能在日常的人际交往中体现出来。领导者的职责就是引导下属意识到存在的问题，这也是体现领导者智慧的所在：探索创造空间的同时，了解下属，与愿意寻找自身问题的员工一起前进。通过对自身充分的了解，以及认知自己的行为方式对他人的影响，形成一套行为方式。只要持之以恒，便会对组织和个人产生深远、有效的结果。

发掘你的勇气

冲突以多种不同的表现形式影响着团队每日的工作，它不仅决定了成员间互动的方式，也影响组织文化、项目进展和结果，而面对冲突的勇气、适应能力和毅力对组织文化有重大影响。如果放任不管，冲突就会压倒创造积极氛围的能量，因为它会使团队内两极分化，影响成员的自信心和积极性。其解决方案因人而异，没有万能法则。有的可能只是一个临时决定，在几分钟内就能将冲突化解，而有的可能需要几个月才能慢慢解决。因此要直面冲突、解决冲突，在和谐、成功的组织内营造出相互信任的环境，让每个成员都相信自己的声音会被聆听，自己的想法会得到支持，无论资历深浅都有自己明确的职责，这样的组织一定会取得成功。每个人都愿意贡献自己的力量，哪怕多付出一些也心甘情愿。

管理不同性格秉性的人不是一件容易的事情，需要一定的胆量、灵活性，还要处事沉稳，掌握技巧。需要胆量指要勇于承认管理不同性格人不意味着妥协，不加以束缚无法营造出一个相互尊重、各负其责、彼此信任的团队氛围；灵活性指用不同的方式和不同性格的人相处，这样对所有当事人都大有裨益；处事沉稳指在与成员交流时要沉稳；掌握技巧指在表达时要找到合适的方式，既不惹怒对方，又达到理想的效果。

一视同仁
妥善处理团队中恃才傲物的现象

保罗·杰尼提是个经验丰富的物理学家，他才思敏捷，很有人格魅力，而且兴趣广泛，从文学到舞蹈、排球，无所不能。他在技术领域有非常多的专利权，在实验室里一言九鼎。由于他已经是公司最高级别的研究员，他可以根据自己的喜好，自由选择研究项目，对问题发表自己的看法。他总是很自豪地表示"我不受别人控制"。不管出于尊敬还是胆怯，大家都顺着他。他这种强烈的影响力不仅表现在语言上，实验室里上上下下都能感觉到。

我很早就认识他了，当时我在他办公室和他聊了很久，我们彼此欣赏、相互尊敬。他的研究领域就是玻璃，所以他常常和我们的研究员讨论，只要是他想到的，他都直言不讳。然而，他并不是我们团队的正式成员，却又有很大的影响力，所以对我来说，让他认可我们的价值观，与我们"行动一致"非常重要，但他并不向我汇报工作。一次，有人跟我说他因为一项专利的问题和专利律师发生了争执。他不仅大发雷霆，还对律师出言不逊。大家觉得他简直就是一副"保罗天下第一"的样子，谁也不理他了。

和专利部的主管一样，我们都不能接受他这种处理方式。他这么做是对其他人的不尊重、不信任，对规范年轻研究员的行为会产生负面影响。其实这并不是很难解决的冲突，难解决的是保罗的个性。所以要从两方面同时入手，我需要做工作，保罗自己也要改变。

我的首要任务是让保罗重修与专利部的关系，而保罗的首要任务是让他知道虽然他在学术上有很高的地位，但并不表明他可以毫无缘由地随意乱发脾气，工作上的成功建立在团队协作的基础之上。同时，还要让他明白，在领导他人工作时应该宽宏大量，一个简单的道歉会让他显得更强大。后来他改变了，能通过和大家的讨论发挥自己的才智，遇到难题时也能应对自如了。

而对于我来说，彼得锻炼了我的耐心，让我学会在遇到挑战时需要坚持，保罗让我明白处理已经形成的紧张局面时要坦然、淡定。但在处理他们两人的事情的过程中，关于彼得和保罗对团队、组织文化和组织目标的价值我深信不疑。也正因如此，我可以一直在工作中保持活力，并坚守自己的信念。而由于对他们二人都有透彻的了解，我才得以把他们的潜力都挖掘了出来。

支持创新人才坚持己见

当两个性格迥异的人在"格斗台"相遇，常常会出现冲突，而"围观"的人便会观察他们的每个举动，不是支持一方，就是批判另一方。当科学的思维与创新的头脑碰撞时，就需要你来控制局面，一旦放任不管就会失控。在处理这个问题时，可能人们首先想到的方法是让反对的一方屈服。然而作为领导，我们的职责是帮助人们取得成功——应该是所有人，不能仅支持好争斗的人。我们需要让所有人肩负起责任，责任并不仅仅体现在完成工作目标，而且还要在行为举止间体现对他人的尊重。此外，我们还需要支持他们发掘自己的驱动力，并将其释放，产生更大的能量和创造力。

发掘能量
从自我认知到自信

温迪·李是个温和、娇小的亚裔美国人，生活过得朝气蓬勃且逍遥自在，看上去她更适合T台，而非研究员的高科技实验室。聘用她不久后，我们就任命她开发一种在光电子应用中黏合精密玻璃的高热值铜粉。开始时，她觉得很难让那些对她存有偏见、认为她根本不适合实验室的人相信自己是个值得信赖的研究员。玻璃研发团队的成员性格各异，激烈的言行和鲜明的个性让温柔的温迪有些动摇。她觉得那些固执、情绪化但一言九鼎的"大人物"都不怎么喜欢她。她在多年后回忆起当年的情景时，觉得这些人那时个个自信爆棚。

在我面前的路很清楚：不是改变团队人员构成或让他们性格温和些，而是去做温迪的工作，让她提高能力，克服这个问题，把内在的驱动力调动起来，把它作为力量的源泉。从更深层次讲，这能给她自由的空间，让她发掘自己的能量和创造力，为她今后遇到更强大的对手做准备。正如我常和别人说的一样，我知道我不可能为她把世界变得洁净无菌，但我可以试着让她拥有强大的免疫系统。

在达萨的指导下，温迪深刻分析了自己的问题，包括缺乏自信心、自我表达能力差、没有安全感。她发现她软弱的作风可能是由于实力不够，而乐观的性格是由于目的不明确。于是，她决定直面困难，解决阻碍她前进的核心问题。为了让她了解意识的力量如何转化为毅力，达萨建议她学习武术。武术就是把内在的力量集中转化为身体上的力量表现出来。这个方法很有意思，她欣然接受了。没过多久，我们就发现她的自信心提高了，团队中出现意见不统一的情况时也不退缩了，在坚定地表达出自己看法的同时不失她朝气蓬勃、乐观开朗的本性。她很高兴自己处理特殊人员的特殊问题和扭转局势的能力提高了，而看到她能够在新的"乐曲"中"翩翩起舞"，我也非常开心。如今，很多年过去了，她依然在康宁公司，工作得很开心，自身能力也很强。她现在已经转到公司的业务部门，面对最棘手的问题也能处理得得心应手。

顽固分子
遇到顽固分子如何处理

我当上总监后没多久就遇到了团队成员之间沟通的问题。直接向我汇报工作的研究员和技师没有几个，而其中两个人还发生了矛盾。琼·布洛迪进公司时间不长，处事严肃认真，与她产生沟通问题的是杰米里·希尔。他是研究员，负责带领她研究材料成分。虽然杰米里是琼的上级，但琼觉得他在数据方面总是遮遮掩掩，重要的发现和关键的结果都不让她知道。很快就有其他女研究员也反映杰米里不愿与他人合作，但那时他只是刚刚显露出这种端倪,还没有形成常态。

我努力把琼和杰米里拉到一起,让他们畅谈出现问题的原因,找到解决办法并达成一致。我本希望通过定期召开这样的会议来解决问题,但琼跟我说她非常失望,因为杰米里根本没有任何改变。而另一方面,杰米里虽不埋怨别人,但也不想知道他的行为如何影响了其他人。

于是我们开始了漫长的征程,一方面鼓励琼独立研究,另一方面密切关注数据和信息,以克服由于杰米里的阻碍造成的不良后果。在初期我们进行得非常困难,而且杰米里本人也没有认识自己存在问题的意向。这到底是私人矛盾、正当防卫,还是心胸狭隘?为了克服这个问题,减少妨碍者带来的负面影响,我们决定让琼学会与这样的同事相处的方法,这个技能对她未来的工作是很有帮助的。

几十年来,康宁公司在处理由于人员多样性造成的问题上付出了很多努力,也取得了良好的结果,包括不同性别、种族、文化背景,甚至最近出现的不同性取向引起的问题。从20世纪80年代初这个问题刚刚出现时,我就一直和它打交道,并且维护了女性、少数民族和同性恋员工的利益。康宁公司的企业文化多样性在美国一直处于领先地位,力求当天出现的问题当天解决。但遇到这种顽固的情况,需要长期、持续的努力,才能让他意识到自己的问题。如果不是自己真正意识到,问题也得不到解决。

然而很多年过去了,杰米里的这种工作方式已经形成。在他从研究组转到开发组后,他的女性同事都来找我——包括技术组的一位年长的女研究员,问我该如何处理他对她们研究成果那种不温不火的态度。她

一
直面并解决冲突

们觉得在创新的道路上很难推进她们的发现，特别是当他掌握决定权时。由于女性员工提出的这些问题在男性员工身上都没有出现，杰米里到底是什么问题，我一目了然了。然而，尽管康宁公司在处理这方面问题上很有经验，我却发现在他的团队内并没有人响应解决这个问题。曾在他手下碰过壁的女同事大多已经转到了其他团队。虽然他的行为方式妨碍了员工发挥才能，但没有证据表明他对她们的生活和职业生涯造成了重大损害。如果没有人牵头发起这件事，不可能有足够证据说明他确实存在问题。每次遇到这种情况，我都很恼火，心里也会产生一股挫败感。更重要的是，杰米里根本不想找自己的问题，不想知道别人是怎样评价他的，他的意识怎样作用于他的行为，他的行为又是怎样影响他人的。由于没能让他的领导和我站在一条战线上，也没能说服他改变，我只好不断地给这些女员工做工作，鼓励她们用自己的方式探索研究，把内在的驱动力转化为力量。"我们无法让世界上所有与自己合不来的人都消失，"我总是这么提醒她们，"唯一能做的就是改变自己。"因此，她们对自己有了更清晰的认识，可以勇敢且自信地表达自己的观点。但我们一直坚持探索研发团队多样性，建立扶助体系，帮助去除产生负面作用的策略，不论它在某个特殊团队中是否被克服。多年来我们所有人头脑中都时刻铭记"不可能让所有人顺应你"，但同时还有一个信念，那就是"不管环境怎样，你都可以学着如何成长"。

明确职责，制止冲突

个性鲜明又固执的人，随着时间和阅历的累积会发展成一个极端强势的领导，他会在各个方面显示权威，不仅针对自己团队的成员，也针对与他平级的同事。对他们来说，让他说了算也许事情会更容易些。然而，员工远离了一线工作，会使工作进程减缓，有时还会对工作结果产生负面影响。抓住牛角虽然既费力气又会受伤，但我们必须要清除前进道路上的障碍。每个人的性格决定了他在团队中的职责，大家应该了解并尊重各自的职责，但随着工作的进展，成员的职责会发生变化。这一点同了解激情与管理的关系一样，非常重要。

"大人物"的职责
明确"谁做什么"的意义

20世纪90年代中期，我曾担任过玻璃研发团队的经理，负责监管把玻璃粉合成物应用于电视生产车间，采用玻璃粉的目的是封接。那时候还没有液晶显示器技术，荧光显示器应用的还是基于阴极射线管的技术。康宁公司在这个领域占有很大的市场份额，就像今天在液晶显示器市场上的地位一样。由于荧光显示器尺寸越来越大，成像变得越来越复杂，康宁公司开创了一条新道路，即改变玻璃合成物，提高成像质量。这就需要改用玻璃粉密封前面板——屏幕，改变放置负责成像的阴极射线管的显示器后部。康宁公司和很多玻璃供应商一样，依靠外部供应商提供封接玻璃。研究组认为这是一个新的需求，是开创这种技术的一个机会，可以立即成立一个项目组攻克这个问题。然而，这项工作不一定

直面并解决冲突

能如预想取得成功,而且这个创新举动需要有持续的资金支持。

在我加入玻璃研发团队之前,团队就一直在研究用玻璃粉封接玻璃和金属,普通黏合剂很难做到这一点。多年来,瑞克·拉雷多把大量时间用在了将这项技术应用于实践领域的研究,并研发可满足特殊性能要求的合成物。他是个做事严谨、专注的研究员,诚实面对错误,爱开个玩笑挖苦一下别人,但不会让对方觉得难堪。他能独立研发用于封接的玻璃粉,而这项技术可以使康宁公司无论是在显示器材质,还是未来的光电子技术应用中都处于领先地位。在玻璃研发团队中,每个人都很喜欢他诚实的性格,能够随意地反驳他的挖苦和固执,但格雷格·菲茨杰拉德对他的这种幽默不以为然。他是开发部的主管,负责把封接技术从理论转化为生产,应用于电视生产车间,最终服务于客户。

格雷格·菲茨杰拉德是个与众不同的人物。他性格刚烈,仪表堂堂,嗓音低沉,让人印象深刻。他非常清楚自己要的是什么,怎样才能得到。他是个"数据至上"的人,早在20世纪90年代中期,他就是科技界的活跃分子,在很多商业机构发表过演讲,无论是在商界还是科研界都享有一定地位。在实验室外,每当有人问他的意见时,他都直言不讳。当然,他也不会轻易向其他人低头,除非有数据支撑。他总会提醒别人:"用数据说话,数据是最客观的。"他看上去比较顽固,但在他身上体现出了一个受人尊敬的领导的样子。他从来不和自己团队的成员争执,而是给予他们充分的信任。自然而然,他对成员的支持及他为成员明确目标的做法深受大家喜爱。但是,涉及技术问题时,大家都会小心谨慎,因为被格雷格的论据压倒的滋味可不好受——特别是如果因为数

IDEA AGENT

据不足。

那时我还是个初级经理。在消费品部有了3年市场经验后,我被任命管理玻璃研发部。玻璃研发部与消费品部有着紧密的关联,因为正是业务部门多年来把康宁公司研究员发明的众多技术实现了商业化,同时公司能够享有如此高的品牌知名度,业务部门也功不可没。多年的民意调查显示,美国98%的人都熟悉康宁餐具(Corningware)和派莱克斯玻璃(Pyrex)这两个品牌。我当时是负责康宁餐具的营销经理,在客户研究、产品定义、市场定位、广告营销、开发新的产品线的经验不仅丰富了我的经历,更激励了我的斗志。所以当我到了玻璃研发部后,整个人都精力充沛,像上满发条的机器一样。这次是我的上司唐纳德·詹姆士让我来接替他,管理玻璃研发部。我曾经也做过玻璃研究员,现在又回到了我深爱的领域负责相关工作,使命感油然而生。但要面对瑞克与格雷格的关系问题,还是让我有些畏惧。

唐纳德与我的性格互补,多年来建立起了良好的关系。他给我自由发展的空间,让我形成自己的领导方式。他一向支持我的提议,从不干预我处理事情的独特方式。和他一起工作很舒服,而且他在技术方面对我的指导也让我一直铭记于心。在每个技术细节和技术改进上,他都能表现出惊人的智慧,无人能及,而且他还兴趣广泛,从演奏古典钢琴、吉他到做木工活儿、改装汽车。我们在工作中相互分享激情,但他会给我留有足够的空间让我深入思考。所以当他请我处理玻璃研发部的僵局时,我并不感到意外。

格雷格是瑞克负责的项目中的研究副主管,压力源于从研究到开发

直面并解决冲突

的技术转变。唐纳德了解这个问题，很担心两个部门缺乏沟通，而且担心项目的进度不能如期实现，须把握住机会。他也曾试图通过在例会中与格雷格交流解决这个问题，但没有成功。作为初级经理，我的任务是找到更深层次的核心问题。后来我发现这就是两个个性鲜明的"大人物"之间的冲突，谁也不愿退让。

我的工作很明确，我要管理一群我很尊重的研究员，他们很多人都是看着我成长的。我从他们的同事变成了他们的领导，而我也很清楚我需要得到他们的尊重，但我要履行我最基本的职责，即让他们创造新发明并成功交付新技术。这一点不能妥协。于是，我跟随自己的直觉，走进了未知的领域。我定期分别与格雷格和瑞克交谈，把他们当成普通人，了解他们的想法、驱动力，让他们将能量释放出来。

从与他们的交流中我确实发现了两个人性格上的冲突点，但我也发现组织结构有很大的缺陷，组织目标也不一致。如今我已有了近20年管理、交付技术的经验，我可以说，由于两个团队的不同目的、不同原则而产生的紧张气氛在技术转变中是很常见的，但两个团队有一个共同的目标，那就是将技术转化为应用。

- 格雷格，他了解商业需求，反应迅速，他向客户承诺会在最后期限前提交结果和样本，但瑞克觉得根本不可能实现。他说："发明是不能有时间表的，"瑞克接着补充道，"他以为女人个个都能在一个月内怀上宝宝。"

- 瑞克，他在向客户介绍康宁公司方面很有经验，能够同时从容处理几个项目。他发现格雷格计划的项目数量和商业会议次数过多，

IDEA
AGENT

影响了他做科学研发。

- 格雷格，其技术背景被技术经理们视为宝物一般，而他在决策时对数据的不断追求为人们所敬佩。他习惯对项目提出建议，包括实验和合成物变更。他尽职尽责，最终决定将玻璃合成物的功能推荐给商业团队。
- 瑞克，严谨的研究员，了解生产的要求，格雷格主管的就是他研究的领域。
- 瑞克，有机会参与研发团队发明的封接玻璃技术，感到很兴奋。
- 格雷格，非常清楚这个机遇可满足业务增长的需求。

我发现这两个意志坚定、尽职尽责的人，需要的不仅仅是沟通。为了达成目标，我需要在管理上有所创新：统一他们的战略目标，明确各自职责，详细讨论清晰的组织结构的必要性。

搞好业务部门与客户的关系就是我这个职能经理的职责，为了了解他们的业务战略，我当起了他们和营销主管之间的联系人。和营销主管建立起良好的关系后，我请他担当起这个项目中更重要的一个职责。他不像那些"大人物"，相处起来很容易，这无疑让在"沙漠"中的我看到了一片"绿洲"。同时，身兼项目经理的我还需要确定工作日程，尊重并理解两个核心人物的需求。这件事有些麻烦，因为这个项目虽然是业务部门战略发展的一部分，但还是一个比较小的项目，不会形成大的团队。虽然我既当项目经理又当职能经理并不是理想的解决方案，但我也已经与瑞克和格雷格建立起了良性关系，分别与他们一起工作都可以让另一个人的灵活性更大、更轻松。这就是我在管理创造力之间的冲突

一
直面并解决冲突

时的第一份收获。

瑞克和格雷格的性格、作风、观点确实有差异，但最关键的是战略目标各不相同。瑞克致力于为公司开创一片技术新领域，即封接玻璃技术，它能为公司带来很多新业务。这正是这项研究的使命。而另一方面，格雷格的看法反映了业务的需求，即全世界正在经历封接玻璃技术带来的变革，业务部门预见了这一变革，但对应用于实际生产并不确定，缺少长期稳定的商业支持。为了将发明转化为生产，推进技术应用，新技术和业务必须达成统一——这一点势在必行。

因此，为了解决这个问题，需要做的不仅仅是形成让两人对话的机制，更要让他们理解研究部门内蕴含的业务需求，两个部门要形成牢固的合作关系，使工作顺利进行。渐渐地，部门间的紧张气氛消失了，沟通顺畅了，战略要求也都明确了，瑞克和格雷格彼此信任，尊重对方观点，以数据为决策依据。项目最终满足了业务需求，封接玻璃技术由于产生了巨大商业影响也应用于其他领域。

目标的紧迫性和参与的人数会因不同的项目而有所区别，但扼杀创新和驱动力的根源都是相同的，那就是不同的性格和不同的战略目标。当今组织都追求业务高速增长，创新的需求在增加，高层领导需要亲自管理重要项目。今天相比于以往，达成突破性成果更需要组织结构可以平衡成员间的尊重，区分轻重缓急，去除由于多种性格、失衡的职责和要求造成的障碍。

我的个人经历
找到自己腾飞的翅膀

在康宁公司工作的早期的职业生涯中，我打算扩大一下自己的人脉圈，当然是通过明确的途径，而不是盲目扩展。我希望认识一些技术领域之外的女性朋友，但有人告诉我说，这似乎与我的风格不符。康宁公司的工作是我第一份在企业任职的工作，这是我以前在学术研究过程中未曾有过的经历。无论是在麦德林读哥伦比亚大学，还是在加利福尼亚读斯坦福学院，包括后来进了华盛顿的卡耐基研究院，以及和丈夫一起去了德国的马克斯·普朗克的研究所，都没有过这样的感觉。我认识了一些非常优雅的女性，她们看上去泰然自若，每个人都有所保留地发表自己的观点和看法，尽管有些含蓄，但她们并不隐藏自己的想法，也从来不表示出强势。她们着装得体，发型也显得整洁、利落，你从她们的举止上看，当然可以说有些保守。但她们的这种风格在20世纪80年代的早期被称为"着装得体"的典范，被证明有着良好的教养并传递出一种"我在这里，我能应对一切"的自信。

我逐渐与这些企业中的女性领导者熟识，其中一些人在企业进行大幅度战略

我的个人经历
找到自己腾飞的翅膀

调整后，因其为企业突破美国同行对玻璃市场的垄断做出了贡献，而成了杰出的女性。她们现在已经以自己的卓越表现跻身于企业的高层管理团队。我通过对她们的了解，更加钦佩她们的行为，欣赏她们的才干，并时常征询她们的意见，最终成了她们的朋友。她们中的一些人，至今还是我最好的朋友。尽管在大多数的时间里，我并不能给她们提供什么具体的帮助，除非我自己感到很有必要的时候。我没有给她们施加过任何自己附加的观点，或者限制她们自由发挥的空间。相反，如果我打算表达自己的意见，又不至于损毁自己的声誉，我都会尽可能地参与她们，寻求解决问题的方法和尝试听到任何新鲜的观点。这样的工作方式也成就了我自己独特的领导风格。我的领导风格是鼓动加激励，还会通过手势增加效果，以求得更多的支持，我想这其中还受到了拉丁文化中"有事说事"的率直性格的影响，有时也多少会让我有些失态。我喜欢热烈的颜色，如翡翠绿、艳紫、亮红、橘黄、明粉。我会为自己设计独特的服装样式，即使处在灰黑条纹服饰的海洋包围中，仍然能做到格外抢眼，并足以引得他人的赞赏。后来通过人力资源反馈回来的信息，我了解到自己这种大胆表露性格的做法，本身就产生了强烈的魅力，基本不需要再有什么其他的加分因素来增加自己的职业优势。

我感觉以真实的自我进入职场或许会给自己的职业带来某种危害，可能是我身上具备的这种有别于企业过去的保守文化类型的女性风格。但实际上，我也并非把真实的自我投放在职场中。在工作中我所表现出的符合身份的职业面孔，那只是让我显得强势的一种姿态而已。我没有教练或督导能在工作上给我指导，能给我带来启示和帮助的无非是内心对新鲜事物保有的强烈兴趣，这种兴趣帮我理清各种事物的头绪。现在回过头来看看自己走过的道路，可以清晰地发现那时我最需要的就是鼓励和支持，它让我的整个身心得以投入，并引导我最终获得成功。

但我知道，这条路径或许只适合自己行走，所以，我宁愿相信自己，愿意跟随着自己内心的引导来选择行动。而对于另一个自我，我会让她继续陶醉在布艺、色彩和设计的兴趣中，乐此不疲。在对自身工作流程的设计中，我开始学习理解分割与空间的关系。我注意观察和倾听，学着掌握反馈和遏制的技巧，尝试着了解自己对他人的影响，这是一个让自己更加"英国化"（我自己命名的）的过程。那时，我在不知不觉中做到的就是首先要在内心树立起自我意识的概念，并且在这样的意识影响下指导自己的工作。这样的状态一直持续到后来我遇到了达萨，是他加速了我的成长和提高。

这样多彩的人生带着我个人的独特烙印，这也与当时要为团队选择新的负责人有关。即将卸任的唐纳德·詹姆士，在任时是一位卓越、成功的领导者，而继任者作为将来整个团队唯一的督导，我自然会被团队寄予厚望，所有人都希望能找到一个可堪重任的人继续保持玻璃技术研发团队的辉煌。在研发经理推荐的人选中，还有一个非常聪慧且值得信赖的科学家，虽然不太了解这个人的具体专业水平和技术实力如何，但他的实力也相当强。优秀的科学家都希望被一个卓越的领导者来管理，选择他来领导团队，或许不能出现立竿见影的成效，但他的能力将在接下来的工作中得以体现，他拥有足够的视野，还有着领导者应有的高素质和独立个性，以及科学家的丰富经验。这次晋升机会的考验，对我来说是第一次痛苦的经历。之前，我还从未遇到过挫折。在初临团队时，大家都在观望着我的表现，整个团队似乎都陷入了低迷的状态，但几个月后我就被接受了。

在康宁公司最初几年的工作中，我的技术重点放在了为消费市场提供实用材料上，这是近几十年玻璃技术研究中非常活跃的领域，新发明和新产品层出不穷。所以，这也是康宁公司整体发展结构中非常重要的一个部分，康宁公司从 1998

我的个人经历
找到自己腾飞的翅膀

年开始进入普通消费市场的产品研发以来，在推广产品全面市场化方面进展得并不顺利，甚至可以说举步维艰。所以，造成的结果就是我必须要去推动新的研发产品，去和雷蒙·赫利建立起更加紧密的关系。雷蒙是康宁公司负责市场营销的高级副总裁，他拥有丰富的市场实战经验，有敏锐的产品洞察力。我定期去拜会他，不断向他展示研发团队的最新发明，以求得到他的支持，从而形成具有市场影响力的实用性产品。他逐渐了解了我，以及我对材料和衍生出的实用产品的热爱，知道我愿意挑战极限和突破障碍，崇尚华丽的风格。他给了我很大的支持和鼓励。1990年年初，康宁公司成功经营多年的最具持久竞争力的核心产品之一面临最困难的时期，所有品牌的产品在来自远东的廉价进口产品的包围冲击下，整体销售跌入了史无前例的低谷。

我在研发上尽可能地扩展，为雷蒙提供更具竞争力的技术，这也是产品更新换代的机会。他那时从市场上带回来的一些反馈让我很吃惊，他要让我承担起挽救康宁公司在市场上的主打品牌 Corningware 的责任，它似乎已经陷入不可挽回的境地。他需要有人用不同寻常的思路做出"异常"的贡献，他现在已经对我产生了足够的信赖，他认为我行。同时，我也得到了前任唐纳德的支持。我不知道自己是中了乐透大奖还是亲手签下了死亡证书，我在没有更多市场认知的情况下，就承担起了这项试图扭转康宁产品颓势的责任。但雷蒙似乎能从我身上看出点儿什么，他信赖我。当我向他求教，是不是应该先对自己进行一些有关市场知识的培训，哪怕只是短期突击性质的，他向我大声说道："工作！工作就是最好的洗礼。"我自己也不能确定，雷蒙是不是能够长久地站在我的背后支持我，就像罗盘的指针那样为我指明方向。但是，他做到了，并且这种支持竟一直持续了数十年之久。"你低估了我对你拥有的强大信心。"

IDEA AGENT

  从承担起这项责任开始,我就得到了同事们的倾力支持,这是一支充满了情趣和活跃气氛的团队,散发着职业的艺术气息,他们把这样的气息灌注到了康宁公司新品牌的市场拓展中。尽管在承接任务的早期,他们也有些许的困惑,不明白我究竟为什么要承担这一项工作。这项工作或许令人振奋,但他们担心我还没有足够的能力驾驭它。开展客户调查、凝聚团队成员、进行产品定位、寻求产品生存的市场空间及定位消费群体,这些工作对我而言都是全新的世界。最后,我们通过审慎地评估、衡量,寻找到了一个机会,实现了康宁公司传统品牌 Corningware 在市场上的重新振兴,为消费者带来了全新的体验并改变了他们的生活方式,这就是康宁公司秉持优雅、休闲的风格而推向市场的新品牌——厨房服务炊具系列。

  我发现自己沉浸在新型玻璃材质的技术研发中,那种材质折射出的温润感觉让我仿佛体验到了另一种生命的存在。同时,我还在营销推广及人力资源等领域找到了别样的乐趣。我非常愿意在产品的平面宣传、营销策划及电视广告的摄制中,施展自己的能力。我领导的项目团队,是在部门预算被严格控制等极为苛刻的条件下开展工作的,但他们用自己的智慧支撑产品在市场上的推广。这项营销计划已经被证实为康宁公司 20 多年中执行操作最迅捷的策划,从接手产品概念到实现市场销售,只用了短短的 11 个月时间。经验告诉我们,如果不按照这样的节奏操作,迅疾变化的市场或许将给整个团队带来最糟的结果。因此,在广告推广上,我第一次体验到了人的主观能动性起到的效果。协同作战,沟通思想,甄选每个人提交的方案中最佳的想法,通过激励团队成员,达到最终目标的实现。3 年后,我们在可能实现利润的区域,做到了产品 100% 的上架,并且还开辟了一些新兴的关键市场,结果实现了销售额增长 12%、营业利润率增长 82% 的业绩。

我的个人经历
找到自己腾飞的翅膀

　　这些刺激的经历给我带来了喜出望外的感觉，我相信自己在营销、广告领域发现了某种灵感，感觉自己也有施展能力的空间。所以，我头一次谢绝了唐纳德·詹姆士在重返玻璃研发团队后希望我能负责技术项目的建议。我并没有特别意识到，自己的生活其实已经发生了很大的转折，不同的涉猎和经验已经让我将工作的激情与自身的追求紧密结合在了一起，我已经懂得了主观能动性的魅力，以及真正实现人生价值的意义。

二

为团队中的卓越人才创造条件

要想建立一个高效率的团队,首先要做到的就是在你的旗下聚集起一批具有激情和创造力的卓越人才。要想达到这样的目标,你就要用自己的眼睛,尽可能地看清这些人在生活中的样子,找出候选人身上与你的团队精神相契合的那些素质。这一切都需要你超越他们的学术和职业经历的范畴来进行仔细的辨识。最基本的考量应该包括涵养和个性、观察事物的专注度、家庭生活状况、职场中的表现,以及在错综复杂的状态中应对多种情况的平衡、化解能力。其中最关键的则是需要你从候选人的工作及生活的外在表象,诸如习惯、行为,以及对待生活的激情中,观察他是否具备真正的创造才能。

不同的激情带来不同的创意

我们发现,对于科学技术人才的界定,无论是从对其定义的共有特性中,还

二

为团队中的卓越人才创造条件

是属于个体的范畴领域里,都很容易形成一个过分简单化的、被贴上固定标签的概念。其中被人们最为广泛接受的习惯说法是把科学家和工程师称为"书呆子"。每当人们提到科学家,经常会把他们固化成一群善于运用"左脑"思考的动物,他们思维缜密,具有很强的逻辑性、条理性,以及理性、客观分析事物的能力。然而,当你真正花费时间去了解他们的生活时,你就会发现并非如此。很多在科学、技术、工程领域中获得成功的人,他们的行为中同样也存在着"右脑"活跃的特征,包括直觉、感性、整体宏观思维、概括能力,以及主观能动性等。他们在行事时也会听从自己内心的指引。在任何领域中,你都能发现这类人才,他们在生活中所表现出的"充沛的激情和活力",使他们具有广泛的兴趣,经常会在多项技能上呈现出令人羡慕的才能——从乐曲演奏到手工艺制作、从徒手攀岩到毛线编织。作为领导,如果你能把这样的一群人才聚集起来,那么,通过一系列充满创意的活动,就能在团队中营造出良好的互动氛围,从而增加整个团队的创造力,使之活力无限。

发现创意
随时做好准备

在我曾经领导和一起工作过的同事中,就有一些既有非凡的创造才能又兼具卓越的音乐才能的人。说到这里,我首先想到的就是皮特·穆雷。他曾经是一位地质学家,后来转行到了玻璃行业从事研究工作。他不仅是专业领域的优秀科学家,同时,他还是一个非常好的古典钢琴的演奏家,他有着清亮的男高音的嗓音,他还擅长烹制民族风味的佳肴。另外,还有贾克尔·蒙塔伯格,他是一位物理化学家。在后来的共事过

IDEA AGENT

程中，他用其卓越的表现证明了自己同样具备管理才能，他利用自身的激情领导着一个团队走出了颓靡状态。与此同时，他还是一个娴熟的单簧管演奏家，其优秀的演奏技巧丝毫不逊色于爱乐乐团。他与团队中的另一位成员甄妮·布朗的二重奏，使所有听者愉悦而难忘。而甄妮的本职则是一位电化学家，但她在编织、布艺上的造诣使她获得了普遍的赞誉，而她在长笛演奏中表现出的优雅与高超的技巧，更是令人羡慕不已。

团队中还有一些科学家，热衷于把自家的厨房当成化学试验场，他们乐在其中，从生活中找到了一处既能释放压力又能满足味蕾的激情空间。大卫·约翰逊，本人是一位优秀的地质学家，但他对科学的熟谙程度几乎囊括了所有的门类，他利用科学原理建立起的系统工具模型，在用于分析材料的性能及解决生产中的具体问题时发挥了重要作用。而在工作之余，大卫会把自己过剩的激情投注到烹调的乐趣中，在厨艺里探寻异样的境界。他不断翻新各式菜谱，尝试、尝试、再尝试，不断寻找不同的烹调方法，你甚至可以说他在厨艺中进行着各种"发明"。他用科学家的严谨，发明出了很多熏制和烤制的肉类食品。这些精致的美食再搭配上他妻子贝蒂亲手制作的开胃小菜，会给所有来访的人带来愉悦的感觉。大卫的妻子贝蒂，是一位极具天赋的画家，同时也有着学者的身份，她在园艺景观设计上所表现出的审美与艺术的功力，也颇令我们称奇。随着时间的推移，成员之间的关系更加熟络，品尝他们夫妇最新研制的厨艺成果，竟成了整个玻璃研发团队的社交纽带中不可或缺的节目。

乔费什·林格是团队中研究有机聚合物的科学家，在涉及有机材料

二
为团队中的卓越人才创造条件

中的化学、流变学的研究方面有着精深的造诣。他利用其掌握的专业知识，成功研制出了高效能的松露产品，其性能完全可以媲美现在欧洲市场上绝大多数厂家在巧克力中使用的松露产品。他开发出的松露产品有些像高尔夫球，这种最好的松露产品已经替代了传统原料，被广泛应用在比利时的巧克力和印度尼西亚的香草中。他充满自信，平日喜欢自由、随意地在自己的实验室周围漫步，但只要他出现在众人的眼前，我们所有的人都会离开自己的办公室，出来簇拥着他。他和他的实验室，在与任何部门的接触中，或者在任何话题的博弈里，都会处于"赢者通吃"的地位。随后，林格在事业上的雄心更像蓬蒿一样地疯长，他开始收集大量的香草叶子，研制生产精致的罐装香草，用他独有的方式营销。

而团队中的其他人，根据他们在研究中反映出的严谨的心理特征，可以断定他们的激情会在自然的环境中获得释放。布莱恩·麦克哈格，是我们的另一位地质学家，他始终对某些小众的"特种玻璃研究"保持着浓厚的兴趣。当问及究竟什么是他研究的"特种玻璃"时，他的回答机械、刻板，还有些自矜。布莱恩孩童时就对蝴蝶和蕨类植物感兴趣，而这种探究与好奇的兴趣一直保持到现在。他采集并收藏了很多标本，就其所掌握的知识，可以媲美史密森尼博物馆的馆长。生活中，布莱恩还喜欢运动，很多年来，他都在教一些男孩和女孩踢球，而他自己还是美国职业联盟的冰球选手。

还有一些人，在他们身上表现出了超乎常人的毅力和敢为人先的勇气。在他们的个人生活中及过去的科研探索中，我们都会发现，这些人的激情和抱负都是在他人不曾企及的领域中得以释放。在我们的团队里，

IDEA
AGENT

奥利弗·查维乐就属于这类人。他是一位机械工程师，从他加入团队的那天起，在他的身上就体现出了特立独行及乖张叛逆的性格。但正是这样的性格，加上其本身的天分，在随后的日子里，他为康宁公司玻璃产品的换代转型及增强市场竞争力做出了卓越的贡献。而这样的性格也激发着他的灵感，让奥利弗放弃了传统蓝海航行的方式，而是自己亲手建造了一艘结实的帆船，载着他和妻子沿着北极圈的航线进行了6个月的航行。这次浪漫而又充满危险的探险，甚至让他们的帆船航行到了北纬80度，那片充满诡谲、冰冷的银白世界中。

我发现，在团队中掌握了多种才能的人并不是偶然的现象。比如唐纳德·詹姆士，这位美国麻省理工学院毕业的化学博士，孩提时就在弹奏古典钢琴中显现出了某种天赋。长大后，他通过自学，掌握了流行吉他的演奏技巧。他还喜欢自己改装汽车，还擅长木工，能够亲手打造出漂亮的家具。还有弗兰克斯·苏克，一位机械工程师，他总是琢磨着如何才能在玻璃纤维、压片、筛漏及蜂窝结构的各个环节中，通过技术的改良，生产出任何想要的玻璃形状。生活中，苏克是一个知识丰富、兴趣广泛的人，从德鲁伊的魔兽世界到文艺复兴的文化，苏克热衷于组织艺术性的展览。他还喜欢骑摩托车、露营远行，他会带领着社区同伴一起进行周末的远足。苏克和他的孩子一起花费几天的时间，利用太阳能及热电转换的原理，通过自己的设计和不断改良，建造出了一艘"永不沉没"的独木舟。

对于科学家来说，真正的创造力体现在科学研究的产品化，以及从研究成果中所衍生出的新领域还能带来络绎不绝的新鲜创意上。从这个月做了一艘独木舟

二
为团队中的卓越人才创造条件

到下个月的某种新玩意,从一个改良的望远系统到下一个新的尝试,从收集蝴蝶到研究它们的成长,从设计服装到琢磨四季皆宜的款式,在这些貌似平常的家庭和社会生活的爱好中,喻示着他们可能具有的从事某种未来研究的行为特征。这些特征都不是虚化的,而是通过他们日常持续的创意得到清晰的展示。所以,这些都是非常重要的特征。在聘用人才的过程中,你只要认真挖掘就会发现随处可见的这种隐藏在日常生活中的激情,你可以凭借这样的"创意"去做出抉择和判断。某些兴趣可能会随着时间的发展而改变,但你总是能够在更多的年轻人身上找到类似的闪光点。

在招聘中集思广益

我相信,在现实招聘的复杂程序里确实存在着一种看重个人关系,或者说重视人脉的价值取向。而那些堆在你办公桌上的一摞摞简历里面的内容,大多是为了配合企业人力资源需求的必填项目。当然,招聘是一个严谨的过程,招聘最终的目的是打造一个充满激情活力、具备创新精神的团队。为了吸纳企业团队真正需要的人才,首先要做的就是要公示招聘的目的,做好准确、清晰的职能描述,以求在有应聘意向的候选人中传递和交流有效的信息。招聘的意向必须明确,它将是决策者讨论和抉择的参考。这样一来,那些曾经积极参与竞聘并已成为团队核心骨干的成员们,为了继续完善和充实团队的架构,将会利用自身的人脉,在同学、同辈,以及相关行业更大范围的高素质人才圈中,引荐一些能够弥补彼此欠缺,从而使团队架构更加完善的人才。通常,现有的团队成员会在自己的母校中挖掘人才,而业界内的横向联系也为正常的人才流动提供了公开的渠道。所以,由团队核心成员衍生的人脉线索会为企业或团队带来更多趣味相投、目标相同的人才甄选的机会。

招聘为领导者提供了充裕的机会，或者说为完善团队的文化建设带来了丰厚的礼物。团队可以借此完成领导的授权管理模式的转换。在实施授权管理的团队中，包容是一种不需要被特意强调的美德，因为包容本身就是授权团队特征的一个组成部分。所以，在招聘中为了彰显授权管理的特色，团队中处处体现出包容是很重要的。领导者要让团队中的所有成员都能参与招聘的过程。参与的环节包括对应聘候选人名单的确定，参加针对候选人条件进行的论证和评估，并汇总所有人的意见作为领导最终遴选和决策的参考。或许这样的方式从领导的角度考虑显得有些传统。对于技术型管理者而言，这样的多方参与在某种程度上也的确会影响领导者的所谓权威性。在有些场合，这样的"民主"会让你的声音遭到质疑，而另一种情况，甚至会让你的意见根本得不到附和。但毋庸置疑，这种广泛参与的优化遴选过程，将会使应聘的候选人成为团队集体评估后的最优化结果，同时尽可能地实现了最佳的决策。而且，通过这种形式的甄选人才的过程，也会使领导者自身的能力得到增强。因为授权管理使你更加善于倾听团队的意见，鼓励成员参与发表意见，这会让你在最终决策时，能够更加全面、综合地评估和考察候选人的情况，从而加强或改变自己原有的主观认识。

招聘是一种团队行为

相信自己的能力

有一次，我们要招聘一个玻璃研究方面的科学家，有两位候选人都非常优秀，很有竞争力。那时，康宁公司领导层做出了决策，要进入玻

二
为团队中的卓越人才创造条件

璃市场的细分领域，要扩大企业平板玻璃的生产规模。而这两个应聘的科学家，都完全具备胜任我们进行这次玻璃生产结构调整所要求的能力。玻璃科学，尽管从应用市场的前景来看似乎还不错，但除了个别的例外，从整个目前的研究现状看，都还不是一个能让某学府或某基金自愿提供课题支持的热门专业。同样，也没有太多的院校能够为有志于玻璃研究的学者提供支持或授予学位。所以很多年来，康宁公司都习惯于从其他领域中招募一些有博士学位的科学家，他们的研究领域基本上集中在材料科学、化学、地质学等专业上。另外，还有一些人才是通过资深专家自己的人脉，譬如自己的研究生，而进入康宁公司的。康宁公司凭借自身在玻璃材料基础研究及应用产品开发方面的雄厚实力，把这些其他领域中的优秀人才成功转化成了精通玻璃研究的核心骨干，并最终使他们都成了科学界尊崇的玻璃产业的精英。在这次招聘中，我们通过事先收集到的有关候选人的背景资料，了解到这两位能力超强的候选人在玻璃研究领域都有着相关的经验。皮特·穆雷是其中的一位，他在某家国内的实验室中，做过5年多的基础玻璃成分结构的研究。另一个是罗宾达纳·拉嘉，一位正在英国工作的博士后研究员，他在斯坦福大学获得博士学位，并在世界著名的地质学教授的指导下，借助精密分析工具和仪器，在相关的地质环境中对新型玻璃系统进行定型。

他们的学术背景都很扎实，以往的履历经验也给人留下了深刻的印象，他们也都谈到了自己发表过的学术出版物。从整个团队的角度出发，我们当然希望能不加取舍地将他们一起收入囊中。但这只有一种可能，那就是我们能从上面争取到更多的预算。讨价和争取的过程漫长而艰巨。

IDEA AGENT

　　从各方面汇聚来的信息当中，我可以清楚地看到，皮特有着热烈、鲜明的个性，但也属于那种需要严加管理的类型。而另一个候选人罗宾达纳则显得非常绅士，是那种即使陷于最激烈的争执中也自有分寸和能力加以化解的人。当然，这种温润儒雅的性格并不意味着职业上的弱势。团队和我这时都面临着抛硬币的选择。结果是，我虽然倾向于留用罗宾达纳，而团队的意见却是留用皮特。我知道，选择皮特的决定也不用做太多的考虑，不会有什么风险。而从领导者的私利考虑，留下皮特也有显而易见的好处。这样的选择非常符合我在团队中积极倡导的授权管理的基调，这会使所有成员参与的圆桌讨论，因观点的一致而显得更加融洽；反之，则会因争论使气氛变得紧张而尴尬。这样的招聘方式，无论是从短期目标还是长期愿景上，都能丰富我们的团队文化。

　　对于罗宾达纳来说，虽然此次落选，但其卓越的个人能力依然存留在团队成员的心中，他的个人魅力确实难以让人忘记。几年后，随着公司的发展，康宁公司进入了超速运行的轨道，在这个光电技术超速发展的泡沫阶段中，最终引发公司濒临死亡绝境的一次冒险尝试。玻璃研发团队发现，仅靠自己的力量根本无法迅速找到那些能够满足市场扩充，并能为光电子玻璃的应用提供新材料的研究专家。而罗宾达纳，这位团队曾经的"落选者"，在这时进入了我们共同关注的视野。罗宾达纳，这次在团队中找到了属于自己的位置，他的能力和价值得到了应有的推崇和尊重，他被授权以极大的自由释放他的才能。果然不负众望，他凭借自身的才能，跟随直觉的引导，依循市场的轨辙，为整个团队做出了卓越贡献。

二
为团队中的卓越人才创造条件

要想把团队凝聚成具有真正创造力的集体，领导者首先就要做到能广泛地容纳异己，在各种不同性格、观点的激烈碰撞中求得各方势力的协调与平衡，并能利用存在于成员之间的异同强化团队的凝聚力，进而在实施具体项目和实现整体目标的过程中，发挥团队的整体优势。为了达到这样的效果，就需要让团队成员的个性化风格、各自具有的优势及欲实现的独立愿景，都能转化为个体带给团队合力中的能动、高效的积极因素。他们需要有补充能量的动力和激情，这不仅局限于对自身专业知识的完善，团队还要为每个成员设计好适合自身发展的职业规划，在生活上也要为成员提供更加多元化的维度。作为领导者，可以从他们的兴趣中获取很多有用的信息，从而构建起团队能动的基础，特别是在沟通交流层面上，可以发挥褒奖和激励的作用。说到在团队中发挥个人的主观能动性，我就会想起里克·拉雷多的成功表现，他之所以能取得那样的成就，应归功于他在团队中的两个关键人物——彼得·穆雷和克里斯·康尼翰——所发挥出的沟通桥梁作用。

当你成功地找到了一个适合自己的工作体系，就很容易被这个体系所束缚。对于领导者来说，创建出这样的体系也要承担同样的责任，为了预防出现重复性的伤害，需采取灵活的态度。作为领导者，或许正是因为太倚重这样的体系，就不能从逻辑上对体系中出现的悖论进行理性的辨识，很容易陷入依靠自身的直觉或所谓的聪慧作为行为判断的基准，顺从这样的惯性，你将被拖入荆棘丛生的困境中去。如果你能保持足够的灵活性和警觉，就会从随机的行为中受益。而那些不期而遇的结果，也许正是你梦寐以求的答案。

IDEA AGENT

天赐良将
步调一致迈向成功

恰好是在康宁公司超速发展达到空前繁忙阶段之前的那段日子，我们的玻璃研发团队通过调查，发现市场上出现了对一种氟化玻璃的刚性需求。在这个项目中，最关键的是要保证生产能力，满足市场对光纤玻璃的要求。而从20世纪80~90年代起，光纤玻璃是迄今为止给康宁公司带来最大收入和利润的来源。公司中绝大多数的光纤项目也都是在这个时期从研发状态纷纷转型过渡到实用生产阶段。团队中几乎所有的力量在这个时期都集中于光纤技术的开发与研究上了。康宁公司在整个玻璃行业领域拥有绝对的人才和技术优势，具备优秀的市场研发能力。康宁公司通过自身完善的体系和不断追求卓越的企业文化，保证其每项新发明从研究、开发到生产制造的各个环节都能实现完美的技术对接和转换。而康宁公司光纤产品的研制与开发是由特定的团队来负责的，并与后期的生产环节直接挂钩，最终的产品由承接玻璃研发的团队直接推向市场，从而使研发团队与产品所有的相关环节都建立起密切的合作关系，并成为为整个产品市场提供终极服务的核心机构，而不再被当作普通意义上的光纤产品研发基地。

在这轮疯狂攫取光纤市场的过程中，我和自己的上司尽管在一些想法上与主流民意有所违和，但还是明显感觉到要想在市场上独占鳌头，就要去真正了解一流研究者的能力，他们是我们的财富，他们能够为企业研发出最能满足市场需求的新材料，他们的技术足以保证生产出适应

二
为团队中的卓越人才创造条件

任何应用领域要求的产品。找到这样的人才，才真是我们应该尽到的职责。于是，我们开始寻找专家，希望找到一个能够认同我们对玻璃化学结构中的棘手元素"氟"的理解的人，氟是光纤玻璃生产中最核心的关键所在。

正当我们通过学院和相关的研究机构，在氟化学领域的人脉网络中寻找和联系候选人时，我收到了一封直接寄给我的邮件，署名是伊丽莎白·洛佩兹博士，她是来自加州伯克利大学氟化学研发团队的一位候选人，那个团队在氟化学研究领域中属于顶尖学术机构。她擅长毛玻璃上的艺术加工，并为玻璃生产的相关企业提供各种技术支持。洛佩兹显然被康宁公司在玻璃领域的实力所吸引，所以决定主动和我们联系。与洛佩兹的头一次通话，我们谈到了聘用录取的相关事宜，我邀请她先过来看一下，可以同她的未婚夫一起来。我发现她的未婚夫也是一位在伯克利工作的加拿大裔博士后研究员，同样也是从事氟化学研究的。我们了解到的洛佩兹博士，不仅能用自己在氟化学专业上的能力给我们的项目研究带来支持，而且她在设计上对美学的敏感认识，对瑜伽和东方文化的钦慕，以及作为一个西班牙后裔所表现出的透明、鲜活的性格和她的阅历，都会为团队注入新鲜的活力。她的未婚夫，则是一位对自己所从事的氟化学研究保持学术尊重和执着的标准科学研究者，他同时还是一位西班牙古典吉他演奏家。这样的能力更是为这对难得的候选组合锦上添花。在经过了两次面试后，在我亲自驾车送他们返回加州的机场路上，我们谈妥了一切。回去后他们举行了婚礼。然后，很快他们就一起来到了康宁公司，开始了他们新的工作。

IDEA AGENT

在所有的招聘工作中，最棘手的就是为自己找到继任者，也就是挑选接班人的问题。按机械的标准来理解，你要找的这个人，应该具备领导和部署的能力，能够统筹安排技术资源，研究和生产出新的成果等。他要有想法，要考虑到今天、明天，乃至超越未来的愿景。而为了实现这些愿景，他还要在团队中鼓励激情，倡导包容，并且起到灵活的沟通媒介作用。在精神层面，他应该成为一个研究机构的卫士，承担起保护和发扬团队传统和文化的使命。要真正做到传承文化、发扬传统，不仅是做一个复印机，还要在传承中拓展更多的文化内涵，展现自己的特色。要让团队的成员信服，尊重你的能力、价值及人格的魅力，而不是通过简单、粗暴的施压手段令他们慑服或恐惧。你要寻找的就是这样的接班人。这不仅是为了你自己，更是为了整个团队。你要相信你的团队，他们才是真正的财富。要为自己的接班人留下一片足够驰骋的天地，释放他的激情和才华。

团队需要领袖
寻找合适的接班人

我在康宁公司担任玻璃研发团队的管理者，无论团队的规模大小，对我来说都是一种激励、一种刺激和一种挑战。最开始，我带领的团队只有 15 个人，他们都是企业中最优秀的科研精英。后来，随着团队的逐渐扩充，最后发展到了超过 40 个人的规模。我们的团队在玻璃研发技术的各个领域追求卓越，交付了显示屏、照明，以及各类玻璃消费产品的最尖端成果。面对最近出现的代表着玻璃领域尖端发展水平的光纤和光子学技术，我们依靠自己的实力与商界的领袖们建立起强大的联盟，成了技术研发的核心团队。同时，我们也为康宁公司内部的各个相关机

二
为团队中的卓越人才创造条件

构提供完善的技术支持,从而在业界树立了良好的信誉,团队文化也为适应外界的环境而不断变化着,我们对前景充满了乐观。团队成员在宽松的环境里尽情地释放着创造的激情,处处祥和,使人感受到如节日般的温馨。正因如此,在我将被委任承担更大的职责时,迫切需要为这样一个团队寻找到一位合适的继任领导者。这个人要有能力继承我为此奉献了6年心血的团队的优秀传统。

我们的招聘历来是包容、开放的,团队也因此而得到了成功、健康的扩展,吸纳了很多优秀和著名的研究人才加入。当然,在康宁公司技术团队的领导层中,也招揽了不少卓越的管理人才。这样就使得康宁公司的人力资源评估体系可以从高到低、由里及外,对人才的选拔做出应有的甄别判断。但这样的决策过程,无论是对候选人还是对我个人而言,都是一种苦乐参半的过程,需要通过彼此殚精竭虑的付出,才能选拔出合适的人才。

我们所圈定的候选人,都是具有丰富的研究人才管理经验的专家。其中少部分人,还拥有在学术领域、某些行业、国家级别研究室或者作为带头人的荣耀历史。还有一部分人,曾经担任过一些规模较小的企业的管理者。这些有力的候选人当中,无一不有着良好的学术信誉和行业口碑。所有的科学家都能意识到学术上的平庸造成的信誉风险,并且他们习惯于对各种质疑表示理解,当然,也包括承受和容忍外界对他们苛责。我一直相信对科学家的嘲讽正如对他们的褒奖一样,都是在未经任何推敲而又不尽周到的情况下草率做出的。人们或许只是看重他们的技术能力,或者在战略愿景方面的眼光,这当然也是很重要的。同样,我

IDEA AGENT

们也需要关注他们人性层面的内质，并能释放出他们的能量。所以，在为团队寻找继任者，也就是为自己寻找接班人的过程中，我们放弃了听取多数人的意见来进行决策的方法。在面试中：

- 我尝试着了解某个候选人关于玻璃研究的一些专业观点，但他并不愿意就此深谈。我很愿意听到从他的角度对"微观管理"有些什么样的看法，以及他的独到见解，而他的回答也让我不甚满意。我很难通过这样的交流去量化他的能力，只是给我留下了他在"某些地方不太对劲"的印象。

- 要适应这类"很难接触的人"，会有相当棘手的感觉。假设真的在一起工作了，恐怕也难以找到共同的兴趣。其实，我并没有特别要求什么，但至少希望，彼此有一些共同的话题。

- 我对他是否能掌控整个研发团队还没有具体的想法。

- 他既没有问过我这个现任领导的想法，对我们以往的经验也不感兴趣。甚至，他对团队当前研究的具体方向是什么也不甚了了。我想和他沟通玻璃研究方面的具体问题，但颇费时间，而且需要用拐弯抹角的方式才能进行。

- 作为一个领导者却缺乏感性，很难想象他能很好地适应和管理所辖团队中的各种个性复杂的成员。在我的印象中，缺乏感性的人不少，这绝不是孤例。在我看来，尽管个人的风格特征可以有所不同，但在受到非感性对待时所做出的反应却是出奇的一致。

- 在我做领导时，或许是出于女性的感受，当下属向我汇报工作或谈些其他事情时，如果对方对女性非常缺乏情趣表达的能力，

二
为团队中的卓越人才创造条件

那会令我感到乏味，自然不会与这样的人产生亲近感。我认为，在一个真正高效的优秀团队里，所有的成员在日常的研究和生活中，所接触到的应该是多种风格的环境和人物。这样的环境才适宜激情和创造，而我所担心的只是他是否有能力应对好这一系列的"诱惑"。

作为理想的候选人，是不应该存在上述缺陷的。他应该拥有丰富的人生阅历，以及适应环境的能力和技巧，还要有为工作而奉献的职业精神。这些条件对于招聘的决策者是否能在面试现场做出录用决定，或者发现候选人身上的潜力，以及对他未来的发展做出合理的判断，都起到了非常重要的参考辅助作用。当然，最后的聘用是要由我本人来决策的，我也会尊重自己团队中其他成员的意见，他们很愿意就我对某个具体候选人的最终意见进行再评估。他们会指出，某人虽然没有领导大型团队的经验，但在基础材料专业上的优势很突出；或者某人在艺术、社交上的表现很吸引人，如受家族影响而显露出的在安第斯音乐上的天赋，在社交及其他日常生活中表现出的特点。而这些条件都足以使团队成员对某位候选人做出如下的评价：

- 他给我留下印象最深的地方就是与人接触时表现得十分感性。作为一名科学家，他的经历非常丰富。他很愿意谈论过去的事情，他提到："管理者除了要看到科学家具备的相同特点外，还要看到他们工作之外的生活，一些人很喜欢音乐，而另一些人则喜欢滑雪，等等诸如此类。"

- 他谈到了工作风格，认为"某些人喜欢自己单干，而另一些人则

IDEA AGENT

喜欢大家一起工作，还有些人愿意带着别人做事。当然，其中也有喜欢跟着别人干的类型。作为领导者，你就必须了解这些，懂得每个人喜欢的工作风格。你不能让一个人用他不喜欢的方式工作，你也不能把一个人安排在错误的岗位上，还指望他能做出成绩。"

- 他提到，如果能给他一个职位，让他有机会听到其他人的意见，一旦他掌握了实际的工作状况，那么，他就能尽职地当好一个领导者，做出自己的贡献。

- 我认为，他具备成为一个优秀领导者的素质。他有非常敏感的直觉，善于洞察他人的心理，也懂得如何激励他人。

- 还有一点很重要，他和我们谈到，从电话中他似乎能听出你是一个强势的女人。他提到自己的家庭是靠妈妈和姐姐支撑的，他认为女性领导者管理下的环境往往不会太差。从这里，你可以看出他对女性的态度，不存在性别歧视。而在其他候选人身上，或多或少都有一些歧视的感觉。

团队成员知道，他们已经找到了懂得尊重自己的继任管理者，因此，他们也会同样尊重他。康宁公司法国实验室的地位决定了它的管理者除了必备的专业资格外，还要具备战略发展的眼光。更重要的是，他还要尊重玻璃研发团队的文化并将其传承发扬，因为这种文化已经成为整个行业领域的一个传奇。我知道，他是一位有能力传承和弘扬这种文化的领导者。通过最终的双向选择，证明我们是对的。曼努埃尔·卡塞斯，是一位来自智利的科学家，在美国科罗纳多州立大学拿到材料科学的博

二
为团队中的卓越人才创造条件

士学位。他在去新泽西前，回到了自己的祖国，在智利的原子能委员会从事过 3 年玻璃材料的研究工作。后来，他与其他人合伙，在新泽西创建了一家在材料技术上有着领先优势的公司，并担任总裁职位。在他任职初期，我极力培训和发展他，希望他能尽快进入领导者的角色。但刚开始他的表现确实有些让人失望，甚至让我有些怀疑自己的判断。而后来经过时间证明，这样的风险是值得的。现在，在曼努埃尔挂帅几年后的今天，团队依然保持着自身活力，以往在团队中非常熟悉的那种诡谲力量让团队继续保持着旺盛的创造能力。这样的态势，尤其在公司处于高速发展的过程中，会让团队成员充满自信、士气十足。在顺利发展的同时，曼努埃尔本人却依旧保持着自己传统的生活状态。团队成员从他的领导风格中感受到激励和鼓舞，同时，也会得到挑战和提升的机会。工作之余，曼努埃尔同他的家人一起，通过非常精彩的安第斯风格的演奏会为团队所在城镇，以及实验室以外的日常生活带来丰富的乐趣。

乐队的表演，要靠乐手的配合

要想确认招聘和录用是否达到了最佳、最理想和最成功的效果，首先，我们要看的就是招聘来的新人能否和团队文化融合在一起。其次，要看一下现有团队中的每个成员是否能接受这个新人的到来，并予以充分的信任和支持，使其能在新的环境中发挥出自己的才干，表现出个人在团队中的影响力，同时实现更高的目标。作为领导，要经常去员工中间走动走动，在他们的座位上与他们交流，轻松的谈话氛围有助于披露和了解他们的内心，从而掌握他们的节奏，做到彼此间

IDEA
AGENT

的同步协调。团队成员有幸与聘用到的高素质的科学家一起共事，将会丰富各自人生的经验，开阔生活的视野。团队通过启迪智慧、鼓励个性创造，可以从拥有各种兴趣爱好的人才身上得到更加丰厚、多元的滋养。作为领导也一定会发现，在帮助这些优秀的科学家释放创造激情、实现自身价值、满足理想追求的同时，做到与他们同步并最终能共同实现理想的过程，将是一件非常有意义的事情。当然，这并不意味着要将自己的需求通过权威强加给他人。这是个自然融合的过程，是一种主动的迎合，让自己的激情和愿景，用自然的方式影响团队中的每个成员。唯有这样才能实现团队真正的融合，并最终使每个成员的价值都得到最圆满的体现。

乔治斯·贝特朗，是康宁公司法国实验室的一位高级研究员，他在众多的荣誉者中也会显得尤为突出。他已经著述并出版过近200部专著，以及各种类型的出版物，获得过很多国家级奖项，并且他还在很多国家级的实验室及多所学院中担任各种要职。在法国工作的阶段，乔治斯教会了我怎样鉴赏最好年份的顶级葡萄酒的方法，还告诉我在法国这个嗜好乳酪的国家，怎样才能辨别出来自不同产地的乳酪。这些新掌握的技能激起了我们的兴趣。于是，当团队为了庆祝某项计划目标的完成，需要筹划一场庆功会的时候，我们就会邀请本地著名的葡萄酒商，在晚上安排一场别开生面的葡萄酒鉴赏会。这样的形式让参会者都感到新鲜，所有人都感到由衷的喜悦。而对于我这个发起者，在法国这个到处都能见到葡萄酒鉴赏行家的国度里，组织这样的活动，无疑会给自己带来一种奇异、惊喜的全新体验。或许这样的活动形式在那些经常出席这类场

二
为团队中的卓越人才创造条件

合的人眼中，看上去有些可笑，但这对于我，还有团队的参与者来说，确实是一种满足，一种能令人感到激动、愉悦的美好体验。

在我找到帕特里克·高迪时，他不仅是一位著名的研究聚合物质的科学家，还是一位技艺非凡的吉他演奏家。而同样也很擅长弹奏吉他的皮雷·马里奥特，则是我们法国实验室中的一位管理者。他们以前从来没在一起演奏过。有一次，在管理层例会上，我邀请他们进行了合奏。我相信通过这样的形式，他们会发现彼此身上的共同点，找到那种只有擅长音乐的人才能懂得的默契。接下来的事情果然变得有趣。他们通力合作，为整个团队的文化建设带来持久的活力。他们会为实验室的某些特殊活动联手创作专门的曲目。他们的音乐飘扬在整个团队上空，到处都能感受到他们释放出的热情。很多年过去了，我还从帕特里克那里收到过两件珍贵而特殊的礼物。其中一件是我从康宁公司宣布退休后不久，他从法国寄来的邮件，伴随着这封邮件一起寄来的还有他首次灌制的 CD 唱片。帕特里克是想让我一起与他分享那些难忘的怀旧时光。那是我保留下来的礼物中一份最好的记忆。这张唱片也确实能够表达出帕特里克那份独特的感激之情。还有一件礼物，就是在他随后又给我寄来过的一封邮件中提到的一句话，同样也让我的内心感到了温暖。他在邮件中只是简单地说道："谢谢你！让我重新燃起了研究吉他的兴趣。"

还有一些特殊的场合，譬如，为了激励团队中的某位科学家在事业中追求更高的目标，我曾经邀请团队中最默契的音乐组合——演奏长笛的甄妮·布朗和吹奏单簧管的贾克尔·蒙塔伯格，在表彰会上联袂奉献精彩的演出。所有参会的学者、专家，包括团队中的行政管理人员，爆

IDEA AGENT

发出的那种由衷的欢呼与掌声，以及雀跃、欢快的心情，至今还令人难以忘怀。据说在多年以后，团队中曾经参与过这次表彰会的人，依然还期待着能在类似的场合中再次体验到这种唯一的、特别的且能够真正触及人的灵魂的激励效果。

音乐，不仅能给人带来抚慰和激励，还能直接作用于人的感官和直觉。爱德华·阿斯顿把对音乐力量的理解提升到了更高的境界。而让大家都感到亲切、随和的内德，作为康宁公司的首席技术官，他通过各种自然的方式做到熟悉每个员工。他掌握了他们的具体情况，在企业中能够很好地贯彻和执行每项CTO办公室要求的具体计划。内德有着非常敏锐的直觉洞察力，甚至能够事先预测到事情的结果。他也有能力前瞻到事情背后潜藏的某种危机。他凭借充分的自信，掌控着公司生存的脉搏，每次遇到问题和冲突，他都会寻找各种解决的方法，并能化解矛盾，使其最终得到圆满的解决。所以，当你有幸能与一群卓越的"音乐科学家们"共事，你就会发现，他们会彼此赏识对方的才华，还能因为彼此的赏识而做到相互包容和互补。内德发现了音乐带来的影响力，它能为整个团队的创造力带来活跃、动态的激情，这无疑为公司的发展提供了一个很好的机会。他还为实验室硬件条件的改善提供资金上的支持。他习惯在自助餐厅等比较宽敞的公共空间里安排与他人的谈话，他还会在这样的地方进行自由的演讲。在这样的环境里，可以让人更加放松，易于释放出纯粹的激情；在这样的环境里，人们大都处于自然、开放的随意交流状态，在安排好的时间段，还可以来上一场即兴的演奏会。通常这样的演奏会安排在每周五，在享用正餐的一个半小时的时间里，事先

二
为团队中的卓越人才创造条件

准备好丰盛的食物，团队中那些擅长各种乐器演奏的科学家们，用架子鼓、电子琴、萨克风、吉他、长笛等乐器，即兴合奏出各种优美的乐曲，演奏水平绝对专业。尤其是那些现场即兴创作出来的爵士乐风格的音乐，真令人叫绝。在这样的氛围中，人们轻松、自由，低声交流着各自感兴趣的话题，实在是一种非常令人享受的感觉。

领导者的角色有时就是教练和督导

作为领导者，利用这样的机会可以从团队成员身上汲取更丰富的养料。你当然也应该把他们这种对音乐的超凡感悟及卓越的表达能力，疏导、转移到他们各自的专业领域中去。由此，你一定会加深对他们的了解，更加懂得如何激励他们去实现目标。领导者的角色要求你无论是在技术、建筑还是医疗层面，都要对相关知识有着相当程度的熟悉和了解。你要了解相关学科的尖端技术的发展进度，你还要善于把所掌握的相关领域的知识融汇在自己团队的战略规划远景中，从而使自己的团队在专属领域中保持领先的地位。反之，如果身为领导者不能为自己的团队招徕更多在知识技能上远胜于自己的人才，那么就会存在团队发展不顺、目标不能实现的可能。事实上，什么也比不过在团队中储备更多的人才这一更令人放心的投资了。

作为领导者，都会有这样的体验。在被问及某些自己不熟悉领域的问题时，或许会感到尴尬与窘迫。其实你大可不必产生这样的心理。领导者某些知识的欠缺更能反衬出专家的重要，体现出团队对专家价值的尊重。再进一步说，正是领导者这种"耻于不知"的勇气和正直带来的公正、透明的团队氛围，才能赢得专

IDEA AGENT

家们的认同和尊重。知识分子的天性决定了他们不仅是事物的敏锐观察者，而且是他们认可、尊重的领导者的坚定拥趸。士为知己者死，作为领导者，没有什么比失去团队成员的信任和支持更加危险的事情了。当你鲁莽地向那些专家——比你更加熟悉某些专业知识的人，笨拙地阐释那些你自身也不太懂的"知识"时，所造成的伤害会是十分严重的，并且难以弥补。对于领导者来说，在面对一个完全陌生的尚待开垦的新疆域时，最好的选择就是给予懂行的专家宽松、自由的环境，让他们尽情地在新的疆域中释放能量。而在这个充满挑战和未知的过程中，从他人身上学习知识，充实自身经验，将是团队成员及领导者最好的选择。

提姆·库博，在团队进入光子带隙光纤新技术的开发阶段，成了我在该技术领域的专业导师。提姆是美国麻省理工的博士，他在那里学习时，就已经开始专注于这项技术的研究了。而他的这种经历，使我们在决定涉足这片令人兴奋的待开垦疆域的起步阶段，就从团队内部找到了该领域中处于世界领先水平的顶级专家。这样的馈赠，无论是对康宁公司还是我本人，都是一种很好的机缘。提姆以他的激情和良好的沟通能力，在这次难得的机遇馈赠给他的舞台上尽情地表演，并在他熟悉的这片疆域中收获了令人瞩目的成果。我和提姆的交流有时只涉及简单的问题，但有时也会就某些稍微深入的问题讨论几小时。

我还会和大卫·约翰逊就处于潮湿环境中原子结构的变化可能带来某种玻璃特质属性的转变进行讨论。我也会和保罗·杰尼提就团队如何适应玻璃在光学材料市场上的变化进行讨论，向他请教和咨询任何有关光学玻璃技术方面的问题。我们还会在一起谈论孩子们的课程选择，甚

二
为团队中的卓越人才创造条件

至还会说起某个患上了老年痴呆症的团队成员家属的健康状况，或者在一起开心地讨论下一场舞会的现场伴奏的问题。

向专家学习，不仅能丰富领导者自己的阅历，更重要的是分享他们的知识。这是倡导激情、鼓励创新的团队文化建设中非常关键的一点。我之所以推崇并倡导建立领导者与专家之间的信赖关系，就是为了通过这样的领导定位，真正释放出专家的能量，同时也激发出领导者的才能。构建这样的团队文化，将使团队更加凝聚并发挥出巨大的能量。在以后谈到团队文化创建的章节里，我会进一步阐明这个问题。

为直觉留下创造的空间

无论是音乐家、画家还是科学家，本质上都是一群凭借着直觉行事的"狂人"，他们从某种界定模糊的"事物"中，甚至连他们自己都无法说清楚的某些"状态"里，萌生出莫名的创造力。对于作家和建筑师来说，则是另一种状态，他们坐在桌子旁敲打键盘，或者借助计算机、笔记本，甚至一张废纸记录下思想瞬间的闪光点。他们或许自己也不知道这些灵感来自哪里，但从他们最终拿出的结果中，可以清晰地找到他们以往经验的痕迹。弗兰克·格雷，用独特的设计语言改变了建筑世界的格局，无论是专家还是外行，都能从情感上接受他的设计理念及他的建筑风格。当让他简单地评价一下自己的作品时，格雷更多的回答是"不知道"。在被人追问作品的创意来源时，他说："我认为这来自魔幻的想法。"对于一个科学家来说，这或许意味着他找到了另一种表达途径，暂时远离了对"真理的尝试"，

IDEA AGENT

试图让自己在不可能的疆域里寻觅到某种可能的突破。

我们从布兰·麦克哈格身上看到的就是这样的情况。他独自开展无氧玻璃的研究已经很多年,沿着一条只有他自己认为行得通的路径摸索前行。他的研究思路及探寻的轨迹,或许只能被世界上极少数的专家理解。而对于康宁公司这个投资方来说,布兰进行的这种探索能否在未来基础学科的相关领域取得突破性的成果,或者能否开辟某个未知的新领域,这一切都还不甚清晰。或许,他努力 30 年才能为康宁公司创造出某种新科技的应用成果,用以回报公司对他持之以恒的研究的支持。布兰从 20 世纪 90 年代末,就在康宁公司开始了他的研究,直到现在公司仍然支持他,等待着他能实现他的理想。康宁公司通过政策和资金上的支持,鼓励科学家的创造灵感,希望他们能在自己擅长的领域里实现科技的突破,在实现其个人价值的同时,也为社会和企业做出贡献。尽管有时这样的发明限于技术实现的条件,还不能很快转化成生产力为企业带来效益。就像康宁公司在 20 世纪 70 年代开发出的一种高纯度玻璃,其中应用到的非熔化还原技术就是由公司中的一位科学家在 40 多年前发现的。只是限于当时的技术条件,只能作为一种发明的记录,被妥善保存在公司的技术档案里而已。然而应用这样的原理开发出的实用性产品,在技术上的领先会超前很多,有着极大的市场竞争优势。即使在目前光纤产品的制造中,其应用技术的原理及所产生的效益,仍然具有灵活、高效、可控等无可比拟的优势和特点。与此相似的例子,还有康宁公司目前应用在精密平板玻璃加工中的技术专利,之所以能够广泛应用

二
为团队中的卓越人才创造条件

并满足当前计算机、电视及智能手机等产品的各类需求，也同样是公司经过了多年的研发，投入了大量资金，在传统的挡风玻璃技术基础上加以转换和应用的结果。

提到科学家，很容易给人以擅用"左脑"进行逻辑、程序化思考的印象，"左脑"是一种以理性、客观的方式对事物进行分析的方法。但这只反映了事物的一个侧面。我们发现，在科学领域里，几乎所有成功的科学家还有着充分使用"右脑"的特征，即以直观、整体的感觉，随机、即兴的方式，主观、感性地做出决策和判断。究竟应该如何看待某些科学家仅靠自己的直觉就能获得成功的现象？科学家自己对于这种成功也不能给出一个符合逻辑的合理解释。我把这种现象解释为"巅峰期的科学家"，也就是说这些人交了好运，事业上顺风顺水，整个人处于创造能量蓄势爆发的黄金时期。科学家处于这样的状态时，会在直觉引导下统辖全局，并从以往的经验中敏锐地预测出某种可能的结果，他会在某种"力量"的推动下释放创新的激情。作为领导者，这时要做的就是在旁边观察他们的行动，提供良好的服务，使科学家顺从自己的直觉，运用他们的智慧和经验创造丰硕的成果。

现在有充分的证据表明，彼得·穆雷在玻璃工艺的实用技术转换及生产过程中具体问题的解决上，都是一位很有经验和能力的世界级的优秀技术专家。他洒脱、实干的做事方法，在他的学术研究中也表现得淋漓尽致。于是，穆雷在工作中被赋予了最大的自由权限。"怎么做玻璃，我有自己的方法。那是只有我自己才明白的方法，这是属于我的领域。计划只能给真正的研究带来破坏。在你没有想明白做什么之前，最好什

IDEA AGENT

么也别做。"

如果无人干扰，创造性的人才最愿意做一件事情就是天马行空，任由直觉牵引到任何想象的空间。他们完全相信直觉引发的事实结果。尽管这样的结果带着强烈的个人主观色彩，而且还会随着时间的推移发生某种变化。但谁也无法否认直觉、灵感在转换为现实操作的过程中所发挥的强大的推动力量。创造性人才所具备的就是驱动梦想的实现，并将预感和直觉最终转化成实际成果的超凡能力。所以，他们不会在实现梦想的过程中，在具象和愿景之间设置任何主观的障碍。他们要做到的只是在行事过程中，面对挑战带来的冲突和矛盾，尽全力而且有能力随时化解，并最终通过克服这些障碍，使梦想成真，完成蝴蝶破茧而出的终极蜕变。

如果你能给予他们充分的自由，创造者就会用行动告诉你，该如何与他们建立关系，如何才是给他们或团队提供支持和帮助的最好方式。你会发现，在他们将所有激情都释放在自己感兴趣的科研项目的过程中，会对外界施加的过度压力表示出强烈的失望，甚至抵触。他们此时的精力全部投注在项目上，根本不会迎合和在意这些"麻烦"的管理，他们也不会为了所谓的适应环境而去强迫自己遵从另一套规则。如果作为领导的你想为团队营造一种诚信的氛围并愿意倾听他人的意见，那么你就一定能从下面的建议或抱怨中，理解隐藏在其中的真实需求和某种遭受挫败的失落感。

- 我原来打算试着在一个地方看看能否同时安排4个灌装实验，这时有人跳出来说，他支持我的这种想法，并问我能不能把这个想法当作一项新的工作完成？不！我不会接受这样的任务安排。
- 我们在实验中已经事先明确了这只是玻璃的研究数据，就是为了

二
为团队中的卓越人才创造条件

实验所用，根本就没考虑过要去迎合顾客的需求。当"结果"超过了管理者的预期时，上头说"我们要按照这个标准开发新的产品"，所有的高管竟还都附和这样的要求。但是，只有我们自己知道，这样的实验数据只存在研究上的意义，而连顾客真正需求的最低要求都不能满足。

相信创造者的智慧，予以研究者充分的自由，不要在他们需要真正支持时，只提供口头上的承诺，同时还要构建保障体系，预防可能发生的风险。即使风险真发生了，亦能凭借健全的体系予以支撑。这种为自由创造提供的支撑体制，不仅会让创造者本身感到价值受到尊重，使其能量得以尽情释放，同时也让所有参与者都能分享到这种创造中的真正价值，从而被这种积极的行为所鼓舞，给团队带来良性的竞争。当我们谈到创造团队文化的具体内涵时，"分享"与"竞争"总是被首先提及，这是团队创新文化发展的重要因素。

领导者在组织中应该扮演一种减震缓冲工具的角色。一方面，要做到了解市场的实际需求；另一方面，要为创造型人才提供足够发挥的空间，从而达到均衡发展，共同实现团队愿景。领导者还要做到能够承受打击、忍受痛苦、消弭隔阂，尽量减少和排除周围环境带给创造者的压力。

为创造者提供支持，让他们人尽其才

如果这个世界能给梵高再施舍多一点的阳光，那么我们今天就能看到更多梵高的伟大作品。无论是艺术、音乐还是科学，这些创造性的工作都能为这个世界带来正能量。这种正能量并非来自科学或技术本身,而是那些创造和提供这些成果者背后的人们所做出的贡献。我们知道,自由的环境是积累自身能量、催生创造性结果最重要的外在条件。他们自身的特质决定了他们根本无须外界的督促、激励甚至诱使,就能完全进入工作状态。

如果领导总是要求他们放弃休息时间,那么得到的回报将是他们只释放了一半的创造能量。明智的做法是允许员工把自己的生活带入并融合到工作当中,从而实现最佳的工作模式。作为团队的领导者,重要的是要了解成员,了解他们的生活,毫无芥蒂地张开双臂,拥抱每个人。这其中甚至包括某些另类的癖好及乖张的习惯,要真正做到了解他们所有的需求和愿望。同时,也要认识到,不同的个体释放激情的方式是不同的,如何疏导这样的能量成为创造的动力,有着完全不同的方法。人们在创造过程中出现的意识流动的状态很像激流行进时的感觉,如果在前行的过程中撞击到激流中的石头,那个迸发激荡的瞬间,可以起到缓解紧张和忧虑的作用,并且还能荡涤人们内心中淤塞的恐惧。要想激励创造者全身心地投入创作激流,在工作中酣畅淋漓地释放他们的能量,最重要的就是我们必须了解他们。

让他起舞
发挥领导智慧,释放他人能量

1995年,我开始领导这个玻璃研发团队的时候就认识了提姆·库博,他是我在工作中的一位合作伙伴。提姆已经为康宁公司工作了8年,是一个拥有丰富经验的卓越的物理学家。他精确处理数学难题的能力很强,几乎参与了康宁公司所有独立合作项目的指挥和督导的工作。提姆

二
为团队中的卓越人才创造条件

喜欢在封闭状态下独自工作，而他给别人提供的帮助也仅限于固定程序。当然，我们也会与提姆团队中的其他成员有小范围的接触，从而了解到一些关于他的项目、生活及事业的进展情况。提姆的工作方式，在某种意义上来说，对于那些渴望能在不受任何干扰状态下工作的物理学、数学、材料学等尖端学科的科学家来说，都是一种理想的状况。我愿意更多地了解他，不仅是他所熟悉的数学范畴，还包括其他方面。我希望通过更加深入的了解和熟识，能让提姆在团队中发挥出更大的潜在影响。

通过深谈我发现，虽然做了8年的同事，我们之间居然还存在那么多的不了解。这实在是让人感到莫名的诧异。譬如，提姆和他的妻子竟然是一对非常出色的舞场高手，同时他们还指导他人练习。这听上去真是让人觉得惊讶。提姆在生活中留给人的印象总是深居简出，看上去不太愿意与人交际，但实际上待人非常友善。他们俩喜欢在舞场上旋转的感觉，还真是让人感到有些出乎意料。随着话题的深入，我了解到更多他在康宁公司工作和生活中的细节，不少事情听起来确实与我印象中的提姆完全不同，有着全然一新的感觉。我建议他把舞蹈——那些看上去令人兴奋和眩晕的舞姿带到工作中来，这样的效果应该会远胜于他现在的状态——每天早上走路来到实验室，然后把自己反锁在房间里，进行着与人隔绝的工作。我很想听听他的想法。没错，我真心邀请他在为团队组织一场正式的舞会之前，能给同事们先办一个短期培训班，教教大家怎么跳摇摆、狐步，或者，至少让大家先掌握一些新的基本舞步。经过一段时间的犹豫，他给了我热情的答复。几个月后，当我听到他眉飞色舞地谈起，刚刚在麻省理工参加的有关光子晶体纤维研讨会上，他是

IDEA AGENT

如何把他作为一个舞者的经验融合在复杂项目的研究中时，我感受到了提姆的健谈，并从他脸上凝聚的笑容中对提姆有了更深刻的了解。提姆正如我们最初期待的那样，他以更加充满激情的方式投入工作中，并且释放出了更加旺盛的工作能量。

1990年，康宁公司正处于发展的繁荣阶段，刚投产了一种应用于投影系统的集成电路上的某种高规格特殊镜头。对这种镜头进行了持续几年的激光脉冲发射后，我们发现，因玻璃导致的收缩是微不足道的，但材料本身出现了某种性能退化的迹象。我指定提姆设法帮我们弄清这其中的问题，而且还要找出其中的变化规律，以便能够解释原委并最终找出解决的办法。对他的团队来说，这是一项被寄予厚望而又颇具挑战性的任务，所以团队成员第一时间表现出了跃跃欲试的临战前的兴奋状态。不用说，提姆本人也为这次难得的露脸机会做好了充分的应战准备。他们通过一系列的验算得出了结果，若与提姆以前那种孤芳自赏状态下的工作进行简单比较的话，或许这次的结果也谈不上有多么的出奇。但我更看重的是以提姆的既有形象，以及他习惯性的生活状态，能否在这样的应激挑战中产生巨大的改变。是的，提姆自己也完全意识到了这次挑战背后潜藏的巨大意义。他首批拿出的实验数据，其价值就已经超越了他过去8年在量子力学计算中的影响。就他自身来说，完成了从基础科学家到应用科学家的身份转换，这在学科划分中是完全不同的两个领域，是从一个安静的场合转换到了激烈的环境中，这会彻底改变他的日常工作节奏。同样，如此程度地对他人施加影响，从而改变其惯性化的生活方式，这对于我来说也是一种全新的体验。尽管我对于顺从自己的直觉

二 为团队中的卓越人才创造条件

所做出的这一安排尚且满意,但领导者的职责同样要求我要做到真正尊重提姆自己的选择。因此,我认为最重要的是要做到彼此坦诚,不要隐瞒真实的想法和观点。就像鲁道夫·施泰纳说的,如果我想为他的工作做些什么,那首先要承认他做的事情是对的。

提姆究竟发现了什么,或许只有他自己知道。但对他自身来说,现在生活中的任何体验都带着一种全新的感觉。自从他找到了这种感觉,提姆的整个职业生涯都得到了拓展。在康宁公司的8年研究生活中,他第一次感到,现在才是完全进入了工作的状态。回顾自己这些年的经历,他感慨道:"琳娜在我的生活中究竟起到了什么作用?我现在的世界完全发生了改变。她帮助我实现了成长,她让我重新认识了实验室的工作。她是第一个激励我实现'完整自我'的领导,她让我知道自己的能力不仅局限在数学或科学这样的专业范围,是她提醒了我在生活中还是一个优秀的舞者。我以前似乎忘记了自己还有这样的才能……"

在取得了初步成功之后,为了解决精密平板玻璃加工过程中的一个具体问题,我又安排提姆参与专门解决液晶玻璃破损的研发团队。他这次所要解决的问题,似乎依然有些类似于他以前做过的某种"不太重要"的工作。他去做了,并再次取得了令人惊喜的成绩。这些事情过去了很长时间后,提姆回忆说:"是琳娜的鼓励,让我得到了全身心的释放,我发现了在与他人合作中碰撞出的激情所能产生的超强动力。她给了我一把打开自己的钥匙。我在与他人合作的创造过程中,体会到了以前完全没有过的感觉。过去封闭的工作状态是在被动地等待他人的赏识,有时还要不情愿地去迎合他人的意愿,这让我逐渐丧失了工作的激情。琳娜具有的杰出才能,能够激发出团队的能量,是她看到了我的潜在能量,以及更多的创造力。"

现在,这么多年过去了。提姆在许多项目和领域中运用他的数学才能,取得了很多突破性的成果。在拥有了这些成功的经验后,团队对提姆的期望值自然也提升了很多。他需要更加高效地安排和利用自己的时间,还要特意规避一些单纯技术性的课题。科学家的时间非常宝贵,提姆在基础物理及数学精算方面的工作,是无须他人介入的与外界隔绝的过程,他在其中也享受到了很多乐趣。提姆的能力得到了全面的释放,他成了团队的标杆,其榜样作用还影响了其他人。提姆开始领导一个学习型的团队,为了给更年青一代的科学家做好示范,提姆还以勇于开拓的精神涉足了更多的项目领域。回想这些年和提姆一起共事的经历,我最初体验到的那种成就和兴奋感已经逐渐被淡忘直至消失,但我不会忘记,在1990年,我通过自己的努力帮助一个科学家成长的事情。我对提姆的影响,以及最后发生在他身上那令人惊喜的变化,都让我认识到了领导者激励的神奇作用。同样,提姆这件事也激励着我更加相信自己的直觉,愿意顺从直觉的引导去感知生活的真谛。是的,我做到了。即便这样,我依然不能预言和估测出提姆的能量最终究竟释放出了多少,我也不敢奢求提姆用整个职业生涯作为对我和康宁公司的热情回报。我非常满足,我知道提姆现在做到的这一切已经是对一个曾经有幸成为他领导的人最丰厚、无价的馈赠了。

二
为团队中的卓越人才创造条件

让员工真正信服，莫过于打动他们的内心

在作为领导者的生涯中，有很多的场合需要通过你的决定而发生改变。每次这样的改变都是独一无二的，都是对领导者自身能力的挑战和完善。我们应该秉持尊重之心，尽自己最大的努力，去应对这样的挑战。但即使你做好了充分的准备，也并不意味着每次的决定都能带来成功。我们要懂得"缺少成功，并不意味着就是失败"。所谓的成功，也仅仅是领导者生涯中显现出的耀眼部分。这些貌似很有说服力的领导业绩，或许只是领导者本身经验的体现，以及因员工慑服于你的权威而造成的某种错觉。

让员工自己选择方向
你不可能调动所有的激情

材料科学和工程学在传统上属于不太适合女性研究的专业，再加上上层管理者中历来就缺乏女性管理者的身影，你会发现只有很少一部分女性在组织的领导位置上积累和具备了足够的经验。所以，我期待能找到一位拥有这种独特阅历的女性，并最终能为她加入我们这个团队尽一份力量。

梅丽莎·琼斯，是与我一起合作了15年的老友。她酷爱游泳，是一位训练有素的机械工程师。她对康宁公司涉及的所有技术领域的知识都有相当程度的了解；对于多学科交叉领域的技术研究、发明及生产流程也拥有着丰富的经验。她的工作风格属于那种虽然话不多但非常注重结果，一旦出现问题就必须马上解决，不喜欢拖沓，随时都有新发现的

类型。另外，她还非常善于发挥团队的作用，愿意与成员沟通，协调和执行能力都很强，更重要的是，她能让决策得到很好的贯彻和执行。

她一开始加入我的团队，就被委任为一个小组的职能经理，承担起了管理的职责。这是她为以后能够管理大型团队，实现其抱负而迈出的第一步。我认识梅丽莎已经很多年了，对她应对和解决问题的能力留下了深刻印象。无论是在日常的工作中，还是在尖端技术的攻关过程中，我从来都没有见到过像她这样有趣的人，还有她身上那种似乎随时都能迸发出的激情。经过对她的初步观察，我知道梅丽莎在有些地方还需要证明自己，特别是在大型的团队组织中，她的真正能力需要在领导和管理团队中体现出来，而不是在负责某个具体技术项目或研发转化实用产品的过程中体现出来。我承认，在刚开始考察她的几个月里，梅丽莎并不愿意将自己事业上的"野心"示之于人，有时，约她谈些事情，也可以看出她的抵触情绪。她那种雷厉风行、快速解决问题的干练作风，有时也会因在她看来属于不同的"观念和想法"而造成节奏上的迟滞。当然，我不可能忽略她身上具备的最具特色的快速应急反应，以及随时可以找到发展方向的卓越能力。

梅丽莎团队反馈回来的信息十分清楚：他们希望团队的付出，无论是具体的科研项目还是整体的职业生涯，都能得到公司方面的重视和考虑。他们似乎担心有被弃用的可能。所以，团队希望能得到领导层更加明确的认可和许诺，承认他们还有继续存在的价值。正因为陷入这样的焦虑之中，梅丽莎团队的士气跌入了低谷。我和梅丽莎一起认真地研究这个问题。她一直是实验中心员工会上活跃的参与者，在会上，她公开

二

为团队中的卓越人才创造条件

提出了寻求公司援助和支持的意见。这当然不仅是为她自己，更重要的是为她负责的那个团队呼吁。其实，她的团队在工作中的表现并不差，承接的项目总能交付结果，制订的计划也能按部就班地执行。他们现在缺乏的是激情和活力，以及更具突破性的创造力。我们知道，这样的激情必须由他们的领头人梅丽莎来提供，我希望她能做得更好、更优秀。我想看到梅丽莎的事业能够发展到顶峰，我很想见证她的辉煌。依梅丽莎的能力，无论是在工作上还是在生活中，她都应该获得与之相应的成功与荣耀。通过沟通，梅丽莎了解了我的想法，她知道我希望她做到最好。我尽量为她考虑，在我的能力范围之内公开为她带领的团队提供了几次很好的机会。他们充分利用在我的"眷顾"下得到的技术开发和转让成果的机会，做出了更加卓越和突出的成绩。我乐观其成，非常愿意看到梅丽莎的团队能够在新的平台上表现出更加充满激情的创造力。但是，非常遗憾，我似乎没有能力真正地激发出梅丽莎的信心，让她充分地信赖我，并一起改变她的梦想或实现一个足以令人鼓舞和神往的目标愿景。我能做到的只是让她遵从着我的想法前行，而没有真正地赢得她的心。

黄金定律：了解，了解，了解就是一切

如果你能发现某些存在于人们身上超越了技术或艺术才能之上的天赋，就能引领他们从束缚其发展的职场茧囊中挣脱出来，帮助他们实现个性的张扬和解放。创造性不仅是指发现更多的个性价值，而且还要挖掘他们的潜能，对尚未认知的

IDEA
AGENT

领域进行探求；要擅用与人沟通的能力与周围的各种性格角色打交道，还要培养更多的后起之秀，从而使他们成为社会创造和发展进程中的价值因素，成为生活的改造者。简言之，领导和管理创造性人才的中心要旨是：挖掘人才价值，发展新的技能，丰富人生经验。一句话，就是让生活更精彩。

没有哪个群体能够将自己的生存处境与同性恋群体的处境相提并论。他们对群体的依附性要远胜于其他群体施加于个体的影响。他们如果不把自己融入这个圈子的话，生活将是一种什么样的状态？尽管到了今天，世界环境已经发生了巨大的改变，外界对于同性恋的态度也随之发生了某些转变。但作为同性恋群体中的成员，大多数还是处于被他人歧视的状态，属于被社会边缘化的一群个体。通常，他们在日常生活中都会回避自己的性取向，而选择那些远离私生活的谈话范畴。当然，作为"惩罚"，他们这种支离破碎的生活状态很少会被社会以正规的方式接纳，遑论创造性的生活。对于同性恋群体来说，将自己的生活完整地带入工作状态中是很不容易的。甚至在职场上谈论他们的私生活，都可能是一种压力。

了解他们
他们渴望得到理解

我曾了解到一些有关她的事。那还是在 2000 年早些时候，基尔斯滕·施泰因麦尔，一位风度翩翩的强势女人，凭借电子工程师的资历加入了我的团队。尽管她看上去明显是个女人，但我不能确定她的性取向。当时，我不能像现在这样表现出很了解同性恋的样子，但我还要设法去了解她的情况，以便找到某种有效的沟通和管理方式。在只有我们两人面对面交谈时，我试着委婉地告诉她我的想法，我觉得已经给她留出了

二

为团队中的卓越人才创造条件

足够的空间,她可以选择她认为合适的方式回答,或者也可以拒绝。对于我的工作来说,她并没有什么不同,我真正感兴趣的是她本人,以及她选择的回答究竟会是什么,这本身就是个有趣的问题。她颇费了些时间来适应我这个女性领导,然后我才开始真正了解她的想法。其实,说起来也很简单,也就是个自然熟悉的过程。最好,还是用她自己的话来说:"在琳娜成为我的上司后,她是真正有兴趣想要了解我的人。她开诚布公地和我谈话,不管我的想法能否被她接受,甚至我可以不用回答那些自己不想说的事情。这样,经过了一段时间的熟悉,我对她产生了信赖的感觉。自然就会说起些工作之外的私生活话题,包括我是个同性恋及自己有女性伴侣的事实。"

接下来发生的事情也很有意义,它给了我很大的触动和教育。基尔斯滕让我体验到了一种生活在衣柜中的感觉,这是我原来完全没有察觉而现在却深有体会的事情。在与她的接触中,我能在她身上感觉到一种能量,这应该是一种潜藏在生命深处的能量,是在得到了社会公开层面上的确定和支持后释放出来的某种能量。原来的那种压抑的痛苦曾经长期支配着她支离破碎的生活。当我知道基尔斯滕有自己的女伴后,我就鼓励她和女伴一起来参加我们企业或部门组织的配偶可以参加的活动。更重要的是,我希望能给她提供更大的空间,让她的生活更加丰富多彩并获得支持和保护。最终,我希望基尔斯滕能在恰当的时间自己从"柜子"中走出来。在法国小镇上生活,同性恋的公开社交还很不容易,尤其是当她意识到自己是在有着顶尖科技水平的研发团队工作时,会承受不起失去工作的代价。在实际工作中,我很关心康宁公司对于设置在这

IDEA AGENT

个小镇上的实验室，针对员工政策究竟做出怎样特殊的调整，是否为他们提供了相应的娱乐放松方式，以及对团队成员的具体需求能否提供支持。我知道对基尔斯滕来说，她最关心的就是女友的健康保险问题。在经过几个月努力寻找解决方案后，我最终在自己的权利范围内，为她的女友找到了一条可以解决健康保险资金预算的途径。这份及时的、有利于团队成员稳定的健康保险，作为一项合理的政策最终得到了公司领导的认可。

这些变化及我为她所做的一切，使基尔斯滕真正融入了实验室的工作。她的心态从一开始的紧张逐渐放松了下来。每个星期一早上我们都会围绕着周末的话题谈到家庭生活。以往谈到这些话题时她的紧张和恐惧现在已完全消失，任何话题都可以成为我们之间毫无伤害的谈资。她自己也会谈到她的伴侣，就像随意谈起的"朋友"，她已经能够自如地做回自己。她可以在自己桌上放上女伴的照片，这再也不会引起办公室内其他同事的好奇了。基尔斯滕的团队一直保持着这种融洽的、相互赏识、相互激励的氛围。

2001年，康宁公司开始主动响应员工和领导双方的共同倡议，支持成立员工之间多种形式的亲和组织。主要目的是通过这样的组织，了解和破除存在于团队成员之间的影响其工作表现及限制其事业发展的障碍。这些组织侧重于与女性有关的某些问题，其中涉及的多是非洲裔美国人及其他少数族裔，还有所谓的 GLBT 团体（基尔斯滕对男同性恋、女同性恋、双性恋和变性人 4 种群体的统称）中仍然没有走出"柜子"的那些成员。

二
为团队中的卓越人才创造条件

我鼓励基尔斯滕也去组织一个亲和团体，从而方便解决一些相关事宜。尽管某些主要的困惑和障碍在早期成立的 GLBT 组织中得到了某种程度的化解，但总体效果还不够理想。所以，当我决定亲自加入这个组织当中时，成员之间还有一些不同程度的影响私生活的问题。过了一段时间，随着组织的发展，团队显得更加凝聚和成熟，成员们开始鼓足勇气，尝试着迈出公开活动的第一步。通过组织私密性的晚餐，我们开始尝试着安排了一次活动，为公司的一名高管和 GLBT 组织中的四五位成员提供了密切、轻松交流的机会。从短暂的寒暄开始到简单的自我介绍，话题逐渐变得公开、透明，气氛也显得随意和轻松起来。团队希望大家在这样的场合下都能感觉舒适和安全，可以自由地交流任何话题，从而增进彼此的认识和了解，最终让每个人都能做到真正地打开心扉。

她接受并开始运作这件事情，这让基尔斯滕跨出了勇敢的一步。她成了康宁公司 GLBT 组织里第一位公开身份的领导者。她通过自身努力为公司在更多未知领域里带来了潜在的合作前景。基尔斯滕的身上聚集起了更多的自信，她拥有了决断的勇气，表现出了一种专业、干练的职业魅力。她不仅活跃在自己过去擅长的热化学领域，而且在光纤维、尖端材料、显示屏及某些特殊商业领域中都表现出了不同凡响的能力。事业上的蓬勃进展自然而然带给她更多的前进动力。你会发现，她看待科学的方式、客观认识事物的能力，及其自身不容置疑的诚信品质，令一切都发生了神奇的改变。而属于她个人的那种独特品质则保证了基尔斯滕本人和她提供的咨询和建议总是能得到外界的认可和他人的信赖。

随着时间的推移，再次回首这些曾经靠直觉带来的震撼性的影响，我发现这种追忆的过程会令我感到非常舒适。这种润物细无声的力量带给他人工作中的心境变化，让我深切体会到了实现成就的美好。而这些美好并不会随着时间的流逝褪却光鲜的色彩，反而随着关系的逐渐加深，从基尔斯滕产生的信赖中，我找到了更多令人激动和赞叹的喜悦。这样的释放带给她的体验也一定是非常难忘的。高度敏感的基尔斯滕曾经用这样的一段话来描述她的心情："对每个人而言，谁都希望无拘无束，但站在琳娜的位置上，授权和约束同样重要。大家都知道，她是一个坚毅、强势的女人。她一直和我在一起，并尽可能地给予我支持。从她的工作角度来说，这或许多少有些冒险，是需要些勇气才能做到的。好在一段时间后，我便被公众所接受。在 GLBT 组织中的任职，也让其他人加深了对我的印象。如果没有琳娜的支持，有些事不会持续太久，还有一些事或许根本就不会发生。"

现在的 GLBT 组织作为一个亲和团体吸引了很多参与者。他们在其中能够完全释放出自己的能量。康宁公司中的类似组织不仅有着自由、多元的特色，而且还会通过广告、口碑及各种技术手段来扩大组织的影响。基尔斯滕就通过会议、展览、纪录片展映等形式，作为公共教育和合作项目的有力领导者之一，继续发挥着她的卓越作用。另外，他们中的每个人，作为团队中科研和生产创造的实际参与者，内心都有着明确的自我存在感。

二
为团队中的卓越人才创造条件

尽可能满足成员发展的需求，也尊重人才的流动

招聘、扩充、控制。对于任何一个人来说，做到第一步都很容易，而第二步是必需的，但最后一步才是关键，并且是最难做到的。要想创建一种包容、尊重及自由的文化——启蒙、发展，最终实现目标，其中最重要的是要真正懂得自由的意义，它是追随、实现自己梦想的一种能力。如果一个组织不能提供充足的空间，让其成员毫无拘束地自由释放他们的能量，那么他们自然就会去寻找更加适合他们飞翔的空间。激励人们做到最好，推动并帮助他们攀升到更高的地方，是所有团队必须提供的基本条件。真正的考验来自团队扩充调整中出现的问题。这些问题包括在你的日常工作计划中，或者你为团队成员制定的具体成长规划里，因为他们的期望值与你的设想有所不同，可能会造成抵触情绪，也存在一些成员自视过高而形成的定位偏差。能够应对这些挑战，就可以说是具备了创造性的领导才能。这将激励领导者帮助员工丰满羽翼、充实内心，实现真正意义上的升华。

关起门来力图保持现状，防止创造力外泄的努力，只会带来不满，并造成愤懑情绪的滋生。对于高效团队来说，这是最不该滋生的能量。作为领导者，我不主张闭关的做法，我鼓励我们的成员去任何能够充分发挥他们才能的天地去翱翔。我所要做的是就逐渐去了解这些看似相同的人所具有的不同癖好和特点，我把精力投注在他们身上，热情地期盼着他们的成长和发展。管理天才是对领导能力的一种挑战。作为领导者，我们需要创造一种文化，让员工可以更加随性地留在企业里工作。这样的团队文化要求领导者在提供机会和回应需求时，能够表现出更多的灵活性，并能提供非常规性的职业发展路径，即使员工游离出团队，仍能保持有所作为的心态。而对于那些一直追随着的成员，要为他们的"忠心"提供更

加开放的平台和施展的机会。创建一种鼓励拓展和成长的文化，才能够真正满足不同个性的需求，吸引成员继续留在企业，使他们认识到团队就是他们的世界，而他们是这个世界上最优秀的人才，同时，他们也有权利选择去任何地方发展。

你的星星或许已经离开
但在其他星系，它依然耀眼

伊莎贝尔·洛佩斯，是一位在跑道上获得过很好运动成绩的明星。10年来，我们也看到了她在自己擅长的技术领域中做出的卓越贡献。我们最早接触她的时候，已经发现了光纤传递过程中能量损耗带来的问题。科学家们希望能通过改善光纤制造中的技术条件，进而减少传递过程中的能量损耗。很快，她所在的团队就研制出了一种新的光纤玻璃的加工技术，并成功地实现了技术转让。再后来，我们发现在伊莎贝尔身上还表现出了某种领导大型团队的管理能力，她非常善于激励团队，在团队合作中所发挥的作用毫不逊色于她管理一个具体项目的能力。她是我见过的唯一能在技术专长、职能管理及具体项目负责这三个方面，都表现得非常优秀的人才。但遗憾的是，我们的团队最终还是失去了她。在康宁公司的最后两年里，伊莎贝尔把更多的精力投入她所关注的能源和环境事业项目中，并且制定出一套完整的战略规划，在控制风险的同时力图攫取新的商机，以应对全球市场的严峻挑战。按照伊莎贝尔的规划设想，她希望上级允许她的团队参与新技术的探索。她发现康宁公司在能源和环境领域已经失去了进入新市场的机会。伊莎贝尔要求公司在制定规划的初始，就能让她参与规划的细节设计。康宁公司为了在其研发队

二

为团队中的卓越人才创造条件

伍中留住这位非常有能力的女人,便把她从现有的研发部门调出,安排她去负责一个新成立的技术营销团队。

尽管他们以最大的努力支持伊莎贝尔的工作,还安排她去参加了一个著名的并带有资格认证的在职继续培训硕士课程,但公司对她的新团队在关键的战略发展方向规划上缺乏足够的弹性。或者可以这样说,伊莎贝尔需要的支持是企业为她提供一片自由的空间,她可以按照自己的意愿行事。这种对自由权限的要求,已经被证明是任何一个想在某个领域中施展抱负的领导者都必须提供的最起码的条件。而在伊莎贝尔的领导看来,为了提高她的能力,在职培训和深造的机会很重要。这样做可以增加骨干的实力,增强团队的整体竞争能力。其实,作为企业,更看重她在实际工作中的磨炼和价值提升。从企业的角度,更愿意看到她在康宁公司的 10 年任职期间,带领着她的团队,为公司的扩张和发展,持续不断地带来新的发明成果。当然,通过这些年的合作,伊莎贝尔的能力和价值已经得到公司上下的普遍认可和尊重。至于她自己所体验到的那种被束缚在"盒子"里的滋味,其实正是她渴望挣脱这种束缚感而造成的。为了散心,她跑到法国来旅行。那时,我正负责康宁公司欧洲实验中心(法国实验室)的运营管理工作。她来向我咨询。我没有更多的建议,只希望她能相信自己的直觉,遵循自己的本愿做出抉择。

她不是唯一也不是第一个这样做的人,当然,也不会是最后一个离开康宁公司的人。还有一个人,他尽管也离开了康宁公司,但他走后,他的精神给这个团队留下了深刻的印象。他曾将光纤传递过程中的损耗水平降到了历史最低水平。而他义无反顾的离开让所有人都记住了他的

IDEA
AGENT

贡献。拉宾达拉·拉贾，他离开玻璃研发团队的时间正好是某个领导的职位发生变化，而团队内部的一切尚处于不稳定的时期。当时，他要求的其实也只是能稍微宽松一点儿的环境。他希望别人对他的工作有着基本的了解和起码的尊重。拉宾达拉离开4年后，轮到了皮特·默克尔的离开。他的辞职有些突然，似乎也出现了某种与拉宾达拉类似的情况，好像特意要与拉宾达拉的离开产生某种呼应。现在，他们依然活跃在大西洋两岸，都成了学术研究机构中颇有建树的专家。他们同以前在玻璃研发团队中那些志趣相投的科学家们还保持着良好的友谊。同时，无论是在学术理论还是实际的专业问题上，他们都保持着相当程度的合作。特别是在参加相关会议及共同合著出版某些专著方面，他们亲密无间，就好像没有离开康宁公司一样。

作为领导者，要做的就是为他人提供帮助，让团队中的每个人都能取得成就。看着这些人才的流失，对我来说是一种非常痛苦的经历，这与我是否还是团队的具体负责人无关。只要你把自由给了个体，或许就要承受最终失去他们的结果，无论是督促、奉承，还是施压，都存在着失去他们的可能性，当他们羽翼丰满后，就可能会另择高枝。即使仍在相同的团队，也会发生角色的变化，如从负责具体技术到项目的管理，或者承担起更加重要的职能管理工作，还有可能被调到同一企业中更加贴近市场或营销的部门。这些都是需要领导者统筹安排和考虑的重要事宜。对于团队的成员来说，成长和释放要比发展和束缚显得更为重要。

团队中优秀人才的离去，并不意味着必然会导致团队活力的丧失。一个组织的活力来自团队中每个成员的觉悟、分享，以及激情的释放，那是一种内在的积

二
为团队中的卓越人才创造条件

蓄，随时都有可能爆发出惊人的力量。另外，新成员的加入会带来一些新的思想和新的精神，这些新鲜力量的补充会给领导者带来全新的愉悦体验，也会让现有团队中的所有成员受益，并使团队的传统和文化得以继承和延续。

我的个人经历
坚守价值观

　　我到了斯坦福才真正理解，一名外国研究生与导师之间建立关系究竟是怎么回事。这样的关系其实是很难用语言说清楚的。当时，我没有任何经验或相应的知识来说清楚自己的兴趣和期望。作为一名新生，我被分配给了一位导师，我只有尽可能地去适应那里的一切。

　　在离开哥伦比亚之前，我原本的计划是用两年的时间读完研究生的课程。但就在这时，我接到了位于麦德林的哥伦比亚大学——我的母校的邀请，让我回校参与组织一个有关蛇绿岩研究的国际性学术会议。蛇绿岩是一种形成于海洋岩壳中并没有参与大陆架构造的变化过程而被自然力量顶上山峰的岩石。所以，我们至今只能在山巅上看到这种岩石。在组织这次国际研讨会之前，我没有任何关于这种岩石的知识和经验。甚至可以说，在作为东道主的学院里也没有任何人具备相关的背景知识。在我的生活中，这是一次重要的机遇和转折，是我从学校毕业后接触的第一份与学术有关的临时性工作。在去斯坦福之前，有几个月的空闲时间，这份差事正好填充了这段空白。不能说我在这个活动中扮演了多么重要的角色，但通过这次活动中的预约饭店、会场，联络交通、同声翻译、技术策划、研

我的个人经历
坚守价值观

讨会的实地考察，以及应付与此相关的各种后勤保障等工作，我得到了很多接触社会和锻炼自身能力的机会。研讨会本身取得了很大的成功。而对于我来说，收获也非常显著。它让我结识了主讲嘉宾安迪·波特曼，并结下了深厚的友谊。

我知道自己后来的生活在很多方面都是受了他和他妻子的影响，是他为我打开了某扇命运的大门，或者说给我提供了某种机会。在自己之后 10 年的事业升迁道路上，我确实从中受益匪浅。安迪，是当时发生的地质板块构造革命中起着关键领导作用的科学家之一。在他的研究领域中，安迪是一个具有世界影响力的值得追随的巨人。在他看来，事业比生命还重要。而且他还是一个兴趣爱好广泛，极具热情并对他人充满激励的人。他所做的地质调查工作主要在美国加州的门洛帕克地区进行，正好位于斯坦福大学的旁边。所以，我们约定等我到了斯坦福就和他联系。他还说要带我去做野外调查，教我一些关于蛇绿岩的知识，还谈到加州的地质概况，以及其他科学家的不同看法和"科学心理学"等话题。在得到学院的鼓励后，我改变了原有的攻读硕士的计划，转到了攻读博士的课程。期盼中的那个时刻终于到来了，我需要选择一个论文题目。为此，安迪给了我充分的建议，帮我挑选并制定了研究方向，还对具体如何开题进行了细节指导。这样的待遇在斯坦福学院并不多见。于是，我在当前诸多地质学知识尚不能做出很好解释的岩石问题中，挑选了一个颇令人费解但看上去挺有趣的课题作为我的研究方向。蛇绿岩是一种介于岩石和非岩石之间的物质，我认为它很有科学研究价值。下一步要做的就是，为这项长期的学术研究寻求资金上的支持。

学院给我安排的第一个导师，是一个年轻、明快、充满激情与抱负的新教师。他尽其所能，力求在他督导、负责的阶段，给我们这段师生之缘留下一段美好的记忆。安迪意识到他的角色其实是我的学术导师，在我挑选院方导师的过程中，

IDEA
AGENT

他继续给我提供了他的想法，我也会及时地把自己所有的发现告诉他。这些对于安迪显得尤为重要。特别是在我需要资金支持时，他找到一个机会，用我的论文题目和初步的结果，给国家科学基金会（NSF）写了一份申请资金支持的报告。当时，作为主要研究者的我没有任何学术背景，以及其他相关专业人士的允诺和支持。而安迪所做的这一切，仅仅是在他与一个普通的攻读博士学位的学生随意交谈后，得知"她的研究"尚未完善，需要资金援助的情况下完成的。了解到事情的原委后，我很幸运地得到了他的帮助。

在斯坦福，几乎一整年都处于阳光明媚、气候温润的季节，校园中有着大片漂亮的绿地。20世纪70年代，地质学系的研究生们还习惯于在地质角前面的树荫下的草坪上聚餐。项目和同学，野外调查和宿舍需求，所有的话题都会拿到这里来讨论或争辩。高年级的学生喜欢高谈阔论，他们会给低年级的学友提一些建议和指导。我的一个同学，得知了我当时所处的情况，并了解到让我感觉痛苦和不安的原因。这个同学是一个成熟、老练的美国人，他非常了解学生、导师和学院三者之间的关系。其他人也会在旁边帮腔："别找大题目做，那样你将失去资金的支持，你的博士梦就甭做了。"但事实上，我甚至都不知道该去哪里找资金。接着还有些声音会说："学院里谁能帮助你？""弄清楚了谁能帮你搞定钱，再去做。"这样的意见无疑都是经验之谈，却都不适合我。我也不知道自己应该在什么地方努力。

那时，还没有进入手机和邮箱的时代，像我这样的外国留学生，打一个国际长途电话都觉得很贵，只有遇到特别重要的事情，才能听到家里人的声音。在大姐婚礼的前夜，我给她打了一个电话，我们彼此都加快了说话的速度，但隐藏在内心的苦楚是很难通过电话来表述的。我懂得大姐的意思，就是要我面对现实，

我的个人经历
坚守价值观

所有的问题最终都要靠自己来解决。

在我们6个兄弟姐妹中,父亲应该是偏爱我的。我在他担任院长的矿产学院里接受过严格的教育,并在那里被训练成了一名工程师。这个选择在当时妇女解放运动尚属早期的阶段,是很不寻常的另类行为。作为第一个跻身地质学界并且力求得到业界承认的女性,我当时给父亲带来的冲击,就像明矾遇水后带来的那种发泡效果。父亲信奉的原则和价值对我的生活产生了根深蒂固的影响。父亲很好地扮演了严师和慈父的双重角色,他总是能让我们两个人的行为达到默契。我对父亲的美好记忆是在周日的早晨,他要我早早起床,还当我是个孩子那样帮我分析学校的课程,然后,亲自为全家人准备早餐吃的松饼。现在远离父亲,所有关于他的谈话,印象最深的就是他的父亲如何教诲他奉持诚实、尊重他人和廉正的价值观。这些美好的记忆常常会令我深陷其中。这些看上去似乎与自己关系不大的话题,其实恰恰是在斯坦福做研究时差点被我忽视掉的最宝贵和最重要的东西。

我在内心奉持的原则和现实生活之间游移。我意识到自己奉持的这些宝贵的原则当中包含着所有人都理应奉持的公正精神。凭借着自己坚定的信念,最终,我感受到了来自内心深处的强烈召唤,这个声音告诉我:如果不如我意,我可以离开斯坦福,即使不要博士学位也无所谓,但我绝不接受任何带有附加条件的、不道德的"恩赐"。同时,我也为自己找到了两条光明正大的路径。一个是外部的安迪·波特曼,另一个是能在内部起作用的论文指导评审会的一位教授,他因在岩石和野外地质学领域有着独到的见解而闻名。经过充分的酝酿和反思,他们从我的立场出发,鼓励我向地球科学院院长提交了一份官方意见书。院长意识到这件事情的严肃性,我能感受到他内心的变化,虽然他依然保持着外表的威仪。

IDEA
AGENT

他邀请我出席一次全学院各系都来参加的会议，并要我在会上提交自己的申请，然后看看表决的结果。我按照他说的做了，把自己的申请提交到会议上，然后去外面的房间等待结果。参加会议的是各系的决策者，他们熟谙权谋也颇具智慧。他们并不赞成我导师的做法，他们希望我的导师能支持我设法解决眼前的问题，随后再争取更多的 NSF 的援助，并禁止我的导师在这个项目中以任何形式的合著身份介入出版。

　　博弈是很艰难的，那种紧张对立的情绪在后来的很多年里都没能消散。但令人欣慰的是，我的要求得到了院方的支持。我的同学们都为这样的惊喜而叫好。院方坚持了它的原则，而我也因得到了认可得以继续自己的学术生涯，这让我的内心感到莫大的慰藉。

三

放飞创造力，实现价值

领导者的价值观决定着团队的文化，以及自身的生活。它体现在领导者的每个行为当中，既不可能简单地产生，也不会遵循既定的范例，更不能采用命令的形式加以强制灌输。作为最初的定义，价值观应该能够被所有人接受，以及在任何时候都可以被领导拿出来作为典范。这些价值观毫无例外都会被大家自觉遵守和严格奉行。对于相同价值观的认可是建构团队文化的基础，它将对团队的每项具体行为和团队成员的信仰产生影响。奉持共同的价值观，是领导者在团队管理中仰仗的最重要的精神力量。当然，领导者首先要以身作则，因为团队成员时刻都在观察你所做的一切，并从你每个细微动态中揣摩你的心思及行为。因此，要想在团队中发挥更高的领导力，就必须严格要求自己，要信守共同的价值观。如果你自身的表现与团队的价值观有所违和，那么在实践中就很难做到知行合一。这样一来，在你的生活中，那些被认为必须被不打折扣地奉持而且历经时日也值得赞美和恪守的价值观，这个时候就有可能失去其存在的"价值"。所以，作为领导者，在为团队确立价值取向的同时，也是对自身价值的珍视和尊重。所有的

IDEA
AGENT

观念和原则都会深深影响你的内心并渗入你的生活。

当我第一次接管玻璃团队时，成员里面存在一些玩世不恭和持怀疑态度的人。这或许是由于我曾经是他们的一位同事，现在却成了他们的领导；也可能是因为我曾经告诉过他们，在与他们的合作中我会比前任有更多的想法。他们的主要疑惑是："你能当好我们的领导吗？你能激发团队的积极性吗？"这些疑问，对于许多领导者来说都是见多不怪的问题。在第一次召开的团队成员会议上，我首先谈到了团队的价值观，以及对团队未来的期许等诸多问题。团队中的某些人在听了我的观点后，开始表明他们的态度，并重点针对团队的价值观进行了热烈的讨论。我相信，只有在双方充分沟通、理解的基础上，才可能搭建起良好的合作平台。我当然也清楚，我们彼此之间能否达成密切的合作关系，不仅取决于双方的理解程度，以及他们是否能真正接受我的价值观并愿意承担和共同完成所设定的目标；而且还要让他们接受我的工作作风，适应我的领导方式。我必须让他们看到我在团队中所承担的责任，而不是站在他们的肩膀上得利。作为领导者，更多的是要考虑如何指导和培训每个成员，使其发挥各自的能力，以及化解和调和团队中可能出现的冲突和矛盾。一开始就进行这样的坦诚沟通固然十分重要，但团队成员的真正态度将会在接下来的日常工作中反映出来。大家还需要用各自尽责的实际表现博得彼此的信赖，从而证明一个真正高效、充满激情的团队的存在。

我们的价值观和笃信的原则，都是我们要坚守的重要观念，但这并不意味着

三
放飞创造力，实现价值

我们就要始终保持不变。其中的一些价值观会随着社会的发展而演变，一些则可以不断地加以补充完善，还有一些是可以摒弃的。总之，这些价值观并不是僵化不变的。作为领导者，要赋予这些价值观和原则更加完善的意义，要为团队文化的建构及组织的尽善尽美奉献更大的力量。在为众多科学机构服务，以及寻求培育和创造团队文化的过程中，我找到了适合自己的价值观，我将在团队中分享这些价值观，并以此为原则，影响和团结周围的成员。但这个价值体系的真正核心是体系中的每个个体独具的气息：

- 公开、透明
- 诚信
- 信任
- 激情

上述的四点核心价值观需要被每个团队成员接受，并能具体指导他们的各项行为。他们必须懂得这些价值观背后的真正含义，从而引导内心朝着如下的轨迹行进：

- 尊重
- 相互依存
- 自由

同样，这些核心价值观的真正含义也需要被所有的参与者理解，并能够将其带进具体的行为和执行过程中：

- 灵活性
- 严谨
- 趣味和享受

IDEA AGENT

当上述所有的价值观都能被完整、协调地体现时，自然就会得到美妙的结果，而这些价值观本身必然会在团队中体现出应有的"价值"。

尊重

尊重不仅针对具体的想法和需求，而且表现在对每个生命个体的态度上，是对待所有事物应有的最初心态。对人类来说，特别是那些具有创造才能的艺术家、爵士歌手、心脏外科专家、建筑师、科学家，尊重是他们能够进行创造发明的最起码的空间。作为领导者，表达尊重的方式可以是多种多样的，甚至每天都可以有所不同。例如，对团队成员工作状态表现出兴趣，对他们具体生活的关注，对成员内心困惑的理解，以及了解他们所关心的、所需求的是什么，等等。但是，最能起到显著效果的表达尊重的方式是能够真正地理解和回应他们对空间和独立状态的需求。

"我不需要人管"
创造者的真正荣誉来自自我需求的满足

玻璃研发团队被认为是整个康宁技术部门中最难管理的一个组织，它的荣耀和缺陷同样明显。在刚开始领导他们的时候，我就告诫自己："在这里工作的人，就是要表达他们自己的想法，在探索自然规律的过程中，他们的工作本身就是对系统提出质疑和挑战。我怎样才能让他们成为社会体系中的一部分，既能够适应他们的行为方式，又不会抹杀掉他们的个性呢？"答案似乎很简单，那就是让他们在正确的时间做自己

三
放飞创造力，实现价值

愿意做的事情。他们对像我这样的人并没有太多的需求，这并非针对我个人而言，而是因为他们把我当成了一个管理者。你会发现，大部分的时间里他们是对的。

带有传奇色彩的高级科学家保罗·杰尼提，在实验室里受到高、初级研究人员和管理者的推崇和追捧。从他经常说的话中就可以听出那种包含着希望得到更加宽松空间的诉求："我真的不愿意向任何人报告。我也不在乎谁是我的领导。我不要人管。我受不了被人管来管去带来的那种郁闷和沮丧。"

尊重，还涉及一个关键点，就是要体现出对人的本性——自我需求的尊重。这与当事人能够感受到多少无关，而是对他人自我需求的一种保护。这种尊重并不仅仅是理解那么简单，也不是出于个人成见对领导地位的挑战，更不是为了适应组织中的位置而进行的某种补偿。实质上，尊重带来的是自我需求的满足，而这种"自我需求"也正是构成创造力的一种不可或缺的能力。

所以，这种来自团队的挑战，对管理者来说还是存在某些益处的。其实对于领导者而言，不应该视这种挑战为"挑战"，而应该把它看作一种创造精神中独特的需求表达，或者说是一种创造发明中最基本的空间保障的要求，是一种要求"独立"的愿望。如果结合他们所有的观点去仔细地审视考量，就会发现其精神特征中那些熠熠闪光的亮点。你所领导的团队理想中的自由环境应该是无须通过激烈的辩论或缄默的态度，就能表达出对你能力的认可。如果你现在正处于这种状态，那么祝贺你成功了。这说明你已经为团队的改造、事业的繁荣奠定了文化基础。

IDEA
AGENT

    如果你想了解研发人员在创造中的自我需求究竟意味着什么，简单的结论就是他们想远离控制和羁绊。他们不想在研发的过程中受到他人，尤其是有权干涉他们行为和判断的领导的任何干扰。如何回应他们的观点，满足他们的需求，并在合适的时机和条件下引导他们依从直觉行事；如何从开始的约束到后来的放手，从命令的执行到最终授权的形式转换，这些都能充分彰显出你作为领导者的管理能力。科学家就像其他创造性人才一样，只有当他们的灵感迸发时，才能获得出类拔萃的成果。艺术家的情况也是如此，还有建筑师和外科医生。整个人类的生活，无论是物质的还是精神的，都需要他们的创造和贡献。所以，要告诉你的团队成员："如果你认为那是重要的，那就顺从你的心去做。依从灵感的指引，才能实现卓越的突破。"这是一条真正的"所向披靡"的创新之路。那些不断寻求突破，勇于创造纪录的运动员，理应被视为这片神圣"区域"的主人。

    在充分的自主空间中体现出尊重的价值，这可以用来挑战所有既成的概念，任何奇思妙想都有可能在这种尊重中得到开启。在棒球比赛中，选手是不太会选择"左外野"的击球线路的。或者说，在正式的比赛中，选手击出这样线路的概率不多。但是在预备赛中，当选手们在场地上练习各种不同区域的击球线路时，可能会尝试这种新线路的击打，以便在正式比赛中孤注一掷，起到扭转局面的神奇效果。表达尊重，要做的不仅是给想法和观念留出自由的空间，还要敞开足够大的空间允许不同声音的交流，要能兼容这些意见，并能使之正常地表述。这种公开和接受异同的态度，并不代表所有时候都要赞同表述者的观点，而只是表明允许公开所有的观点，并在这样的环境下，做到透明化的评估和自由的臧否利弊，对事物的决策进行最终的判断。提倡公开的交流，让意见成为可以量化的形式，这将有助于领导者制定行为准则并最终体现出团队的价值目标：让每个人都得

三
放飞创造力，实现价值

到尊重。

自由

掷出尊重这枚硬币，相对于自我管理的另一面，呈现出的是对自由的推崇，是最大程度的褒奖，是一种授权，一种最终的认可。自由开始的形式就是认可其本身的风格。我们很少能清晰地表述出自己究竟为何青睐于某种外在的表象，对于激进或保守、漠视或关注、轻松或严肃，都很难一语道出其中的原委。当我们陶醉于某种"我是谁"的感觉中时，这正是有助于自己释放创造活力的"必要条件"。所以，不要只是口头上尊重个人存在的价值，而要尽可能地使我们的立场能够帮助他人实现事业的成功。当你真正理解了自由的意义，你就具备了领导富于创造力的人的能力。

通往理想的道路
能够表达个性的穿着打扮

我们发现，有些科学家喜欢保持不变的着装风格。不管在球场上指导一场足球比赛，还是在实验室里熔化玻璃，或者向上级领导汇报时，他都是同样的打扮，甚至在去参加殡仪馆的告别仪式时，也不改其平时的装束。你完全可以在布莱恩·麦克哈格身上找到他最喜欢的着装风格——灯芯绒的裤子、卷袖刻板的T恤，再配上一双阿迪达斯三叶草（SAMBA）系列的室内足球鞋。用他自己的话说："我知道自己看上去有些老套，但你要的就是真实，还指望能有其他什么样子吗？"所以，

IDEA
AGENT

我们认同他，因为我们知道他是谁，知道他在做什么。

而接下来要说的是另一类动辄就会给我们带来惊喜的科学家。看看玛吉·拉塞尔吧，一位隶属于科学团队的工程师，她喜欢收集各种鞋子，她的这个嗜好完全可以和伊梅尔达·马科斯相媲美。她有各种各样粉色的、黄色的、绿色的平底鞋，当然还有各种黑的、白的，以及多色拼接的鞋子，这当中也少不了各式露趾钝头或尖足的高跟鞋。在众多的鞋子中，有一部分还是她亲手绘饰的。她会仔细地搭配各种颜色，并考虑不同的款式风格与服装整体的协调。每当你看到她穿着高跟鞋走进电梯的瞬间，就能感受到她身上散发出的喜悦。你似乎能听到玛吉在说："我现在很愉快，而且充满活力，我有着充沛的精力，希望去尝试各种新鲜的事物。"是的，她做到了，而且最终还能用自己的状态影响和感染整个团队，并将这种积极的态度在实验室、校园及社会上加以传播。

在走出"柜子"公开自己之后，基尔斯滕·施泰因麦尔感觉生活得很惬意。她开始用自己喜欢的风格来打扮自己——简单的黑色西裤、熨烫妥帖的白色衬衫、男款的羊毛西装外套、厚底系带黑靴。这种新风格的装束给她带来了全新的风采。她周身洋溢着自信，看上去比过去更高，肩膀也更宽。她笑容可掬地跟我们说："我做到了。"但不知何故，有些事情我似乎一直也没能弄清楚，她从来没有像她想要的那样打上领带。为了鼓励她，我有时会穿上尖领的老式衬衫，并打上一条彩色搭配的窄幅男式领带，去她的办公室，尝试着引起她的注意，我希望她也能在某天戴上与服装搭配的领带。但她从来没有那样做过，我到现在还相信，她会在某个准备好的时刻戴上领带。

三
放飞创造力，实现价值

狂欢节的游行，是我大显身手的时候。我会穿上穷尽我想象力设计制作出来的服装。其中，所有材料的颜色和纹理都是我自己选择的。当然，样式也是我自己设计的。

个性表达的另一种体现，是能够营造出独特的空间氛围。它既可以给人带来鼓舞，也可能令人陷入沮丧。只有对创造的"自由"完全松绑，才可能营造出个性的办公环境。尽管办公空间的设计可以体现个性特征，但作为科研性质的实验室，更多地还是尊崇经典的设计路数。偶尔也会看到被装饰成车库样子的盒子空间，呈现出一种典型的创业团队的状态。但不是所有的团队成员都会用与众不同的风格呈现独特的自己。这种对公共空间设计的自我尊重，正是团队文化在职场中的具体反映。

像在家里一样
为独特的办公环境喝彩

在康宁公司美国和法国的实验室里，都有用玻璃隔出的独立、封闭的办公空间，以期达到灵感最大化、精神最专注的工作状态，并使整个团队有一种整体透明、融合的感觉。美国的研究大楼，是20世纪90年代末改造完成的。当时，为了给人留下朴实无华的印象，管理团队制定了一项规定，就是不允许研究人员在墙壁上装饰任何的东西。那些裸露的墙壁给人造成的视觉效果，就好像身处监狱，所有人都像被套上了紧箍咒似的感到压抑，这种规定带来的负面影响可想而知。我极力去推动和改变这个规定，经过激烈的争论，只有设备团队看清了这个问题，并

IDEA
AGENT

支持我的倡议。今天，科学家们已经可以根据自己的喜好来布置自己的工作空间了，他们当中的一些人还会精心地用艺术品来装饰自己的空间；而另一些人则会在墙上贴满世界各地的地图；还有一些人喜欢用温暖的白炽灯营造出宜人的气氛；而有些地方则放置了一片盆景，让你仿佛置身热带雨林。

再有，就像收录在《快公司》(Fast Company) 杂志中的每篇文章那样，每个风格都代表着一种不同的类型。这本杂志经常能在彼得·穆雷的桌子上看到。我习惯把这种现象比喻成地质学中从太古到近代的断层构造体现出的多样性。穆雷的办公室的地上铺满了纸张，甚至能淹没脚面，到处堆放着玻璃实验的样本，在这种杂乱的环境中，还混杂着收音机里传来的古典音乐的旋律。他每天就吃一顿饭，想什么时候吃就什么时候吃。这是一种只适合他的独特工作方式，他习惯在这样的状态中干活。在这样的环境下，他似乎能找到所有他要的东西。"当别人焦头烂额的时候，我总是能告诉他们正确的答案。"他会清晰地告诉你他的想法，你不得不折服于他的睿智。对穆雷这样的人才，唯有如此才是最好。

对于领导者来说，如果你发现某些接受过高等教育、具备高级技能、持有强烈的科学怀疑精神的个性人才，因为自由受到限制而不能得到尽情的发挥，那才是一种真正意义上的悲哀。除对个性风格、自我表达或空间环境加以限制之外，技术上的"按时"要求会给自由带来更加令人窒息的桎梏。当然，我并非主张对技术完成的时限毫无要求，只是认为相比于设置技术研究的"限期"，我们更应

三
放飞创造力，实现价值

该考虑的是如何为科技人员提供真正满足心灵需求的自由，而他们完全有能力掌控好实现技术目标的时间。隐藏在这些科研人员背后的真正想法和激情会随着时间推移而渐渐迸发。而拥有成熟经验的创新型人才，是能够掌握好对实现短期目标和开垦广袤远景的时间分配的。研究者需要的"自由"概念，就是对当前课题研究时间的界定，应该是在他们灵感突至的任何时间，这样才是合理的。如果研究被安排在周五下午进行，那么这种探索研究是滑稽可笑的。自由，是科学研究不可或缺的条件。但是，有一个固有的悖论认为：变革才需要自由，而创造需要的是"保护"。但从以往的经历中我们会发现，自由为创造提供的"保护"贯穿创造的整个过程。这种对"自由"意识的珍重，不会随时间的推移而降低其存在的价值和能量，也不会隔绝你和世界之间的亲密关联。而这些都可以从我们以往的经验中体会到，还可以通过米哈里·契克森米哈对"心流"概念的描述来加以认知。此外，作为领导者，你要尽到的最重要的职责，就是在团队中辅助这些正能量，发现既有的"自由"因子，珍惜并好好地保护它们。

在团队中，并非所有人对自由的需求都是等量的，你只有通过深刻地了解他们的个性，洞悉他们以往的轨迹，才能把握住每个人对自由需求的真正尺度。从以往的成功经验和真实业绩中可以看到，终极的自由会超越时间成为人生选择和研究之路的必然条件。在我们的玻璃研发团队中，分配给新雇员做的第一份研究工作，都是在我们了解了他的具体情况，认可了他对科学秉持的探索激情后，不需要仰仗他人就能独立完成的。在这种基础上所委托的研究工作可以大大减少研究所需的时间，而不需要我们再为这些科学家进行额外的计划安排。当然，科学家具备了娴熟的研究能力，并不意味着一定就能成功。大多数的发明创造都是在杳无人迹的荒漠中经过长时间的摸索，最终发现了新的技术、新的方法，乃至全新概念的某种材料，或者找到一片新的研究领域。如果被太多地指定、保护，甚至修正、规范所制约，他们或许也能循规蹈矩地做出某些贡献，但这不是我们鼓励的模式，也不是我们真正想要提供给研究者用来实施计划、实现价值的理想环境。如果尊重和了解团队成员，领导者最应该做的就是为他们安排合适的工作，让他们扮演擅长的角色，做他们应该做的事情。

让每个人都能成为真正的自己
创造和维护人才施展才能的空间

来到康宁公司的几个月中，拉宾达拉·拉贾通过他对玻璃结构和特性的专业了解，得到了团队和我个人的认可。我希望他能用自己的方法"找到一种满足超低传输损耗的玻璃材质，从而擎起光纤传导技术的圣杯"。他来到我的办公室，介绍了一下他计划完成这一目标的思路。尽管不能保证最后会得到什么样的结果，但他承诺自己会遵循基本的科学原理进行研究，还要依靠一些他"刚刚了解到的"数据，他认为这样一来就能够引领我们找到一种新的材料，而且只要康宁公司支持他这样做下去，很快就能证明他是对的。那时，我们有的只是单纯的信任，无须他做出什么保证。我们知道的只是，这个事业才刚刚开始，接下来他将会成为一个拥有无限创造力的科学家。而他随后所做出的贡献，也证明了这个想法的正确性。

相比之下，我们在本·普兰斯基身上看到了同样的情况。本在斯坦福接受教育，与拉贾在同一导师指导下学习，对玻璃结构和材质的精深理解也达到了相同的程度。领导者最初的授权为他们提供了同样宽松的

三
放飞创造力，实现价值

条件，他很快就沉浸到应用研究的迷人世界中去了。对他来说，实现目标的诱惑太令人神往，而制造需求的过程又充满了刺激和挑战。结果证明他是对的，他在玻璃应用领域做出的卓越贡献就是很好的证明。

康宁公司对这些做出了重大贡献的科学家的终极奖赏，就是使他们成为研究员。这是企业技术等级中的最高层级，他们可以根据自己的兴趣自由选择所要从事的研究。康宁公司不仅授予这些专家技术上的权威地位，还为他们提供诸多便利条件。他们拥有自由的空间，可以随心所欲地去探索研究。他们的优厚"待遇"不断激励和吸引年轻的研究员更加努力地工作，最终形成与他们竞争、向他们学习、亦师亦友的良性循环。

终极的自由，当然是一种可以体验到的自由。每次当团队成员听我说道："机会是自己创造的，你们之所以成为当下的自己，是因为当下是由你们自己造成的。世界就是你们的竞技场。"他们都会有一种惊奇的感受。但我真正想表达的意思，不是要给他们施加压力或提出挑战，更不是在炫耀所谓的权威。我想传递的只是我的一种感觉。我想通过最大的努力，帮助每个团队成员不断地成长和发展，发挥他们最大的潜能。我愿意同他们一起，尽己所能地创造出最优秀的团队文化。当然我也明白，除非我亲自遴选出的团队中的每个成员都发挥各自的作用，否则，这一理想目标是很难实现的。

灵活性

尊重和自由，可以激发出人类的灵活性，而灵活机变的方式也将有助于新思想的产生。改变固定的模式，接受并包容生活中的各种需求，是最终实现人类自身转变的一种行之有效的工具。研究过程中的灵活性，本质上是一种生活态度。如果你能引领团队接纳这种灵活的生活方式，那么你的团队将充满激情与活力，到处都是"我们能干""为什么不做"这样的正能量。以此建构起来的文化价值观，在将以往团队成员只关心"为什么"的问题，转移到关注"如何解决"问题的过程中起了十分重要的作用。单从灵活性这点来说，你会发现它涉及生活的所有维度，从痛苦到关键问题，无所不包。

事业生涯的影响

我相信作为领导者，灵活性的最终体现是让我们的管理风格适应团队中的所有成员，包括科学家、工程技术专家、行政管理人员，而不是反过来。这并不是一种空洞无力或违背行为准则的方式，当然，也不是轻而易举就能做到的事情。这种灵活的行事方式确实能在特定的时间对特定的人发挥出最好的督导作用，因为领导者对不同的个体采取不同的管理策略。领导者并非拥有不同价值表现、不同看法、不同优先选择，以及不同预期，而是每个个体的教练。

三
放飞创造力，实现价值

个性化领导
了解他们，因材施用

我在康宁公司做无机技术团队负责人时，曾经有3个研究小组直接向我汇报，分别是玻璃研究小组、陶瓷研究小组，还有工艺创新小组。我所面对的是3种完全不同的个性群体。他们有着完全不同的经验及完全不同的工作方式。我很快就发现，要想让每个团队都发挥出最佳的创造力，就要从不同的途径引导每个人去实现他们的目标。虽然，在员工大会上，所有的人都被纳入了同一战略目标，被赋予了同样的期待，被界定好各自的角色，从而承担起相应的职责。但是，在一对一的交流中，我会依照每个人的需求，考虑沟通可能带来的影响，从而精心策划和选择与每个人接触的具体方式。

雅克·孟坦伯格，来自法国实验室，有着高超的单簧管演奏技巧，并且具备一定的管理能力。每当面对新的尝试，他总是习惯用"为什么不"的态度来对待，他有足够的自信，无须再用什么来证明自己。这样的个性使他对人和事都抱有兴趣，并能很好地激励和调动他人的积极性。于是，我安排他负责陶瓷研究的工作。该团队独立并成功地为某个业务事业部提供有关环境产品开发项目上的支持，他们在陶瓷领域这片肥沃的疆土上进行了大面积的耕耘。团队要想实现在自由状态下对陶瓷的不同成分和不同工艺的研究，首先就要从某一机构的束缚中解脱出来，这样才能在浩瀚的晶体世界里任意翱翔，为康宁公司打开一个全新的市场。雅克希望我能给他指出大致的方向，剩下的工作凭借他的自身能力就足

IDEA AGENT

以完成了。在他的团队中,有一些通过逐渐了解而被认可的骨干,我也知道其中某些人的能力很强,因为过去我曾在那个团队里与他们共过事。雅克只用了很短的时间,就向我们证明了他具有一种利用权限范围之内所掌控的技术为企业带来市场效益的能力,以及如何利用这些优势建构企业之间的联系,并平衡自己与某些机构的关系。他找到了自己的角色定位,并在了解员工的基础上领导团队动态、有序地发展。这样,知道自己是谁,能做什么,并弄清了工作的动机,就能掌握应对各种局面的主动性。所有这些,都在雅克操纵一切的个人风格中得以实现。我只是许诺给他自由,并在远处观望他的行动,我看到了他的团队给他带来的积极影响。我们在各自既定的轨道上运行着,只有一些小事,他需要我的帮助,那就是为他移除一些道路上的障碍。

谈到那些日子,还有一位令我难以忘怀的人才,就是陆家宝,我曾任命他负责工艺创新小组。在此之前,他没有任何的管理经验。正因如此,我经历了一场危机。但我始终认为,陆是一个阳光、勤奋,以及勇于进取的科学家。他是来自中国大陆一所著名大学的博士,持有强烈而鲜明的学术观点,尽管大部分观点已被证明是正确的,却较少被他人认知。作为一名专业技术人才,他还具备激发团队攻克高难度课题的能力。我被陆的抽象思维及解决问题的神奇能力所触动。他可以应对各种复杂的难题,理顺先后关系,规划出合理的行动方案,从而达到解决矛盾和问题的目的。我也曾有过"似乎在那里存在某些问题"的预感。他的这个团队是我最近构思组建的,以期给整个技术市场带来某种新意,我希望这是一个致力于产品早期研发的团队。我希望陆能胜任领队的角色,

三
放飞创造力，实现价值

把工程师和研究人员的力量整合到一起，利用这些人已有的经验，凝聚成团队的能量，为康宁公司开辟出一个完全不同的、具有革命性创新意义的新领域。对急于想做出成绩的陆家宝来说，这无疑是个绝好的机会，他着手行动并很快就证明了自己的能力。从组建团队到制定目标、提出方法，并且规划出了每个步骤，在这个过程中，他的团队一直踊跃、积极地配合着他的行动。

然而，他的同行和上层高管就需要更加用心地花些时间，来理解他思路中的核心要点。这样一来，他们之间的沟通看上去有些吃力。终于，他的热情惹来了一些麻烦。陆家宝似乎并没有意识到，他那份过于专注和不遗余力的热情给周遭带来的"微妙"变化。他的行为被"误解"或被定义为带有某种侵略性，从而很难与环境和他人相处。走到近处来观察这件事，我能觉察到有些人确实急于想要得到这样的结论，我也知道究竟是谁能做出这样的事。我能够并且愿意坦诚地与陆交流，给他以清晰、明确、直接的意见反馈，并且态度也绝不暧昧。我甚至会用某些失礼的语言去刺激他。但你会发现，陆并没有直接反抗，而是在意识和想法上出现了某种渐进的转变。他开始从离群的状态中返回，如有必要他可以修正自己的行为或改变既定的方针。我们进行了长时间、坦率地交流，尽管有时会被文化上的差异或语言上的歧义打断，但最终的结果是他接受了我的建议。

他领导的团队被寄予了厚望，是一股未来能够给企业带来生机的新生力量。所以，作为领导者角色的陆家宝，自然就被寄予了督导和带领团队成长发展的期望。这种双重的期望，就要求他要具备这样的领导风

IDEA AGENT

格：工作在前、诚实待人、成熟稳重，同时又要具有约束力，还要拥有丰富的经验。但这样的领导风格和待人处事的方式在化解团队中的矛盾时，或许就会给人带来误解和不适的感觉。尽量避免团队中争执与矛盾的出现，这是衡量领导者是否具有良好的平衡和控制力的标准。而坦率和直接的方式，对于大多数领导者来说，并不都能做到驾轻就熟。这是每个领导者都要不断完善的管理技巧。

曼努埃尔·卡塞雷斯，是个多才多艺的安第斯音乐家。我们最近有幸录用了他，并让他做玻璃研发团队的领头人，这是被研究所公认的最难管理的团队。和其他两个团队不同的是，这个团队里集中了一批天才、优秀的科学家，并与公司中的各个部门都保持着技术支持的关系。正是由于他们工作的重要性及在公司中所处的关键地位，他们习惯于陶醉在自己所从事的研究里，保持着某种职业的荣誉感。曼努埃尔作为新任领导，在担任多重角色的同时，首先面临的就是如何解决员工在工作态度上从"不问究竟"到"探究如何"的认知问题。然后还要引领员工与公司的发展保持同步，带动团队取得整体的业绩，做到群策群力，遵循和执行计划——出现在他面前的道路将会曲折艰难，特别是在他初涉这样的险路时。所以，我除了给他提出必要的要求，更多的是予以支持。在接下来的18个月中，曼努埃尔接受了我们的精神导师达莎的教诲，还得到了企业CTO办公室的斯内德·阿什顿的帮助，他比其他任何人都更了解实验室内部的人事和文化。当然，他也得到了企业人力资源部的协助。我与曼努埃尔打交道时，一直保持着张力，感觉并不轻松，并时常感到痛苦。我能做的是将制度的绳索交给他，让他自己来约束自己。

三
放飞创造力，实现价值

我用规劝的方式引导他，希望他能迷途知返，有时我是和颜悦色的，有时是粗暴的。

最初交给曼努埃尔的某项计划，我还能够相对容易地掌控他为实施该项计划所需要的人员数量。我很清楚，对人力资源无节制的需求，会让组织迅速膨胀，变得不堪重负。而现有形式下的人力资源扩张，将会浪费大量的时间和资源，因为要为这些冗员提供某些技术项目来供他们"实施"。而当他发现扩张的速度太快，超过了他指挥棒控制的范围时，就当机立断地采取行动来化解这个问题。毋庸置疑他的这些举措是具有深远意义的，对整个团队始终保持技术发明的活力，起到了非常关键的作用。我为曼努埃尔的改变感到庆幸和高兴。尽管他对整个团队有着毋庸置疑的影响力，但依然无法左右我对整个局势的控制能力。这或许让他的团队成员感到有些沮丧——包括那些科研专家、管理者，以及曼努哈尔本人——能够意识到自身能力存在的某种局限，知道在现实的工作中，还会有些事因实力不足或得不到理解支持而最终不能实现，某些时候还会因为自己的失当表现，引起某些质疑和非议。但从我们以往的经验中可知，这样的付出或教训都是值得的。

对于曼努埃尔来说，希望他人能够知晓自身的与众不同，以及独具天赋的能力，已经成为他个人生存的意义，或者说某种本能。要他从很早就萌生出的"做大事""成伟人"的状态中走出来，是需要时间的。他的能力很快就得到他人的认可和追捧，即使在扩张发展中的大型团队里，他也被认为是个不可多得的帅才。当然，他也很清楚，自己的地位在现有的组织中才是最安全、稳定的。直到今天，他统辖下的玻璃研发

IDEA
AGENT

团队在不受到更多干扰阻碍的前提下,按照自己的节奏继续平稳地发展。他们克服了各种艰难的挑战,在显示器和能源市场上不断为公司奉献出新的研究成果。

这算是团队的一种文化吗？最清楚的答案来自 10 年后,曼努埃尔亲自组织的某次团队假期聚会上。大卫·约翰逊,一位善于烹调美食的基础科学家,把我领到一边并告诉了我他的发现:"感谢你让曼努埃尔领导了这个团队,我过去从来没想到会有这样的结果。这里的文化仍然是你当年带来的。"此后,没过多久,曼努埃尔在另一个取得了辉煌业绩的年度,在给他的团队进行简单的总结时说:"最后我想对大家说,为了你们自己,为了你们的信仰,为了你们的人生,为了我们共同奉献出的技术成果,我要感谢大家一直以来对我工作的支持,以及你们为团队做出的所有的贡献。"

从生活中振作

从另一方面来说,灵活性还可能给人们日常生活中的创造力带来影响。在美国的职场中,灵活性容纳和满足了不同个性的需求,是被普遍认同的基本原则。康宁公司实行的是员工可以自由支配时间的政策,员工可以通过就医缓解自身压力,还可以因为孩子患病享受随时告假的自由。这种政策带来的价值就是,当遇到某些考验时,员工愿意与团队或领导一起同甘共苦。康宁公司可以让科学家在母亲临终前的最后 6 个月陪护在她身边,也可以为丧妻的鳏夫提供几个月的休整时间。灵活性的价值体现在人们一旦拥有了某种意愿,就应该为容纳和实现这种意愿提供和创造出某种空间,使人们在坚守其他固有价值的同时,也能够找到满

三
放飞创造力，实现价值

足意愿、解决问题的圆满途径。

简单的修正方法
迅捷地提供解决方案

几年后，我聘用了伊莎贝尔·洛佩斯。我观察到这位来自加利福尼亚的极具天赋的氟化学家，每年到了冬天的后半期，她身上的活力就会减退，整个人处于能量和热情的低谷。这不同于她平常偶尔表现出的痛苦状态。我去找她谈心，她也向我敞开心扉。的确，每到这个时候她就会感到身心迟滞，觉得生活枯燥无味，整个人都无精打采的。但这并不是身体疾病造成的，医院的检查结果已经证明了这点。康宁公司位于纽约州北部，在冬日厚重的云层覆盖下，人们"幸逢"了漫长的冬日，太阳只有偶尔悭吝地露一下脸。我们在一起分析，想知道是不是因为阳光暴晒的时间过短，日照减弱而导致的季节性疾病。有一种简单的、可行的方法可以证明：给她安排更多的休整时间，在3月中旬，花上一个星期到阳光充沛的西海岸去休假。这个方法，在她身上起到了立竿见影的效果。度假回来后，那个疲厌的年轻女人消失了，我们熟悉的伊莎贝尔回来了。这种简单的解决方式，对她却是大有裨益，同时也给她的团队带来了意想不到的收获。接下来的几年里，当企业要给予伊莎贝尔奖励时，我更清楚地了解她的内心，比起现金或物质的奖励，她真正需要的是一到两周的额外假期。这种褒奖对她来说好过支票或股票期权。

针对不同性质的问题，要找到相应的解决办法。对于担心自己的女伴因缺乏健康保险而陷入困境的基尔斯滕·施泰因麦尔来说，我们提供

— IDEA —
AGENT

给她的方案，也是很容易就能做到的。当康宁公司的上层正在为是否要把原先惠及全公司员工家属的政策扩大到同性恋家属而争论未决时，我已经在的我权利范畴内采取了行动，把这种待遇当作给予基尔斯滕的奖励，她的业绩足以配得上这份奖赏。她可以从这笔钱中留出足够的资金，为伴侣支付全面健康保险的费用。

付出就会有回报

"爱的付出，爱的回报"，这是一首墨西哥乡村爱情歌曲里唱到的。同样地，在让团队成员体验到了量身定制般地满足他们的个性需求，并能够帮助他们顺利发展和成长的领导风格后，你也同样能够深切地感受到尊重的价值和自由的能量。作为回报，科学家们非常乐意利用这种灵活、自由的心态创造出等价甚至超值的贡献。另外，他们甚至会在自己擅长的领域之外凭借热情自觉地投入。他们能够承受更具负荷的挑战，就像短跑选手参加了马拉松比赛，而跳水运动员拿起了接力棒一样。如果你为团队创建的文化基础足够坚实，那么团队及其成员就会有足够的延展空间，从而应对和维持事业的发展。

投资回报需要一定的时间
从事业生活中可以看出你的价值观

每当回想起 20 世纪之初，在康宁公司经历光电子技术发展的泡沫陷入全面崩塌的绝境时，真可以说是一种濒死的体验，随后而来的是裁员的痛苦过程。这迫使我们，不是在所谓的好与坏之间，而是在优秀和卓越之间进行抉择。我和上司深思熟虑之后，希望善后工作能够权衡和

三
放飞创造力，实现价值

兼顾到我们未来的发展，调整后能保留下帮助企业重归复兴道路的力量。通过调查研究，我们取舍出了未来合作的候选人。调配后的资源，乍看上去似乎可以清晰、迅疾地解决和满足当下科研与生产的需要，化解当务之急。这确实也是我们当时要承担的使命。我们也知道要把焦点投注在制造环节的优化上，因为经过改善后的短期产品，可以快速带来市场效应，从而将企业从濒临坠崖的绝境中拉回。而这一切显然与我们始终奉持的，通过长期研究达到技术创新的团队文化相背驰。为了构建这样的文化，我们曾经投入了大量的热情，进行不断的抗争，最终公司也认同了我们的价值，这些年的实践也证明了公司一直在用"耐心的财源"支持着学术研究，并业已形成了公司长期的文化传统。而当时的那种做法，被解释为一种临时性的应对措施，是暂时将以往重视基础研究的传统过渡到不仅要关注应用学科的研究，而且还要涉足市场优秀产品开发的工作。对于裁员，最纠结的问题是"裁多少人"和究竟"裁谁"，既要顾及他人的意愿，又要兼顾其自主性，更要考虑到不要损害了他们继续发展事业的热情和动力。我的领导知晓当前所面临的急迫形势，无奈之下只有在两种伤害中寻找较轻的一种，尽可能通过缩减裁员名额，在我们保留基础科研骨干上予以支持。而领导也希望得到每位科学家的理解，并借助我们构建的团队文化的底气和力量，共同渡过眼前的难关。我的回应是："为什么我们不把他们都裁掉？"既然有这样的底气，那么我们就开始干了。

几乎没有不同的想法，所有的人，包括科学家和工程师的反应都是积极的，甚至可以说是热情的。在了解了局势的严峻性后，依据自身认可能力的不同，没有任何一个人表现出犹豫。对团队所有的人来说，学术的关注点都发生了转变。人们不约而同地从分析造成纤维结构缺陷的热力学模型的研究中，调整到了对光纤拉丝制造中固结条件环境要求的课题上。为配合新兴市场的开发而进行的配料熔化影响相关的热台显微技术的研究，到为工厂提供的解决精密玻璃制作融化过程中消除气体泡沫的优化沙的溶解工艺，还有通过对诱饵沙的提纯，可以得到高纯度的溶解石英。这种重构光晶体纤维的技术，能够改善市场上销售的刚玉宝石的质量。而所有人也在利用以前研究的新材料，为当前形势下的扩大应用提供新的可能，或者只是单纯为了改变产品自身的生命周期，都需要补充加入对纤维荧光增益技术的基础理论知识。还有与光子相关的晶体结构技术也为过渡到显屏技术的应用，做好了新型玻璃材料的研发准备工作。研究者们从以前共同从事的不同玻璃材料的研发或基础胶状前驱体陶瓷的构造研究中，转移到配料、干燥及蜂窝陶瓷基板的烧制和生产的过程中去了。

在那个阶段，曾经有一个人光临了我们的实验室，而那时正是团队面临最严峻的考验、有些顾此失彼的时刻。我们面临的窘境甚至到了不得不违背我们的习惯，要用花里胡哨的大型印刷海报去替换原来简单的PowerPoint文件投射在广告板上的形式。他就是康宁的CEO。他对我们的无机技术团队能够找到新的研究重点感到格外惊喜。以往在基础科学上的研究积淀，为眼下当务之急的转型，为衍生出卓越的应用型产品，提供了通达的路径。但是，真正的启示还是科学家们在那个特殊阶段所表现出来的情绪，似乎并没有受到我们预想的可能出现的负面因素的影

三
放飞创造力，实现价值

响。他们并没有因为被迫牺牲掉某些位置而丧失掉原本的天性和激情，他们依然意兴阑珊、热情风趣。这种来自内心深处的愉悦和满足感，或许是源于他们知道自己起到了将企业的危船引入避风港的关键作用。那是一种令人激动、责无旁贷的使命感，这种精神足以让他们将兴奋和激越的状态维持很长一段时间。最终，他们希望通过结果显示：所有的救济措施其实都与最初重视了基础学科的研究息息相关。

趣味和享受

创造性思维，渴望在轻松的气氛中产生。当你踱入满是艺术家的房间里时，就会感觉到处都飘浮着一种灵动的气氛。这是一种能够让你从桎梏中释放出创造精神的能量。借助于这种能量，我们可以使想象中的事物的背景和条件发生改变，从而产生某种新发明。趣味和享受可以给人以灵敏、轻松的心态，有助于人们不断保持创新精神。

在从事各种社会活动，尤其是与企业相关的行为时，作为一个团队，如果能营造出一种轻松、随意的创作氛围，才能使成员投入真正有趣的事情中去。一旦团队发现社会的意识形态和企业规则结合在一起，那么在这种规范化、结构化了的日常生活和工作状态中，任何时候都不可能发挥出无尽的想象力。作为某种文化来说，那种能够给人们带来敏捷、轻松的有趣行为本身已被界定为具有释放能力的创造性文化，它在人们的行为转变中确实具有强大的影响力。

IDEA
AGENT

摆件、饰品和蛋糕
丰富的想象力引导你实现梦想

在玻璃研发团队，有一种非常令人喜欢的聚会形式，叫作"神秘的圣诞老人"，或者我们把它叫作"认识你是谁"。我第一次喜欢上这种传统聚会，还是在德国的马克斯·普朗克研究所工作的时候，后来我把这种聚会变换了一种形式，带回了自己的团队。这个游戏的具体玩法是，当你从帽子里抓到某人的名字，你就要为该人准备一份礼物，在此之前你先要了解他的特点，包括兴趣、爱好、习惯等。我们会在一个下午，大家各自带来一些家庭焙烤的食品，在一起玩玩乐器，然后就开始这个有趣的游戏。首先，根据馈赠者提供的线索，每个人都必须猜一下谁将会是接受礼物的人。没有人可以不参加这个游戏，这个有趣的游戏总是能给大家带来无穷的乐趣。这一刻，大家环坐在房间里的地板上，所有的社会等级观念都不翼而飞了。彼此看到的都是以前作为同事很难看到的一面：海明威式的幽默讽喻、梅伦格式的音乐、魔术师般的技巧，还有中国风的茶具，以及办公室管理的伎俩。我们开着各种玩笑，变着法儿地让时间变得轻松、快乐起来。

这样的假期聚会可以有大把的时间用来消磨，每个人都会带上自己准备好的东西来聚餐，由于是团队组织的活动，所以允许携带家属和伴侣前来，每个人按自己想要的样子来装扮自己，这里有好吃的东西、好听的音乐，还可以尽情地跳舞。很多人都会受到感染，刚开始可能是义务性的无聊参与，但最终都会找到真正的乐趣和开心。圣诞节期间，每

三
放飞创造力，实现价值

个人都会收到一份非宗教色彩的纪念品，既然是玻璃研发团队，当然得到的会是我们自己的科学家和工程师设计的特殊礼物。那时，经常作为礼品的是由团队开发出来即将推向市场的某种新款玻璃杯。

共同参与布置会场，可以让大家一起分享奇妙的创意。到处可以看到悬挂的装饰，杯子里装满了巧克力雕成的硬币，还有大家自己动手做的圣代冰激凌、曲奇饼和酷奇棒。所有这一切，都为聚会增添了喜悦与开心的气氛，使大家彼此融合，建立起更加信任的关系。

还有一些庆祝生日的聚会，参与者的角色会被互换，这种随意自由的安排激发了即兴的愉悦，还可以拓展人的应变能力。而在其他的一些庆典场合，我们同样度过了美好的时光。我们会在"生日宝贝"蛋糕店下一个订单，由当地的烘焙师做出非常美味可口的蛋糕。有一段困难时期，我甚至动了改行去做蛋糕烘焙师的念头。但当你真的看到那些站在蛋糕背后的专业师傅，把蛋糕切开并装盘分给大家时，我便禁止团队中的女性同事们再去做这种非分的奢想了。我不希望在这样精美的事物上存在不同的标准。但是，当你第一次看到团队中的伙伴手里摆弄着蛋糕的"技艺"时，还是感到非常有趣。大家都努力地想把蛋糕切分成像艾米丽·派斯特礼仪那样的精美，似乎只有做到那样，才能拿得出手。最后，出于对唯美的追求，他们都很好地掌握了这门技巧。

每个团队都有其不同的风格。每个领导者也无法硬性地解释究竟怎样才能带来更多的放松和乐趣。陆家宝，这位从中国大陆来的很有能力的科学家，曾经邀请我参加过一次他们工艺创新团队的早餐会。除了通常见到的百吉饼、奶油芝士，让我最惊奇的是，当我进入房间后，发现了陆家宝从家里给大家带来的烙饼，那是他亲自用一个大饼铛特意做的。大家尝了都说好吃，并由此成为聚餐会上最受欢迎的食物。我认为，团队的这种轻松氛围的最终价值是改变了陆家宝平日里留给大家的印象，他作为领导给团队带来的凝聚力，以及他表现出的轻松状态在无形中对团队产生了积极影响。

因此，要继续享受这样的乐趣，怀着轻松、释放的心态去做事。把自己领导者的心态融入团队的轻松环境中，体验那种不可言喻的感觉。尝试与不同的个体融合在一起，求同存异，找到看待和解决问题的不同思路；然后，尝试着扩大他们的视野，提高他们的适应性和灵活性。不，你不是简单地"暴露自己"，而是开放自己，呈现出你的所有情趣和魅力，以及具备支配和影响力的社会性一面。同时，你会收获这种情趣和魅力衍生出的结果，在你遇到危机挑战的关键时刻，这样的精神会释放出来，起到超乎想象的作用。

相互依存

要是把一群聪明、能干、极具创造力的人凑到一个屋子里，让他们无拘无束地感受音乐自由地流淌在他们中间，那么你将发现，这群原本是自我本位的独舞者，正在互相围绕着，陶醉地旋转着。或者，你也可以反过来幻想出这样的场景，干脆把那些经常与你作对的、很难管理的家伙，交给拳击手好好地教训一番。通常来说，创造性的思维活跃而丰富，并于无形中产生了力量。团队的相互依存关系，最初也是从他们极为在意并不遗余力地加以保护的独立概念中衍生出来的。

三

放飞创造力，实现价值

尽管那种接近于依存的附庸关系为他们所不耻，但最终他们还是愿意接受我们的指导，以依存团队为荣耀，并形成了得以继承下去的团队文化。

相互依存在哲学上的意义是复杂的。整体是由不同的独立个体构成的，它们共同形成了一个密不可分的整体。每个独立个体都是形成最终整体的基本因子，整体中的个体只是所在位置不同，其相互关系并非"彼此"分离的。团队与个体之间的关系，也可以这样理解。团队中每个个体的生存与成功，与团队成员之间的互相依赖、彼此支持密不可分。独立个体的能动性又是团队整体创造的基础。鼓励团队成员之间发展相互依存的关系，并不意味着否定代表着个体存在的能动性。关注独立的个体会给你认知团队的能力带来新的视野，并最终使团队的每个个体都受益。

让我们一同飞翔
相互依存带来的力量

保罗·杰尼提，是一个极具魅力和独立思想的物理学家。当他与专利部门发生矛盾时，为了修补沟通的桥梁，他一改平时的叛逆风格。事情过后，他意识到了这样一个道理，真正有效率的团队与成员之间是一种相互依存的关系，个人的成功和生存与团队的整体是分不开的，是建立在团队成员彼此依存和尊重的基础之上的。如果仅凭个人的聪明才智，就有可能冒险进入一个未曾涉足的领域。

在我领导康宁公司法国实验室的那个阶段，相关技术已经发生了显著的变化。在对团队的战略、行为和期望进行了整体论证后，我和同事们逐渐认识到：应该放弃他们过去长期珍视和尊重的"独立"意识，取而代之的应该是以相互依存的方式建立关系。这明显地影响了他们的行为，以及他们在构建同事间相互信赖与合作关系的能力。这不仅将实验室从生产力到影响力的整体能力都提高到了前所未有的全新境界，而且在这个转变过程中，我还深刻地体会到，潜藏在他们内心的、由于削减了独立自由的空间所产生的某种难以捉摸的忌惮感觉。

在实际工作中，褒奖同事之间建立的相互信赖关系，要从鼓励个体自我管理、自我上进中做起，以此构建一个相互支持、共担责任的团队，使每个员工都能实现自身价值。这个团队的目标不仅是营造一个"干得不错，感觉不错"的融洽氛围，而且直接关系到团队的发展方向和结果，以及能否继续生存的现实问题。极端竞争下的个体主义会阻碍和破坏团队的工作，削弱或降低信任的基础，从而影响组织运转，打击团队士气。相比之下，相互依存型的团队则可以找到个体与集体利益之间，以及个人兴趣和团队目标之间的矛盾平衡点，从而解决困难、应对挑战。要想让工作更加顺利，还要做好授权工作，这是整个团队减少内部损耗、应对更大的外部挑战的保证。

公开、透明

我认为公开、透明的交流，在沟通中是最有价值、最有利于了解彼此的方式。因为它所表达的意思是一种鼓励对手进行公开、坦诚交流的明显约请，传递出邀约者不想隐瞒和藏掖自己的意图和真诚希望构建交流平台的强烈愿望，同时也表现出了想要为他人提供支持和帮助的合作态度。一旦人们缺乏这种公开、透明的

三

放飞创造力，实现价值

交流，就意味着背离了诚信，就会使人产生一种被轻视或不受尊重的感觉。因为人与人之间的诚信最终是要建立在透明和坦诚的基础之上的。

作为领导者，当你向员工展示自己的宏图大业和计划措施时，如果缺乏公开、透明的态度，那么你同时带给员工的可能还会有倍受质疑和受损的形象。而这样"交流"下来的结果会在未来的工作中，从你的同事或下属的日常工作方式中得以体现。尽管这些共事中的锱铢计较有时在团队中会造成十分棘手的麻烦，但我们还是应该乐观地认为，这样的博弈其实是创造团队文化必经的过程，可以把它作为鼓励公开、透明交流的第一步来看待。我认为，不必太在意人性中某些古怪离奇、喜怒无常的特性，要做到善解人意并能乐于其中。

"你对这个感觉如何？"
培养生活中的情趣，表达自己的真实想法

在领导团队时，我相信人与人之间是存在某种亲密关系的。我认为在我的团队中工作的每个人都很了解家庭的重要性。要想知道他们喜欢什么或喜欢怎样的工作环境，可以从他们不愿做的事情上一窥端倪，这是我常用的方法之一。其实我关注的都是一些再普通不过的小事，我喜欢走进某人的办公室去问他："你对这个感觉怎么样？你对这个项目感觉如何？最近生活得怎样？"我经常会和别人进行这样的交流，我所关心的不仅仅是自己感兴趣的问题，而且涉及他们生活和工作的方方面面，这会让我们彼此敞开心扉，但有时想找到更多的话题也不是一件容易的事。其实我也知道，有时候聊天一点也不重要，重要的是倾听及应答的过程。

IDEA
AGENT

领导者在实际工作中如何掌握公开和透明的尺度，不过多暴露他人的弱点或隐私是一件很难把握分寸的事情。对于具体的想法、尚未决定的计划蓝图，以及个人理想等层面的分享，直觉上被认为有给领导增加美好印象的意图。这种风险或许会折损他未来实现愿景的能力，并打击追随者的信心。但是，与直觉的担心不相符的是，这种公开、透明的勇气，以及领导者表现出的与己相关的坦诚、个性生活中为常人所易见的方面，最终会使冷漠转变为激情和动力。这样一来，你的团队成员将会参照同样的方式，不再忌惮公开自己的担忧，从而能够更加专心地做好自己的事情。这也正是你作为他们的领导最乐于见到的。

你感觉怎么样
轻松分享自己的生活

我在法国的实验室负责技术管理一年后，团队的工作热情发生了显著变化。从战略方向、竞争能力的重新定位和调整到谋求市场推广部门的肯定和支持，当初我是从诸多环节同时入手和推进的，我想使他们共同参与我所界定的新型团队的行动。由于变革涉及面太广，所以也并不是一件容易做到的事。当时，我曾为自己领导团队的无能而感到灰心。尤其是针对团队文化的改变，我感觉自己应该做的是将那些占有各种机会和资源的人从惬意的权威状态中拉出来，调整到个人权威性相对微小的授权和问责的工作模式。但我感到自己为此做出的所有努力都是徒劳的，我觉察到阻止这种变化发生的背后存在着某种文化惯性的力量。某天早上，在一次员工例会上，我向他们公开表达了自己的想法，我对这种连根针都不能移动的现实感到无力和沮丧。我对随之而来的热烈议论

三
放飞创造力，实现价值

丝毫不惊奇，尽管员工中的一部分人或许并不期待看到这样的结果，而对于其他一些人来说，甚至可以说是感觉很不舒服了。我也并不认为，到了下个月还会有人对这件事感到好奇。回到办公室，我照旧每天能收到只有法国工匠才能生产出的陶罐中插放的鲜花。作为一个艺术爱好者，我会被任何美丽和体贴的事物所触动，然而真正打动我的是其中夹杂的某些信息。这份来自某位员工的礼物，反映出他在团队发生了激烈争执的日子里，依然保持着一颗平静的心，做着他认为该做的事情。这个行为，我把它简单地解读为："谢谢你，琳娜！感谢你开放了自己，并告诉了我们什么是真正的领导力。"这让我感到很温暖。

所以，将你的忧虑和关注都化作力量，开启和分享你的梦想。在实现计划中遇到的困难，会因你的坚持而翻转成挽救颓势的力量。只要你敞开心扉，"你感觉如何"这样的关心就会时时出现在你的面前。你会发现那些有别于自己认识，来自不同观点和角度的透视会帮助你调整适合的焦点。不要认定只有自己的想法是真理，要用公开、透明的交流使自己保持清醒，要充分发挥团队中每个人的优点，汇集群体的智慧，还要尊重所有人的观点，听取每个人的意见。

毋庸置疑，通过公开、透明的交流方式，能使人们更容易地获得成功的结果，更重要的是其在应对困难时所能发挥的作用。在经济面临极大的困境、危机而影响到整个团队时，你是否会对团队成员隐瞒某些敏感信息呢？其实，这个时候是最需要公开、透明的时刻。并不是要你把办公桌上本属保密的所有信息都泄露给员工，也不建议出于某种保护目的而粉饰信息的真实性。这是对员工的一种尊重，要理解他们有权利知道事实的真相，要相信他们具备分辨真相的智慧，这足以帮助他们走出迷茫，并能以建设性的方式灵活地传递这些信息。

诚信

康宁公司是一家在指导大规模外部经营及处理日常内部行政两方面都有明确价值观的公司。这种经过公司高层及中层管理者们共同磋商达成共识后的价值观，呈现在公司的每间办公室、每处厂房和每个角落里。我为自己团队创建的价值观并没有游离于公司整体价值观之外，而是更加体现出团队使命和具体价值。在这个意义上，公司的价值观成了团队文化建设的基础。我只要清晰地把康宁公司的价值观引导进自己的团队，就可以保证团队具备正确的价值观，而不需要另起炉灶，再创建一套所谓的价值体系。

作为特例，我在团队的价值观中加入了诚信的条例。对此项条例强调的力度，虽说没在康宁公司价值底线的基础上达到倍增，但仍然显示出我们特别重视。这不仅是团队自身设置的底线，也是我们在实际工作中必须固守的原则：诚实和守信。恪守诚信，即意味着人们要信守自己的承诺，言行一致，承担和履行应尽的责任和义务，这是诚信的本质。而作为领导者，这是你对自己和团队提出的要求。诚信是一种无情的价值观，如果不能坚持不懈地努力追求，很可能给人带来无尽的痛苦，哪怕最小程度的有违诚信的承诺，都会增加内心的痛苦，导致更加痛苦的结果。

以技术立足的公司，其生存发展的状态取决于他们所拥有的专利清单的综合实力。公司自身的底气也是建立在专利所拥有的巨大价值上的。事业的盛衰、公司的兴亡都与专利价值高度相关。所以，像康宁这样的公司，就必须把用于技术

三
放飞创造力，实现价值

研发的投资维持在一个健康的规模和水平上，以确保公司拥有的专利清单适应商业战略的发展需求，而且必须确保这些专利持有权的安全、稳固。一旦出现索赔情况，必须做到明确条款、清晰记录，并务必使专利持有人的资格处于不容置疑的地位。从技术革新给社会带来的各方面影响来看，专利持有这件事似乎是一个烫手的山芋，其法律界定也不是十分清楚。专利持有者，或者说发明人，在索赔官司中至少应该被视为某种原始想法的贡献者，而不能只是简单理解为做这件事的人。一旦争执发生，以及涉及征税等相关问题，团队往往会以集体拥有发明专利的手段来搪塞或规避监督者的惩戒。

谁是发明者
要有勇气解决棘手的问题

我们团队中有一位产品科学家——罗纳德·昆比——一位非常有价值的发明家。他有着敏锐发现问题和运用合理化技术解决问题的超凡能力。他热衷于社交而且兴趣广泛，不仅是一位优秀的电子工程师，还是一位音乐家、狂热的徒步行走者、健美爱好者。他喜欢和所有人打交道，并愿意把工作中积累的宝贵经验分享给他人。罗纳德是我们团队中少数几个行动不受任何限制的人之一。他具有敏锐的嗅觉，对自己感兴趣的事情会完成得比任何上级交代的任务都要出色。他总是能搞出些发明，这样一来，他也就不太介意专利保护的事情。有一次，罗纳德不请自来，插手团队的某项研究工作，而这个项目中的一些参与者来自陶瓷团队，他们向我汇报了这件事。当时这个项目的专利还处于拟定阶段，尚未生效，我从研究人员那里听到了抱怨的声音。他们对罗纳德的做法表示了

IDEA
AGENT

强烈的不满，认为他的方案完全是在他们的想法的基础上实施的，根本不是他自己的想法能够完成的。于是，双方陷入了棘手的长期追诉当中。确实，这是一个应该弄清楚的重要问题，因为这涉及谁是专利的发明者，以及最初的想法和什么时候开始实施等细节问题。如果不能正确地对上述问题做出评估，就会让专利失去效能。它牵涉的不仅是科学家、工程师、管理者、专利律师，以及研究、发明、制造等表面上看得见的问题，而且还涉及对发明或专利的具体日期，以及相关数据等问题的不同诠释和理解。这不是一场普通的"官司"，不会给任何人带来好处。但是，这个争议的产生还是很有价值的，在奉行团队诚信的价值观和维护专利的正常合法性上具有同样重要的意义。这样的分歧及对不同意见的化解，还可以使团队中的研究者们进一步加深对诚信的理解，以便他们在未来遇到同样问题时，能够保持足够的自信。最后，关于这项专利的合法性及归属，并没有成为所谓发明人个人"得利"的申述理由，因为它包含了所有参与者的最初想法和贡献。因此，自然也就不属于罗纳德个人。

尽力维持赛场秩序，是裁判仲裁纠纷的原则，处理产权关系，也是如此。能够澄清真正的"发明者"做出的贡献并予以公示，这样的结果足以抵消处理过程中带给领导者的所有痛苦。营造一个创造性、开放性、适于群体发挥的个性空间，就会找到足够多的应对措施，并从中选出最合适的方法来解决所面临的棘手问题。但是，如果在这个过程中没有为个体留出充分的空间，那么最终就可能对相关涉事者造成某种伤害。严重的甚至会让当事者产生某种错觉，认为自己生命的尊严或底线受到了某种不公的挑战。反之，如果采用的方法不是束缚当事者的手脚，

三
放飞创造力，实现价值

而是提供一种宽松的环境，那么他们或许能与领导达成某种信任和谅解，从而使自己成为"独特"的典范。但有时，也要直面贡献者的利益被侵占或被刻意忽视的残酷现实，以及由此带来的对创造性精神的抑制。这时候，领导者就要屈尊就驾，去安抚相关者的情绪，重振他们的士气，再树他们的信心。

激情

作为领导者，所承担的责任无非就是为他人的成功提供服务和支持。没有什么比帮助他人获得成功更美好的事情了。挖掘他人的潜能是实现成功的基础，其核心驱动力则是激情。理想的状态是像罗伯特·弗斯特所描述的那样，将劳逸完美地结合在一起，做自己愿意做的事情，使工作成为乐趣，并最终实现自己努力追求的目标。

作为领导者，你处在一个令人羡慕和惹人关注的位置。你有机会帮助他人将工作和业余时间整合起来，让他们在愉悦的状态下，享受工作和生活带来的成功。开始，你通常是凭直觉、无意识地做起，逐渐意识到他人身上所蕴藏的各种潜能，然后，通过提拔和奖励，让他们认清并重视自身的价值。在这个过程中，并不是要用你自身的价值和选择去替代和影响他人的意识使其做出甄别和判断，而是要开启他们自身的觉悟之门。

在了解了你的意图之后，他们遇到歧路时能做出自己的抉择，或者在遭遇事业低俗时依然能按照自己选择的道路前进。这对于每个人来说，都是很有价值的体验。拥有了这些，他们就已经到达了觉悟的门前，就会知道自己究竟是谁，自身能量的源泉所在，以及此生的终极目标在何处了。他们的工作和生活被设置成

IDEA
AGENT

不同的阶段，同样都要经历痛苦的摸索、探究阶段，而每个阶段都需要得到有力的引导和支持。尤其是当人们试图展现一个新的自我或变换一种新的生活方式时，都会显露出柔弱的一面。这个阶段正是需要我们提携和保护的时候，一直要等到他们自身成长得足够强大了，才能够依靠自己的能力去独立打拼。作为领导者，当我们面对不同的个案时，要起到督导的作用，为每个人找到适合自己发展的路径，从而使他们能够把握命运，实现自我圆满的人生。

跟着自己的感觉走
顺应激情和生命的召唤

这些年来，作为导师和教练，我培训和督导了很多学员。每个人的目标和情况都不相同，而学员的个性更是千差万别。然而，他们向督导提出的问题常常是相同的。"我应该做什么？""你想要做什么？""你要的是发展还是研究？""你想要顺从管理，还是坚持己见？""你要的是承担一份新工作，还是继续忍受目前的状态？"我的回答则一率都是："我想要做什么并不重要。你的感觉才是最重要的，问题是你现在希望做什么。"当然，这其中隐藏了我们希望进行研究的想法，但当下重要的是要知道你究竟想做什么。首先让直觉引导你的判断，然后顺应激情和生命的召唤，踏上积极的探索之路。

作为领导者，当你自身达到了可以去拓展新事业、实现更高理想的时候，就有了帮助他人获得更大成功的能力，可以为他人的成功提供所需的资源。这甚至可以理解为你提携了某人，使他从团队中脱颖而出成为出类拔萃的人。是的，团

三

放飞创造力，实现价值

队文化建设的一部分功能就是不能扼杀创造。缺乏创造会令本应振翅高飞的人才，因失去了翱翔的天空而离开。对于领导者来说，这是一种对自己是否具有辨识人才能力的考验，通过你的甄别遴选，可以帮助少数具有优秀素质同时兼备领导才能的科学家，实现其成为成功管理者的愿景。

信任

信任是一种脆弱却很重要的价值观，是人际交往中履行所有行为的基础，属于尚未稳固的某种关系，同时信任也是卓越表现的基础。在某些情况下，信任很难言说，也很难把握。我们深知信任的不可言说，同时也笃信获得信任的重要性。信任要从反复积累的经验中获得，要从智慧的觉悟中得到支持，要从他人的成绩和贡献中得到认可。所以，团队中的信任感，只有在持之以恒的浇灌下才能渐进地培养出来。最终，你是否秉持着透明、诚信及尊重的价值观，将会成为你在生活和工作中能否得到信任的基础。

表达信任的方式被公认为坦诚、公开、交流、沟通，以及回馈的主观意愿。他们要在诸多方面达成共识，要有共同面对危机、分担风险的勇气，并且还要做到尊重彼此不同的内在情感，如此才能聚集成一个彼此互信的团队。在这样的团队里，你注意到了他们的存在，仅仅是建立信任关系的开始，而这个时候也正是他们寻求你的支持，希望彼此适应、增进了解的重要阶段。

最好的表达信任的方式是把自己的未来托付给他人，并跟随着他的指引踏入一片未知的疆域，寻找一种我们自身都无法勾勒和想象的可能。

共舞
相信舞伴，跟随他的脚步起舞

在我的建议下，提姆·库博，这个擅长交际舞的物理学家，产生了把自己的工作重心从基础研究中的数学统计转移到应用项目的计划上去的想法。对于我来说，这是一种信任的表达，但对于他来说则是生活中出现了一个未知的变量。以前他还从来没有过这样的经历——接受他人的影响或给予他人有价值的建议。他还不太习惯相信别人，他认为过分的相信中对自身而言有某种潜在风险。

信任最终会带来结果
相信付出总有回报

我开始逐渐了解约翰·泰勒，还是他从熔炼技术团队加入玻璃研发团队成为我的下属以后的事。他的兴趣极为广泛，从古董车修复到帆船航海，还喜欢拉大提琴、唱歌。他身上聚集的这些特点肯定与传统意义上的工程师定义相违背。确切地说，这更像是一个艺术家的作为。他身上充满了年轻人的能量，他精神亢奋，有着各种激情的想法和观点，愿意做人与事之间的沟通桥梁。他还是个相信未来的理想主义者，同时是个虔诚的利他主义者。然而对他来说，有时利他的想法和沟通会伴随出现一种不幸的结果。他想做的事常常会在深思熟虑之前就动手了。

他已经意识到了这个问题，但他自己解释说："即使我弄糟了什么事情，我也没必要再去花精力解决这些弄糟的事情了。"正因上述种种，

三
放飞创造力，实现价值

在那段时间里，我与他建立起了亲密的关系。在专业技术方面，我不能给他提供任何的帮助，他在自己熟悉的玻璃熔炼领域中，完全是一个强势的技术领导者。他能很快地找到方向，规划出路线，取得革命性的成果。在从玻璃熔炼技术的研究向无缝玻璃制造中化学燃烧方法的研究转型过渡阶段，他迅速地启动了项目，并很快扩大了规模，同时还获得了其他项目团队的支持和参与。我能为他做的就是去应对他在自身角色、团队参与、多种想法，以及外联方式中出现的各种问题。这将有助于他的各种新颖想法和建议对他人产生预期的效果。我很高兴看到他指导并带领团队，共同营造出了一个积极主动、充满激情的工作环境。

约翰·泰勒活跃和影响的范围，远远超出了康宁公司的领域而扩散到了全球。他凭借自身的魅力，建立起了一种有效的话语权，改变了整个世界玻璃熔炼技术的格局。他在属于自己的环境中陶醉，充满了工作的激情和动力。这些也有赖于他对卓越和诚信的坚守。尽管他已经习惯于相信他的同事、他的环境，以及他的领导。但是，他那种对周围环境所持的无条件的信任态度，足够引起所有人的惊喜。

约翰·泰勒也了解我作为领导在面对大幅度裁员的抉择时所经受的痛苦，他看出我在为留住妻子却要将丈夫裁去，留住父亲而不得不让儿子离去这样的抉择而犯难。他向我递交了一份要求提前退休的报告，以便能让团队中其他年轻的专家留下。这可不是做出某种慷慨姿态那样简单的事，而是会涉及他在团队中的信仰、威望。他说："这决定，要由你来下！我相信，你能拿出让所有人都接受并满意的结果。"在他的信任下，约翰给了我做出足以改变他生活轨迹的最终抉择的权利，这是一种绝对信任和支持的象征。我做不到，我不能对他做出这样的决定，要由他自己来抉择。尽管事情已经过去很长时间，但直到今天，他对我的那种信任还令我难忘和感动。

他并没有为退休做好准备。从他做出决定后的行动和表现，证明了他对工作依然保持着浓厚的兴趣。他继续在玻璃熔炼技术领域忙碌着，以国际领先的水平在全世界主要玻璃企业中都发挥着咨询指导的作用。在技术理念和项目的交流中，他的视野及追求改变了整个世界玻璃熔炼技术的格局。我对他的激情及梦想，一如既往地保持着关注，并衷心地希望他能与我分享他的成功与快乐。

严谨

有价值的科学研究是在符合科学方法的基础上取得客观性、假设性、实验性的成果并最终形成相关的理论。方法的误差可以使结果背离重要的参数而导致最终的失败。创新，当然势在必行。但无论是在制造现场、结构工地，还是在实验室中，任何团队所得出的研究结果，要想经得起时间的重复验证，都必须遵循严谨这一要素。

在任何领域里，严谨都是评估一项科学工作质量好坏的基础。严谨不仅是好的工作标准的需要，而且也是构成团队文化的基本元素。通过坚守严谨原则，可以让团队思想得以渗透并彰显在每个重要的相关行为中。当谈到追求卓越目标的计划时，遵循严谨的态度不仅意味着要追求实践结果的"良好"或"优秀"，还能使实现梦想、验证假设、探寻理论和实践之间的矛盾变得更加清晰和明确。恪

三
放飞创造力，实现价值

守严谨就是要在一个新的实践中做到一丝不苟。严谨意味着在过程中做到认真记录、细致规划。严谨指导下的生产充分体现在先有科学理论，再有结果论证，最终完成生产的精细过程。而这最终的结果将会是值得信赖的，它所呈现出的文化是令人尊崇的，其结果就必然是令人信服和可靠的。这将是你的团队从所依靠的组织结构中争取到的最起码的支持，它包括从客户、代理商、关系人，以及赞助商那里得到的支持，从而成为支撑团队长久生存的永恒动力。通过坚持不懈地努力，你会发现，遵循严谨的职业习惯，将会成为你所有言行的基础。其益处将惠及每个个体和组织，是值得团队依赖并付出努力来拥有的正能量。

结果

对于团队创新要求的期许，无论是在高科技还是在医疗方面，甚至是电影拍摄技术领域，无非都是为了得到最终的结果。在团队里存在一个微妙的平衡，即所谓的"创造性张力"。它存在于真正释放创造才能的研究者与利用自己的能力提供实用性产品并保障日常收入的工作者之间。压抑状态下的创造及你所能预见到的某种边缘性的进步，并不能带来竞争力的飞跃，只有真正地让自由纵情奔跑，冒险去尝试各种新鲜的事物，才有可能触动客户的需求，并得到丰厚的回报。

在构建结果导向的文化的过程中，有两个因素非常重要。首先，要放宽对"结果"的界定，结果并不意味着要稀释和冲淡效果的重要性，而是以对自己承担使命的真正理解为前提，重新界定结果，这意味着最终要实现结果并能够为勘验这种结果提供一种现实操作的可能。有形的结果会让顾客或消费者愿意支付、使用，以及习惯性地应用——诸如他们在日常家庭生活中赖以传递信息的光纤技术、能够挽救患者生命的心脏外科手术，或者新的建筑设计——这些都很容易让你联想、归纳到有形的"结果"上来。

这些有形的结果并不是凭空产生的。在每项具体产品和工艺的背后，都有着对周边相关科学、艺术和技术的基础理解，以及跳跃性思维形成的框架结构。作为一个领导者，要想具备国际视野并构建一个具有世界影响力的大型企业，使企业始终保持创造活力，就要懂得任何产品除了要得到一个专利的申请、一项科学的发明，以及一个国际科学领域的认可，还要重视并宣传与产品价值链相关的各种信息，为实现最终突破做好必要的铺垫。

当然，我们还要提及的另一个因素是与表彰和激励相关的，唯有如此才能使结果更加圆满。从已经证明了的结果中得知，真正意义上的成就感确实是一种产生于自身创造性思维的、令人瞩目的驱动能力。而人们在这种成就感中所得到的，还包括领导对其能力的认可、祝贺以及对其取得的成绩的奖励等带来的另一层意义上的肯定。通常人们在得到认可和被他人关注时，会产生某种不适，甚者还会产生某种被裹挟的感觉，这种瞩目和紧张带来的压力将成为变革团队工作中的常态，团队最终会从中获益。所以，领导者要尽可能地在团队中建立起激发成就感的真正文化，在员工的公、私两方面，都要承认和尊重他们的价值，奖励和激励他们的成就。无论最终取得成就的可能性有多大，团队都应该努力提倡这样的氛围，不要抑制激情的释放，只有在激励文化的土壤中，才有可能催生出更多的研究硕果。

行动贵在坚持，每个人都应该通过持续的努力树立起自己的价值观，并尽可能地去影响他人的行为。即使当自己处于逆境，或者迫于管理的压力而做着自己并不完全中意的事情，但只要是在坚持基本价值观的前提下，为了适应周围的具

三
放飞创造力，实现价值

体环境也可以做出某种程度的妥协，这样，团队中的卓越人才就都能跟上你的步调，做到同步前行。作为领导者，重要的是要保持价值观的稳定，这是构建团队创造性文化、保障团队繁荣发展的基础。在实际中，这样的价值观将会惠及你个人的任何方面，包括技术能力、幽默感、面对挫折时的勇气、客观看待事物的态度、对他人表现出的尊重和体贴，以及自身拥有的独特的气质与魅力。只要做到了这些，员工就能感受到你的存在，就会因此对你产生应有的尊重和敬仰，从而增加团队的凝聚力。是的，我相信在实际的工作中，员工带给你的绝不仅仅是开心的事情，他们也会给你带来不适，甚至痛苦的感觉，但只要你以身作则，员工就会跟随你的足迹前行，并在你最需要他们的时候得到他们的理解和支持，他们会愿意为你分担痛苦，为你付出他们愿意做出的牺牲，成为你最忠实的合作者。

我的个人经历
热带雨林中的卓越追求

在与研究生交流的时候,我都会提醒他们,尽管研究生的生活是艰苦的,但对于他们的未来,这却是一段应该珍惜的宝贵时光。在这段尚需某种制约的日子中,他们依然可以为自己的未来发展保留多种选择的可能。这是他们值得记住的,或许是一生中最幸福的阶段。我自己就是在这个阶段受到了两个人的影响,他们就是我的导师安迪·波特曼和他的妻子凯瑟恩。凯瑟恩是一位多才多艺,熟谙各种纺织技巧的杰出女性。她为我打开了通往编织世界的大门,给我插上探索趣味事物的翅膀,使我终生都热衷于原创时装艺术的设计与制作。这份爱好使我在感到消沉和绝望的时候仍能保持生活的热情。正是由于受到了他们二位的交叉影响,我对那段研究生生活的记忆是一种被释放的感觉,为我在新的愿景、新的行为影响下开启了一扇全新的大门,从而窥视到一个崭新的世界。也正是带着这样一种精神,从斯坦福大学毕业后,我又踏上了博士后研究的新的冒险征程。

很多年前,在哥伦比亚读大学期间,我读过一篇发表于 20 世纪 50 年代早期的某个地质学家写的文章。作者参加了壳牌石油的勘探开发,还在戈尔戈纳岛——一个离哥伦比亚太平洋海岸超过 40 英里的无人岛上发现了一些不常见的岩石。

我的个人经历
热带雨林中的卓越追求

那个时期的科学文献上还没有过这样的报道，那些岩石很多年来一直处于未分类的状态。对于搞科学的人来说，好奇心是比什么都重要的品质。它们是那么耐人寻味，我把与此相关的文献都放在一个金属文件柜里，当我在斯坦福大学开始阅读关于科马提岩的论文和参加相关的讲座时，这些文献都还在触手可及的地方。科马提岩是在太古地形中才能找到的某种特殊岩石，那是在地球最远古的时代，其展示出的矿物脉相和纹理，使我想起了戈尔戈纳岛上那些岩石的形象。这些现在被称作科马提岩而当时尚未被科学分类的岩石，最初是在南非或澳大利亚被人们发现并引起关注的吗？科马提岩的存在意味着在地球深处形成的熔岩流是需要极高的温度的，它被证明是由于受到地球上最古老地形的限制所致，这种地形构造是因为地球内部的温度极高而产生的。因此，科马提岩被认为是与新生地形不符的、古老的地质构造。但所有的地质观点都不会认为戈尔戈纳岛这个随时发生地质变化的年轻岛屿形成的时间会接近地球的太古期。但这也正是它诱人的地方，这样的悖论恰好让我找到了自己的研究方向，我就此开题完成了博士论文，并得到了极高的评价。

到了华盛顿后，我在卡内基研究所开始了新的博士后研究生活。在我把研究报告提交给导师皮特·布鲁霍夫之前，根本没有时间去拆封我的行李。导师皮特是位德国地质化学家，我被安排跟随他进行研究工作。他涉猎广泛，非常睿智，嗜饮红酒，生活有滋有味。他在地质化学的相关专业上无疑已达到了极高的造诣。皮特的周围吸引了一批最优秀的研究合作者，他们和他一样周身都充满了乐观的气质。最终，他被提升为位于德国美因茨的马克斯·普朗克研究所的领头人，该研究所轻而易举地就成为那个时期在世界范围内最具声誉的国家级研究机构，他本人也获得了国际学术领域的美誉。因此，当他对我要研究戈尔戈纳岛上岩石的

IDEA
AGENT

  想法给出热情的答复后，我受到了很大的鼓舞，并促使我在随后的 3 年跟随他到德国进行研修。

  当我到达华盛顿时，哥伦比亚政府已经在戈尔戈纳岛上建起了一座关押最危险犯人的监狱。以前的无人岛，后来被命名为戈尔戈纳岛，意思是蛇发女妖岛，它得名于希腊神话传说。据一位来自西班牙远征者中的叫皮萨罗的船员说，他们在某次航行中因登上这个热带小岛休息，致使超过 60% 的船员被毒蛇啮咬而丢掉了性命。很显然，在判断这座小岛上的致命毒蛇的威胁上，哥伦比亚政府并没有犯相同的错误。他们在惊涛拍岸的悬崖峭壁上建立起的监狱，无疑是最理想、最具国家安全性的场所，简直可以和魔鬼岛媲美。

  要去这样的岛上旅行、停留，以及进行野外调查，所需准备的物资一定要考虑到持久性和突发性这两种可能。作为这个项目的主要研究者，我自然要承担起这些责任。对于我来说，这是第一次旅行。我负责招聘来了卡洛斯·贝莱斯，他是一位对哥伦比亚的地质调查有着丰富现场经验的熟练的地质学家，他有很强的能力可以很好地为我们服务。在卡洛斯的建议下，我又招募进了爱德华多·利蒙，他是国家正统学院派学者中一直对戈尔戈纳岛上的生物多样性环境保持着长期研究兴趣的人之一。我们每周两次乘坐很原始的船只登岛，它是从布埃纳文图拉港口出发的，船只采用噪声很大的引擎驱动，乘客和货物混载，40 海里的距离要用上 16 小时才能到达。我们就是以这样的方式，结成了一个三人党。

  上岛后，我们找到了所有想找的东西。负责保卫这块流放地的卫兵们，为我们找到了一处原本是分配给牧师住的房子，它是这个岛上 16 座排列整齐的建筑中的一座。同时，他们还替我们招募了一位志愿者，他现在还是囚徒身份，曾因谋杀罪被判刑 27 年，现在接近服刑的尾声了，他以前曾经是有名的游击队员，

我的个人经历
热带雨林中的卓越追求

非常熟悉附近的丛林地形,他可以做我们的野外向导。为了确保我们的安全,他还邀请了一个年轻的狱警加入我们的团队。还有一个问题,是要将抗蛇毒血清保存在低温状态下从而在必要时使用。可是这个岛上,午夜后就要关闭所有的发电机。所以,最大的希望是指望我们有足够好的运气。

岛上探险成了我人生经历中的一次独特体验。各种裸露的岩石,猴子在绝境中攀缘,无人涉足的密林要用砍刀开路才能前进,渴了喝野生的椰子水,随处是棘手的棕榈树、湿滑难行的斜坡、高耸的崖壁、汹涌咆哮的海浪。这一切对于我来说,都是一种充满了刺激和挑战的经验。而每种岩石的发现都会令我激动不已,其中的一些"现象",我相信是任何人都没有遇见过的。很多地面上都覆盖着岩石,我不想失去任何一个观察的机会。没有时间可以荒废,我要求团队做到最好。

在丛林里的午餐休息间隙,我们会从向导那里学习在热带雨林中生活的技巧,他教给我们在遇到各类毒蛇时要注意的事情,其中很多蛇的名字我甚至都没有听说过,他也仅仅是能够分辨出它们的特征。在徒步跋涉时,我们只能沿着向导用砍刀开出的路径,遵从他的指令,轮流跟着他,单列前行。他用经验告诉我们,砍刀发出的声音可以惊扰到睡眠中的毒蛇,而从后面尾随者的足音里,就可以觉察出猛兽是否处于攻击的位置。这些经验对我们所有人都是大有裨益的。经过了几天这样的野外生活,我能够听到背后传来有节奏的拍手声,它不是偶然出现的,而是连续一整天都可以听到。后来发现,是爱德华多因为对毒蛇的恐惧,所以用拍手来给自己壮胆。他自己的解释是为了避免毒蛇被开路的砍刀伤到。我们尽量让他分心,让他在所有时间里都跟着向导,排在队列中的第3个位置行走,这个位置可以尽量避免被毒蛇咬到。而在夜里被毒蛇啮咬属于低概率事件,这时就没有必要那样呵护他了。随着时间推移,他逐渐适应了这种状况,开始淡忘了恐惧

IDEA
AGENT

　　对他的控制。然而，他的这种非理性恐惧，开始给团队带来影响。很快，卡洛斯和向导就想知道，我们是否可以把活动区域从远离岛屿的丛林内部，转移到局限在岛屿周边的那些遍生着迷人椰林的沙滩上。很显然，爱德华多的恐惧对我们的工作产生了负面的影响。

　　地质学，是一门在野外进行观察，以及对采集到的数据、标本进行科学诠释的学科。野外调查工作的质量并非简单依赖于机械的观察和采集到的岩石样本，而是需要在挑战自然条件的环境中，凭借敏锐的科学嗅觉和专注于工作的能力，以求得到开创性的发现。做到内心不受恐惧的惊扰，注意后勤保障的细节，充分考虑更多其他或许能引起分心的事情。这一切都是为了防止在抽象思维中，在对野外中发现的少量数据的细节分析时，受到某种既成印象的干扰。爱德华多的行为，不仅打击了团队的士气，还直接影响到我们观察和采集信息的能力，因此也就降低了这次调查探险本身的既定目标。他那种不停分散注意力的行为，使本应仔细观察自然界中这种独特岩石的状态受到影响，从而也使了解这些岩石与岛屿之间形成的关系这一任务变得几乎不可能完成。

　　卡洛斯将他对这件事的看法告诉了我作为参考。尽管他是一个资深的地质学家，具有丰富的野外考察经验，态度也很坚决。他认为我们这次探险最终想达到的效果，可能并不会受到爱德华多情绪的影响。但是，从我的角度出发，情况则很清楚。尽管，我是迄今为止职业团队中最年轻的成员，但决定探险是否成功的责任却落在我的肩膀上。戈尔戈纳不是一个用周末度假的方式，就能登上去游玩的普通小岛，这次工作的潜在意义非常重要，成功完成这次使命的意义还在于通过获得的显著成果来勘验自己领导团队的能力。从主要负责这个流放岛屿的军警那里，我找到了往返船只的时刻表。于是，爱德华多被安排登上了靠近戈尔戈纳

我的个人经历
热带雨林中的卓越追求

岛海岸的下一班船只,返回哥伦比亚大陆去了。

附笔:我们多年来的工作,以及后来有关该岛的地质出版文献都表明在戈尔戈纳岛上发现的这种耐人寻味的岩石确实是科马提岩石。而这个发现,需要我们对它们的形成进行不同的理论解释。

幸运的是,我们一直都没有用上抗蛇毒血清,现在仍然带着它到处行走。

四

追求卓越，丰富生活

　　将最优秀的人才组合在一起并确定好价值取向，就是为一个团队培养其"个性"打下的坚实基础。让你的团队，从个人到集体，都形成自觉行为，并且为他们的才能和创新开辟自由发展的空间，是成功的另一重要因素。还有一点具有举足轻重的意义，那就是如何将日常工作与终极目标有机地结合起来。换句话说，人们既要有远大理想，又必须有脚踏实地的工作态度。正如彼得·布洛克所说——领导者面临的挑战是：要以最大的勇气和无比的坚定去追寻我们的理想。

　　追求卓越绝不是去创造完美，而是向人们灌输一种把工作做到极致的精神。我们可以预期事情的结果，我们可以从事情是"如何"做的及取得了"怎样"的结果中找到必然联系。达萨是众多领导者中的一位，他告诉我，所谓表现优异，就是敬业和对工作的无私奉献，而绝非证明自己有多么优秀；它是一种对自身价值的肯定，而不是自我怀疑和唯唯诺诺；它给人带来激情，一种正能量，足以抵消人们的焦虑和对失败的恐惧；它是一种自身修正错误的能力，而绝非总是抱怨和惩罚，或者贬低他人；它是寻求不断取得进步，而绝非让"一举成功"的念头

四
追求卓越，丰富生活

限制了你的发展。在目标实现之后，一个领导者的优异表现在他为大家庆祝成功，而不是沉浸在成功之中，沾沾自喜。

一个领导者需要引领团队，为他们指明方向并激发他们的工作积极性以争取最佳结果。要想做到这一点，你必须以身作则。你制定的要求自己必须首先做到，你制定的规则自己必须首先遵守，而且你在向下属介绍这些规则时，自己要处处率先垂范。使团队取得最佳表现有两个关键要素。第一，是对于工作的期望必须讲得一清二楚，绝不能只是上台训训话而已，而是要贯彻到每项具体工作，每项具体建议。它要直接而具有针对性——直接针对接受者。领导者一定先要问问自己，是否一切都交代清楚了，因为领导有一个新想法时往往会得意忘形，他只是向下属下达指令安排他们去做"什么"，而忽略了告诉他们应该"怎样"去做。如果你不能具体交代他们应该怎样去做，可能造成方方面面的混乱和困惑。

第二，是始终如———但并不意味着僵化保守——恪守你的预期目标。很显然，你对团队中的每个成员的了解——他们的爱好、技能和希冀——能够帮助你物色人选和安排工作，从而达到你的预期目标。你对事物的预期可能要因人而异、因环境而异、因员工的工作表现而异。但你的预期目标如同价值观念，却不能随不同性格的人而调整，区别对待。对团队士气和业绩伤害最大的莫过于存在某些永远正确、"不可触犯"的人物。

领导者的核心素质就是要无条件地支持员工，对他们所从事的工作表现出浓厚的兴趣，举手投足都要表现出真诚，要让所有员工感同身受。领导者的其他举止都要体现这种精神，全力支持自己的团队，要转化为一种精益求精的文化。

对工作的精益求精需要双方共同努力，它是一种责任制：授权意味着员工得到领导的任命，他必须全力以赴，创造佳绩，而领导则通过授权让员工感到自己一定能得到大力支持。要想出现这样的局面，身为领导者，我们有责任将预期目标清晰地告知给所有团队成员，并且通过自身的行为表明对团队的支持，同时使员工放心：他们完全有理由相信可以得到领导的支持。

在向员工表明我会让他们充分展示自己的才智技能的同时，我还要进一步将这种期待发挥到极致。了解每位员工，挖掘他们的潜力，对他们成绩和贡献表示认可，并在全公司"张榜表彰他们"来兑现我对他们的支持。

同样，在向他们表明我希望他们兼备灵活性和适应性的同时，还要有勇气，大胆直言。在此，我再次申明，了解每位员工、每个团队和公司发展的原动力是我的责任，其目的就是更好地支持他们，使他们事业有成，不断进步，并且在了解和表彰他们个人优良品质的同时，给予他们有力的支持。身为领导者，你要把这种指引、劝导工作纳入每日的常规工作，这会加深员工对你的信任感。

对领导者的预期

坚持高标准、严要求的原则具有极其重要和丰富的内涵，我们要将其贯穿团队活动的全过程。要为你坚信和恪守的创新争优的原则下定义，并且不遗余力地去追求它。如果我们不严格界定一些具体的原则和行为，创新争优的概念就只能停留在口头上，而不能落实到日常的工作和行为上。在我最初与团队成员交流时，他们总是听到我向他们道出我对他们每个人的期待。

使下属人尽其才

表彰个人与干好工作之间有着密切联系。只有在工作中展示你的能力，你才

四
追求卓越，丰富生活

能发现自己有多么优秀。我对此非常重视，并且得到充分的证实——有些来自我个人，也有些来自同业人士——这对于个人业务能力的提高和个人成长极有帮助。但这只是我的一己之见，不必强求。我期待团队中的每个人清楚地了解他们具备何种能力，并且愿意使其更加精湛，从而使他们随时听从内心的召唤"我知道自己的能力，虽然我还不知道我为什么会有这样的能力"，这样他们会将自己的专业水平推向理想的高度。我期待他们了解自己可以超越哪一层次，他们的专业水平可以达到哪一高度，并且可以不断努力超越自己。这会使他们进入前人从未达到的境界。

灵活性与适应性

强硬到了极致就是铁板一块。人走到这一步会成为孤家寡人，机会尽失。因此，在社会发生变革的时候如果一个人我行我素、因循守旧、故步自封，那是没有出路的。这一点无论是从社会层面还是技术层面来说都适用。我期待人们能够冲破自己思想中那舒适的摇篮而进入烈日下火热的沙滩，哪怕脚上烫出几个燎泡也在所不惜。要勇敢地走出去与自己不熟悉的人群联系，满腔热情地迎接新生事物，去感受一下异族音乐并随之起舞，再品尝一下风味佳肴，就像科学家将新的理念引入实验室，或者你在哼唱一支新学的曲子一样。

多走几步

无论是建筑业、医药业还是其他科技界——在任何行业进行大胆变革以求得突破的尝试——其失败的概率远远超过成功的概率，这样的变革只留下"精神可嘉"的美名，而没有达到目的，你仍然停留在原有的水平上。因此，你一定要奋力向前，下定决心，绝不后退。再多付出一些努力，奇迹或许就会发生。千万不可在这时掉链子。想干成一件事，不付出代价是不可能的。当然，我也并不鼓励人们逞匹夫之勇，盲目行事。但我真心希望他们此时能表现出一往无前的精神，不会"浅尝辄止"，而是继续努力，把自己的工作推向更高的水平。我也希望他们勇于承担风险，当然我并不鼓励在工作中一味蛮干。

精确掌控

我的员工常听我说这样的话："要成为专家，要扬名世界。"你要做的第一步就是将世界上最好的人才聚集到你的周围。第二步是为他们配备所有要素以便释放出他们所有的潜能。但如果到此而止，那么他们也难有所作为，很难达到他们事业的顶峰。我希望我手下的每位员工都能在他所从事的领域里成为专家，他们的业绩能够扬名世界。当然，我这里所说的"世界"要因人而异，对有些人来说是实验室，对有些人来说是大公司，对另一些人来说则是国际学术界和科技舞台。我希望他们在一个团体中发挥领军人的作用，希望他们争做各自领域的专家，希望他们创造出新的理念，希望他们成为解决各种难题的优秀管理者，希望他们成为国际科技界的佼佼者。

在其他方面，我强调对局面的掌控不能只专注于目的，即所谓"实际目标"，而是做好细致的幕后工作即"为什么要实现目标"。这绝不是使人热衷于或鼓励人证实自身价值，也不是为了得到他人的认可而炫耀自己。我们要让从业者明白精确掌控是创造力的基本要素，因为它是理念转化为现实的重要手段。它的重要性在于它超出了人的专业技能。从预期的目标来看，精确掌控为你的创造力开辟了广阔的空间，它给予人的成功希望远远超过知识、专业技术或某项特长。我衷

四
追求卓越，丰富生活

心希望精确掌控能够将洞察力、经验、智慧和技能合为一体。我希望自己的员工都能够成为专业上有所建树、人格上臻于完美的典范。由此，他们的所有行为都将是水到渠成、恰到好处的。这就是我要求工作人员、出租车司机、文字编辑和专业运动员要做到的精确掌控。

从辩论中受益

你可以问任何一位年轻的科学家，当他出席一次全国性会议并首次宣读自己论文时最纠结什么，他会告诉你他根本不担心论文的内容——因为他知道自己是这个领域的世界顶级专家——可以这么说，他的论文质量无可挑剔，但他担心有人会要求他回答这样的问题："人们对你的论文持何种态度，热烈还是苛刻？非议还是支持？你会被别人超越吗？"他的头脑中常常闪过这些问题，搞得她心神不定。作为圈内崭露头角的新人，他深知科技论坛中的辩论是必不可少的。在你回答了这些问题之后，针对你的研究提出的不同意见、反驳就会滚滚而来。我们都知道，一个充满活力和富有挑战的学术环境非常重要，大家相互交流意见能够增进了解，所以我希望人们不要怕意见不合，真理会越辩越明。这一点对于像康宁这样特别讲求"礼貌"的大公司尤为重要，因为这些公司不鼓励大家相互辩论。我并不主张大家凡事都要辩论，也不赞成通过辩论把自己的意见强加于人。我希望大家通过辩论明确思想、提升士气，并且能够将不同观点讲出来。这种交流一要语气和蔼，二要态度诚恳。确实有些人在大学里是辩论的高手，他们曾在辩论比赛中赢得满堂喝彩。我希望这些人不要太露锋芒，而另一些人则要敢于直言，不要把话憋在心里。

树立正气，给辩论营造良好氛围

要坚定自己的信念，捍卫你树立的榜样。把一件事情做成不是要你委曲求全，而是需要你全力以赴、勇于担当。这绝不是要你乖张无理，而是要坚定自信。我希望看到一种这样的人格魅力：循循善诱，让人心服口服，而又不丧失原则。

对自己有更高的要求

在别人面前炫耀自己是小孩子的把戏，按自己的节奏收放自如则显示出你精确掌控的能力。把自己最大的潜力挖掘出来吧，每时每刻，毫无保留。对于你周围的人也同样如此，因为你的团队圆满地完成了今天的工作，对于你今后事业的发展和成功具有同样重大的意义。

对于能力强、贡献大的人来说，这样的期望并不算高，也不会给他们带来太大的压力。相反，他们会理解你对他们寄予的厚望，因为我们只是要求那些杰出的人才充分挖掘出自己的潜能。

领导者的义务

从另一个角度来说，期望是双向的。作为领导者，你的团队同样对你有所期待，你不应该让他们失望。把事情做成功、创造辉煌不仅是员工的事，他们还会指望你作为他们的领导给予的支持。领导者的角色就是要处处为他们着想，为他们协调关系，为他们提供资源，保护他们的利益。在相互信任、相互尊重的氛围中，员工对他们的领导有同样高的期望是再正常不过的事了。他们希望看到领导具有高超的领导艺术，并且像他们一样有胆有识，积极热情。

四
追求卓越，丰富生活

领导者必须对他的每位员工负责，并且让他们知道你能为他们做什么。首先，你要向他们明确，带出一支优秀的团队是你义不容辞的责任，而且你要最大限度地提升每位员工的业务水平。就我个人来说，除了要完成管理团队的工作，我还要兑现他们对我的期望。

不断提高对自己和员工的要求

我一定要详细了解每位员工的情况——他们的能力、特长，以便帮助他们充分发挥出自己的潜能。要引导他们达到精确掌控的境界，做到游刃有余，但不要给他们施加压力。同时，对自己应有同样的要求。在情况紧急的时候牛仔常常会放松绳索而不是拉紧，但作为一名敬业的领导者，切不可心慈手软。

"永争第一"的口号常常给领导者带来压力。你需要经常整治你的队伍——这对于团队的成长壮大至关重要——有时你需要裁减或解雇一些人员，这会令你心情沉重。但领导者需要具备这样的心理素质，如果你没有裁减或解雇员工的大智大勇，那么将会累及团队的整体表现。

痛下决心
领导者的烦恼

为了挖掘他的闪光点并且帮助他发挥潜力，克里斯·比诺斯基被调到我下属的一个部门工作，此人一年来没少让他的上司费心。克里斯年轻聪明，能力非凡，干起工作来有一股子冲劲，他乐于与有经验的研究人员一起工作，喜欢被别人赏识，并且具备年轻的研究人员身上常有的素质。他有着良好的科研基础，性情很随和，但让他的上司特别头痛的

IDEA AGENT

是他不能专注于某个研究项目，不能认真讨论问题并发表有实质内容的看法。一旦出现这种情况，就找不到他的身影。刚一转到我的部门，他就和保罗·杰尼提建立了良好的工作关系。杰尼提很愿意在业务上指导他。我们尽量给他最好的机会，让他独立操作某些工作，但随时对他进行指点。我觉得重要的是给他留有足够的空间，而他过去所在部门的管理体制比较严格，束缚了他的手脚。

  我下属团队的一个最重要的特点是，每个人都要独立完成研究工作，这恰恰是克里斯的短板。他对信息的解读能力和对基本理念的解构能力十分欠缺。他缺少将观察得出的假设进一步演化的能力——这是形成科学原理的一个重要步骤——接下去就是信息积累、实物演示、研究和讨论。他仍然不愿意按照这个思路工作或在导师的指引下进行研究。其结果一目了然：他的科研能力和水平不能达标。如果这是克里斯的短板，那完全是他的态度造成的。如果他能修补自己的短板，将会对他日后的发展和业务提高大有好处，然而他依然故我，失去了这样的机会。我又煞费苦心给他换了一个岗位，希望他能反思自己的问题，但这次依然不见起色。在这个过程中，我始终以诚相待，但公司的精神是争优，要求每位员工必须创造佳绩，把他这样的人留在我们的科研队伍里显然不妥，于是我提议请他走人。这是我第一次辞退员工，我感到很不舒服，好几天的时间里，我一想到这件事心里就难受。团队大幅减员并非都出自经济原因，大家应该明白，要服从更高的原则，那就是你必须争优。

四
追求卓越，丰富生活

将接力棒传下去
坚持就会有成效

几个月后，我们雇用了曼纽尔·卡萨雷斯，他是接替我担任玻璃研发团队经理的材料科学家。我们两人都在一个先期资本投入很大的项目中做培训。因为当时事情进行得并不顺利，我们面临着两种选择：撤销该项目或转产。经过多次深入探讨，大家心里对他都十分了解，认为他仍有潜力。我觉得他已成竹在胸，我们完全有理由期待他能给我们带来惊喜。于是我们齐心协力、共同努力，充分发扬了团队的优势和员工的创造性。那真是一项紧张而又艰辛的工作，但事实证明我们成功了，我们的付出得到了回报。

明辨之，笃行之
知人善用要坚持

几年之后，正是这个曼纽尔，他带领自己的科研团队仍在坚持高标准、严要求的传统，他来找我，想让我对他与大卫·约翰逊的合作问题提出意见。约翰逊是一位地质学家，还是一位美食大厨，他思想豁达、性情开朗、易于交往，是个乐天派。在他的研究领域，他可以将自己对科学原理的透彻理解充分运用到实际问题的解决中去。但是，在处理一些日常的琐事上，他办法不多。他的心态就是随遇而安——不过如果你不断督促他，他一定会卖力，不会让你失望。

几年以前大卫的良好表现就给我们留下了深刻印象。当时美国康宁

IDEA AGENT

光学纤维制造厂的代表急需得到玻璃研发专家的帮助。整整六个月的时间——六个月非正常的生产状态对于车间经理来说无疑是一种煎熬——他的车间只能生产一种单模光纤,其强度受到客户认可,但最后一道工序,也就是抽丝的速度极慢。他们感到一筹莫展。如果将抽丝速度提高到正常水平,石英晶体就会污染超精度的玻璃纤维;而降低抽丝速度,产量和利润都会下降。六个月来,这些车间的工程师们——那些有经验的技术骨干,他们想尽了各种办法,使用了同行们都很少见到的一流设备,做了无数次实验,最终还是无法解决问题。我了解大卫·约翰逊的实力,所以我毫不犹豫地走进他的办公室,单刀直入——这不是我平时的风格——干脆就下了命令:"这个问题由你来解决,马上就办。"

不到一周的时间,大卫就发现,在抽丝的过程中玻璃内部的硅发生了氧化,于是迅速形成晶相。这一周的时间看似平常,却使他"顿悟",他以其特有的方式将正确的理念与所具备的知识有机地结合起来。我们看到大卫一周来精神有多集中,工作之余也忙着与同事们热烈讨论,一进入办公室就不停地运算,连周六的上午都来上班。于是,一份论据充分、内容翔实的报告材料出现在大家面前。车间的技术人员为之一振,认为可行,接下来大卫对抽丝情况做了全面分析,他多次召开会议并在视频上与大家交流,他还亲自下车间,掌握生产过程中的一手情况,并且向技术人员讲述他解决难题的方法。经过了六个月的无效劳动,车间终于在不到一个月的时间迎来了大卫的解决方案。时至今日,抽丝污染的恼人现象再没发生。

所以我和曼纽尔达成共识:要想让大卫出成绩,并且使他高效运转,

四
追求卓越，丰富生活

我们需要让他全身心投入，给他出难题或是挑战他的智商，并且让他有紧迫感，这样才能将其能量全部激发出来。实践证明：大卫的能力超群、贡献巨大，我们做到了知人善任。当然，布加迪的引擎再好，不断加速也跑不了太久。我们应该让大卫在精神高度紧张之后回到他自己慢节奏的、完全出自兴趣的科研工作中，因为这才是他雄厚实力的源泉。

培养对事业的浓厚兴趣

员工的事业是我们关注的一个重点。我们的责任就是要对他们的事业有兴趣，对他们人生的发展有兴趣，对他们整个生活的方方面面有兴趣——与他们共享事业的不断兴旺发达，与他们同呼吸、共命运。

领导者的第二天性就是关心自己的下属，关心他们的事业，让他们生活得更好，并且与他们共同享受生活。作为领导者，我们特别了解实现理想需要哪些机遇，需要具备什么样的条件。与此同时，我们还要清楚自己所处的位置可以为下属实现新的目标提供方便，这无疑增加了自己肩上的重担。这需要你多一点创造性、多花一点气力、多付出一点关心，有耕耘就必然有收获。如果你投身其中，你就会发挥越来越大的作用，你和你周围人的生活就会变得越来越精彩。

共享生活的精彩并不局限在职场。如果你能召集一群高端人士，你会发现这是一些聪明、有进取心的人，他们事业有成、爱好广泛。多与他们交往会令你精神振奋：你可以品尝药剂师亲手做的新鲜美味的食品，或者欣赏高分子专家弹奏的吉他乐曲，或者听到地质学家对安纳托尼亚山脉美景的描述，这些不过是其中的一小部分。到那时，你才真正享受到生活的无限乐趣。

IDEA
AGENT

从员工的个人特质出发

除了要耐心和宽容，领导者还必须能接受不同类型的人，乐于与他们相处，为了团队和眼前工作的利益，大胆地启用他们。领导者不单单要接受某些性格古怪、工作确有成绩的人（如那种表面看上去毛躁，实际上胸中有数的人），以及那种作息时间与常人不同的人；领导者更要理解并认可每个人的动力来源，从而根据不同的情况给他们相应的引导。有些人需要给他们压力，时常督促他们，他们才能出成绩；而有些控制欲强、好大喜功的人则需要适当限制。

注意调控
人员使用指导

大卫·约翰逊这种慢热型人才得益于我们不断给他施加压力，这促使他取得了突出的成绩。而他的同事彼得·莫瑞，也是一位地质学家，情况却截然不同，此人热情奔放、思想活跃。把他调整到最佳状态需要下另一番功夫：不能给他的工作加码。刚开始雇用他的时候，我要定期约他谈话，次数远远超过团队中的其他人，我常问他最近在干什么。于是他列举了一大堆工作——我布置的、他自己想出来的、需要我给予帮助的、希望别人加入的——说得兴高采烈、神采飞扬。彼得一沾科技就干劲十足，但这么多问题摆在他面前，他应付得了吗？所以我帮助他将这些问题按其重要性排好顺序，并对他说会根据公司的需要满足他解决问题的欲望。这样做既没有扼杀他的积极性，又给了他发挥特长的机会。他每次离开我办公室的时候总是心情舒畅。过了几个星期，我又把他找来，前面的情景再次上演。又过了一段时间，我看出他自己开始悟出其

四
追求卓越，丰富生活

中的道理。今天，作为公司的一名研究人员，他热情地指导年轻的技术员完成那些他无法消化的项目。他深刻认识到把握适度是多么重要，他常说："我的优势就是脑子快、点子多，但这么多的工作，一个人怎么干得了？我今天坐在这个位置，就是要从康宁公司和我个人健康、幸福的利益出发，把更多的机会让给那些谋求事业发展的年轻人。"

建设有效率的工作团队

充分了解每位成员的特点是管理好一支强大团队的关键。要将富有创造力的人吸收到团队中来，使他们的能力、要求和个人风格得到互补。团队成员之间的互补十分重要，但单靠互补未必能在工作中产生效果。

了解团队的潜力，并且将合适的人安排在合适的位置是组建一支优秀团队必须优先考虑的事情。在芭蕾舞剧里，让两位头牌女演员同时上场只会事与愿违——除非这样做的目的是想通过竞争考核二人——由戏剧的总导演从剧情角度考核，再由分管导演从人物性格考核——最后敲定各自适合的角色，使这场舞剧按时上演。创建团队需要做很多前期工作，其中包括人员选定、沟通协调、责权分配等，这项工作不仅涉及团队本身，而且要从公司的大局出发。对于领导者来说，对每位员工的了解——他的技能如何、他有何特长、哪个岗位对他更合适等诸多问题并不复杂，安排某某人去某某部门也不是问题的要害，问题是要把合适的人安排到合适的位置——而且每位员工都是不同的。

IDEA AGENT

▌关键先生
寻找你能够委以重任的人

  我们在攻关一个难度很大的项目，这个项目进行到最后，为了突破一道难关，我们投入了大量技术骨干力量，对多达8种的材料展开研发。我将杰夫·迈耶找来负责这个项目，他是一位很有经验的材料专家。我在公司上班时，他就为客户研发出不少新产品。虽然他和我不在一个部门，但我知道他特别愿意接受挑战。值得一提的是，我们俩是同时进入康宁公司的，彼此之间十分了解。我对于他的专业水平、务实态度、勇挑重担的精神十分了解。这些优秀的素质决定了他能够领导这项工作并取得成功。同时，这也是我能从八个候选人中最后敲定他的关键。

▌人尽其才
如何开启沟通的渠道

  在涉及一种新型光纤项目的研发过程中，我们让雷克德雷多负责各研发团队的协调工作，他清除了妨碍团队合作的所有不利因素，使这个项目得以顺利进行。其实，他所做的就是对方方面面进行深入了解，把各方的积极性全部调动起来。

▌合适人选
做到知人善用

  早先我们在破解单模光纤的技术难题时选准了对象——大卫·约翰

四
追求卓越，丰富生活

逊——他没有辜负我们的期望，当时我一下子就想到了他。这次康宁公司在英国唯一的光纤厂家也出现了难题。它生产不出多模光纤维，这是一种用昂贵的锗元素生产的、技术含量很高的纤维，其利润也十分可观。厂方经过了几个月的努力均告失败，因为光纤中有铁分子污染。我立刻想到基尔斯滕·施泰因麦尔——一来她有这方面的工作经验，受过专门培训；二来她最近正从事这个项目——我找对人了。

我坚信基尔斯滕·施泰因麦尔能够解决这个问题。她总穿着黑色休闲裤和笔挺的白衬衫。她一直在研究光纤缺陷形成的课题，并且是我们公司特聘的光电学专家。另外，她十分熟悉生产步骤和整个流程，对生产工艺也了如指掌。我最感欣慰的是她的执着。她接手工作的第一天，通宵未眠，凌晨她发了一封邮件，提出了几套方案。英国的厂家中午收到邮件后立刻删除了一个有问题的生产程序，正是这道程序造成了纤维氧化。于是，这家工厂恢复了正常生产。这又是一个选对对象的范例，她几乎瞬间就解决了长期困扰生产的难题。

我们再回到这一金科玉律：知己知彼。我们要多花费一点时间去了解员工，他们有什么特长，他们的兴趣爱好是什么，知道什么岗位安排什么人，出现问题应该找什么人。只有这样，我们才能所向披靡。要把了解他人作为一种乐趣，你的生活也会从中受益。

认可与忠告

众所周知，在变革的道路上，失败者的数量要大大超过成功者。当变革陷入低

IDEA AGENT

谷时——也就是当成功的顶峰尚且遥远时，人们最需要的是鼓励、理解和支持。虽然每次小小的成绩并不值得大加赞扬，但对他们成绩的认可可以有多种方式：请下属带着他们的家人去吃饭或让某位经理注意到下属的工作有些许进展。当然，成绩突出的要大力表彰。因此，无论你的队员取得什么样的成绩，你都不要吝惜对他们的赞扬。把他们的成绩向公司汇报，让高层领导了解他们的成就和业绩，让创新人才成为公众人物。他们还有什么成绩不为大众所知，还有什么威望没有在人们心目中树立？所有这些都将转化为你团队今后的财富，会在团队身处逆境时成为团队转危为安的法宝。

无条件地支持他们

支持他们并不意味着迁就和姑息，它意味着你要时刻把员工的利益放在心上，维护他们的权益，并对他们的工作给予支持。与他们真诚相待，随时提醒他们少犯错误，不要忘记自己的职责，这些也是支持他们的具体体现，同时我们也要求他们能做到这些。要让他们知道，在他们事业举步维艰时，我们会伸出援手，并且鼓励他们找回自信，重新崛起。最重要的是在他们事业起步的时候支持他们，充分挖掘他们的潜力。

无条件支持是领导对员工的最大义务，因为员工的事业能否成功全靠领导的支持。平时对员工各方面的支持体现了一种综合价值——诚实公正、相互依存、相互信任、重感情、严管理、看效果——这是一种突出人性化，倡导发展变革的新型企业文化。

约翰·泰勒，一位会拉大提琴和对古董车有特殊爱好的工程师，在他退休几年之后，仍然对自己工作时得到的支持津津乐道，他描述了这种感受：

四
追求卓越，丰富生活

你对我的帮助太大了，多数人认为做你的下属和与你共事特别愉快。我们觉得不把事情做好就对不起你。人力资源部经理罗布·麦克拉法兰跟我说，人们最需要的就是有个人常在他们身边。言外之意是无论发生何事，这个人都在支持他们。他们能在这个人身上汲取营养，愿意为他献出一切。你对任何人都有求必应。我也努力以你为榜样，善待实验室里的每位同人。我并不指望你表扬我。我希望你或你的同事毫无保留地给我提出宝贵意见。其实，这是一种自我反省，是对自己提出的更高要求。

所以，要坚定地支持自己的下属，这是一种真诚、善意而又实实在在的支持。这促使他们加倍努力，创造出最佳业绩；这使得他们净化心灵、生活美满、事业有成——同时让他们感受到你的关爱。你的公司一定会感谢你的贡献，你也会从中受益。

我的个人经历
南太平洋之行

我们在半夜登船，它就停靠在马尼拉港外十英里的锚地。我们这次巡游到过许多港口，船只都不被允许进入码头，因为悬挂的旗帜不对。穿过海港，我们登上了几只小艇，在黑夜中慢慢靠近大船，然后利用大船上抛下的绳梯，一个一个爬上去。船长仔细检查了我们的护照并将其收走，然后对我们进入苏联领土表示欢迎。此事发生在20世纪70年代中期，世界正处于"冷战"状态，这使得当时登船的全体人员心情复杂，对这次经历，他们至今难以忘怀。

20世纪70年代，各国的地质专家都热衷于研究板块理论。科学家、学者和研究地质的学生争相发表看法，把这项研究推向高潮。《地球科学杂志》上刊登的文章数量之多，更是前所未有。岩石学家、地质化学家与地质物理学家和海洋学家一起寻找地球形成的奥秘及这些新兴理论的根据。随后，许多团体都携带着地震验波器对岩层做了实地勘察，挖泥船在深海作业，国际会议和论坛接连召开。科学家们个个不甘落后，各个国家不顾政治上的分歧，联合起来大举开发这个投资巨大的项目。国际地质联合开发计划就位列其中。作为这项计划的组成部分，德米特里·门捷列夫号战舰——一艘"二战"时期被苏军缴获的德国战舰就被改

我的个人经历
南太平洋之行

装成一艘海洋地质勘测船——它将航行于东京至悉尼的各个港口之间，并随时对沿线挖掘到的海底岩石进行取样分析。这个科考队有 40 位科学家，一半来自苏联，其余来自世界各国，他们都对蛇绿石颇有研究——这是最近在大陆架发现的、形成海洋地壳的岩石。我在哥伦比亚大学时协助研究生院开设了研究这类岩石的课程。这次科学巡航活动包括船上举办的讲座和停靠港口后对当地蛇绿石的实地考察。这次活动的高潮是挖掘马里亚纳海沟的岩石，那是世界上最深的海沟。斯坦福大学的教务长资助了我的这次考察活动，因为他对邀请我代表哥伦比亚大学去他们学院做有关蛇绿石的讲座印象深刻，这才促成了我与其他美国同行登上了停泊在马尼拉港湾外的考察船。

我们对这样的活动毫无经验。这条船很大，有足够长度让慢跑爱好者在上面跑步锻炼，甲板有好几层，时常让人迷失方向。不过一遇台风，它就像一叶独木舟一样摇晃不止，不久后我们就深有领教。这些被挖掘出来的石块让我们既兴奋又惊讶，那些来自世界各地的学者发表的演讲妙趣横生。他们的口音各不相同，有意大利口音、捷克口音、法国口音、苏联口音、瑞士口音、斯拉夫口音、日本口音、波斯口音和我的美国口音。船上的蔬菜和水果特别少，所以每周能喝到三次比利时红酒——这是为了防止因缺少维生素而导致坏血病。穿过赤道的那天，为了纪念海神，我们特意制作了一个海水游泳池，大小如一个载货卡车的车厢，大家向箱内泼洒红酒。那些浑身浸泡了红酒的水手追逐着科学家和船员，并将他们推进酒池。为了记住这个难忘的日子，每位科学家都得到了一张五颜六色的证书，上面标明你曾在这一天穿过了南北半球的分界线。

但计划赶不上变化，当时许多国家对"冷战"的关注度大大超过对科学进步的兴趣，这些国家不允许苏联的船只进入它们的港口。德米特里·门捷列夫号无

IDEA AGENT

法驶入日本的四国港、关岛和菲律宾的马尼拉、加里曼丹岛、肯达利岛以及印度尼西亚的苏拉威西岛。从马尼拉出发以后，只有美属雅普岛接纳了我们——这个岛上使用的货币竟然是一种环状的大盘子。我们在美国关岛停留的时候，只能进入公海，而不能进入港口——科考队员上岸要由美国地质调查局租用的拖船运送。

这次考察不仅是完成一项科学工作，也是一次对身体的挑战。作为科学工作者，我们没有在实地亲眼看到岩石，但最令大家沮丧的是，厨房端出来的饭菜实在让人不敢恭维，这是由于船只不能靠岸，所以给养不足。安迪·巴特曼是我的论文导师和美国考察团的团长，他先期到了东京，给我发来电报，提醒我上船以前千万多带些花生酱。在整个考察行程中，活动的承办人和勇敢的苏联科考队员从食品柜里偷出的泡菜，加上我带的花生酱成了安迪·巴特曼头等舱餐桌上的美味佳肴。花生酱加泡菜成了维持我们身体和精神的支柱，因为我们每天赖以为生的是千篇一律的黑麦干面包、红茶和白菜汤。我们就快营养不良了——无论是在精神、身体还是情绪上，而在科研上也毫无起色。所幸的是，德米特里·门捷列夫号不负众望，终于从马里亚纳海沟采集到了大块岩石标本，那是一处绝对深度超过一万米的海沟（超过珠穆朗玛峰的高度）。这一收获大大出乎科考之初的预期，给大家注入了一针强心剂。

科考船在一个周日的早晨驶入巴布亚新几内亚，我们都希望腊巴尔港会接纳我们。船长说存在这种可能，于是大家都穿戴整齐，趴在扶栏前，望着大船慢慢靠近小岛。苏联人举着德国莱卡牌相机不停地拍照，这时我们已经越来越清楚地看到岛上美丽的锥形火山，于是情不自禁地惊叫起来。突然间我们感觉船调转了方向，它绕了一个大圈，朝反方向驶去，小岛一下子从我们的视线中消失，它被甩到了我们身后。我们大惑不解，转而怒火难遏。国际科考团提出抗议，要求船

我的个人经历
南太平洋之行

长做出解释,但苏联科学家沉默不语。广播器中船长用俄语告知大家离开甲板,回到各自的舱房。船长解释说,由于这个赤道岛国的港务局周日放假,联系不到他们,所以按照国际上的条约规定,事先未与当局联系,他就不能停靠该港。

那些苏联科学家又换上了肮脏的工作服返回到甲板上,这时国际科考团在安迪·巴特曼的带领下,要跟船长讨一个说法,我们进入驾驶舱,要求使用一下船舶的通信系统。巴特曼在"二战"期间专管雷达,他操起话筒说:"腊巴尔,能听到我说话吗?"对方回答:"请大点声音,听不清!"后来苏联带队的科学家解释说——船长怕他的一个下属叛逃——这个理由看似冠冕堂皇,但我们觉得难以接受。

我惊异地发现两种文化的差异:国际科考团的成员凡事都要问个究竟,即便苏联船长做了决定,他们依然穷追不舍,一定要获得一个合理的解释。与此相反,此时的苏联科考队员却没有任何反应,他们对真理的渴望和献身科学的精神荡然无存。他们投入科研工作的热情难道被海风吹跑了吗?他们是否在激烈的辩论后无力讲话,还是因为酗酒后兴奋过度而一时失语?他们完全没有了斗志,变得心灰意懒。后来,我们回到安迪·巴特曼的舱房才明白,这正是弗洛伊德心理学所讲的人性的二元现象:我们看到的是人的求生本能战胜了人的价值观,恐惧感占据了上风。

五

构建创新文化

  为了要在改革中取得成功,只是会聚一群精英是远远不够的,需要领导者构建一种文化。这种文化集信念、心态、工作能力、人际交往和工作实践为一体——简而言之,就是要成为人们的日常习惯。要想取得成功,领导者必须让这种文化具有创新性和超常的价值。如果这种文化被人们接受并落到实处,其团队文化就会扩散到更大范围,这将成为改革的沃土。我们要做的事情绝非制定出一套繁杂的条例。这不是自上而下的、全方位的理念改变,也不是一朝一夕的事,而是小团队内的理念改变,其效果往往立竿见影。这些小团队发生的变化是整体变化的基础。

  成功的理念变革的核心就是对个体与个体自由的尊重。当领导者能够身体力行并且为形成这种理念提供支持的时候,就会产生明显的变化。健康的理念是通过口传心授一代一代继承下来的。同样,团队要想更新理念也必须遵循三个基本原则——有足够的耐心、言传身教及大肆宣扬——以此来扶持新理念的诞生。

  团队理念的转变,关键在于耐心。不良习惯的祛除和自觉意识的形成需要一

五
构建创新文化

定的时间,而这正是理念改变的要素。在正式或非正式的场合中交流思想可以使大家取长补短、相互学习,从而使好的行为得到认可和发扬。

营造口头传承的氛围

无论是人们最原始的理念,还是现代社会背景下的创新理念,口头传承——文化传播、技艺传播、行为传播、信息交流、哲学思想的代代继承——都离不开两个因素:一个是具体的传播环境,另一个是群体聚集的地方。

构建交流平台

人们分享知识的前提是必须具有合作精神,不论是在团队内部交流还是在团队以外交流都是如此。团队成员间的知识交流需要一个融洽和谐的环境,大家可以在这样的环境里自由交换意见。一位激情洋溢的领导者善于利用一切条件,例如,利用职场环境和陈设树立员工的团队意识。促使成员交流思想、帮助新成员快速成长、使员工紧跟时代潮流的有效方法就是建立"创新之家"——装修精致、设备齐全的活动室,里面有舒适的皮沙发和可供消遣的玩具——员工可以随时来这里休息娱乐。这些活动室里气氛融洽,人们在这里会感觉身心放松。他们可以在这里促膝交谈、增进了解、分享对方的经验。他们的情感可以在交流的过程中得到充分释放。

"创新之家"只有一条规定:不做会议室或临时开会的地方。它是员工感到亲切的去处。例如,两个人需要面对面讨论问题,当然其他有兴趣的人也可以参加;过来看看材料、吃午饭或喝杯咖啡、开个庆祝会或探讨某个疑难问题,等等。

IDEA AGENT

总之，它是员工的家园——同时不要忘记——作为领导者，你也是其中一员，你一定要融入"创新之家"，参加那里的所有活动。

从玻璃研发团队到陶瓷研发团队
开设解放思想的场所

我开设的第一间"创新之家"是在科研楼的五楼，这一层属于玻璃研发团队。唐纳德·詹姆士不清楚我在搞什么名堂，却给我开了绿灯。多年来，康宁公司向来对研究人员在实验室里喝杯咖啡、聊天之类的事比较宽容。不过新颁布的安全条例禁止把食品带进实验室，所以员工们的这种活动就此终止。我看到五楼正在装修，于是萌生了一个念头：我的机会来了。

我们使用比较便宜的装修材料，用省下的钱买了皮沙发、座椅、咖啡桌和靠墙的小桌。墙壁装饰听取了研究人员的意见——没有按照我的想法挂一些名画，而是挂上了记录科研进展的图表。我们还拿出一小部分钱为研究人员和管理人员购买了玩具——他们休息时可以用来消遣。我们很快就给员工提供了一个活动中心。大家可以一天到这里来两次，喝喝咖啡，了解一些世界上发生的大事、政治局势、实验进展情况，以及员工的情绪如何。墙上的一块白板列出当日科研的详细内容，人们能看到科研的成绩和存在的问题，以及他们完成工作的期限。在这里大家畅所欲言，许多好的想法由此产生。

作为领导，我感觉"创新之家"不仅是大家休闲放松、与员工交流思想、了解工作进展情况的场所，也是我从他们那里征求意见、得到反

五
构建创新文化

馈的有效途径。传奇人物马克·休伊特是我们这个团队的佼佼者——他是一位极具创造性的人才。此人是研发团队里拥有专利最多的科学家,他对科学、人类社会和世界进步都有广泛的兴趣,他与布莱恩·麦克哈格(一位研究玻璃纤维的专家)是"创新之家"活动室的两位创始人。每次活动他俩几乎从不缺席,而且每次都有问题让大家讨论。这里的人来来往往,每次都到的人并不多。我有时也不来,虽然大家知道可以在这里找到我。凡是有什么好的消息或事情到了关键时刻,他们就跑来打探情况。所以领导出席这种场合会产生一种亲和力,马克和布莱恩就曾抱怨,领导不常参加这些聚会会让员工特别失望。

陶瓷研发团队在另一栋楼,每天休息的时候,陶瓷研发团队里的一些员工也常来我们五楼喝咖啡并加入我们的各种活动。但他们觉得"远水解不了近渴",他们要求在他们楼里也开办一个"创新之家"。他们那里的工作环境和陈设很差,体现不出创新争优的氛围。公司各个团队的工作环境差异明显,所以我跟他们讲这样的环境无法反映他们的价值和奉献精神。后来,他们团队提出了计划并申请了资金,对全楼进行了改造,我们特意为陶瓷研发团队设计了一间创新活动室。工程刚刚进行不久就遇上了经济衰退,只好暂时停工。但是大家急切渴望有一个交流思想的场所,仍在尽力争取。三年以后,我从法国回到康宁公司,陶瓷研发团队一位叫纳伦德拉·阿巴尼的专家一天来到我的办公室,说要带我去一处我没到过的地方,他过去是我们五楼活动室的常客。我到了地方才知道这是陶瓷研发团队的活动室,里面有皮沙发,墙上有各种图表和一块白板,与我们的活动室一模一样。他最近创作的一幅油画摆在画架上。他向我讲述活动室开展同样的活动，也营造了同样的生活气息和氛围。他对此十分自豪。我也为他们感到自豪。

畅所欲言，互通有无

对于那些思想解放、大胆创新的团队，人们可以通过各种正式或非正式的形式交流思想和心得。今天多数领域的知识日新月异，一些难题的破解往往是多学科攻关的结晶。当然，大公司订阅许多专业期刊、论文集、辅导材料，并且举办专家讲座，目的是广泛传播新知识。但是能够达到出论文、办讲座程度的人毕竟是少数，能够与专家面对面交流的机会更是少之又少。因此，大家聚在一起，取长补短、互通有无就成为公司深受欢迎的活动，它满足了员工的需要。无论是正式的专家培训还是非正式的员工间的相互学习，对于员工本人和领导来说，都会受益。正如前面所讲的，这使得他们扩展了上升空间，同时使他们扮演了知识传授者的角色，更重要的是建立了良好的公司文化。

玻璃研发团队的核心
优良传统代代相传

玻璃纤维研发团队的研究员开发了内部论坛，他们将其称为"玻璃核心"，专门讨论大家感兴趣的问题。他们对此没有什么特殊规定，但也有一些要求，员工都能够严格执行。这个论坛定期召开，只允许专业人员参加。除非特别邀请，管理人员一般不参加。另外，组织者可以任意选题或选定某个人上台演讲。这种演讲是非正式的，只需稍做准备，有一张草稿即可，不需要用幻灯片之类的方式做演示。这个论坛办得很

五
构建创新文化

成功,而且一直在办。有时候论坛可能组织得不够紧凑,显得拖沓。彼得·莫瑞是最热衷于这项活动的人,他一有机会就上台演讲。作为部门领导,我的任务是给咖啡和点心埋单,再就是站在一边旁听。我偶尔也选一两个题目作演讲或给他们推荐一个演讲者,但这种情况极少。上次美国那家生产单模的玻璃纤维厂遇到难题,六个月未能解决,他们请求援助,我们通过论坛形式,请来了大卫·约翰逊,他一个星期就找出了问题的症结,三个星期就使该厂的生产正常运行。几年来,通过论坛产生了不少好的想法,解决了不少问题,研讨了不少专业理论,效果明显。参与人员不仅有收获,大家还增强了自信心和主人公意识。这种创新精神已成为优良的传统,在员工中一代一代地传承下去。

"交流班"
工作中出现问题随时交流

康宁公司在进入光电市场初期时,负责技术的经理们争论着这样一个问题:本公司是否应该不再仅仅经营原材料,而成为一家专营光学产品的公司,因为所有的材料研究人员都觉得自己的地位受到了冲击。当时新研制的材料不断涌现——不同波长的传输信号器、扩大器、转换器等——研究人员的大脑在特殊需求的刺激下得到了充分的开发。在这种情况下,不同性能的热学、机械学和光学材料被研制出来。然而,当时的光学专家习惯于设计模块并且只是用现成的材料。此时已经到了压缩成本和技术重组的时候了,于是我力排众议,在玻璃研发团队办了几期辅导班,即所谓的"交流班"——这个班要解决两方面的问题,一方面是当今物理学发展的需要，另一方面是选择什么样的材料来满足这种需要。问题很简单：光学物理的基本原理与高性能、高稳定性的材料相结合。这个班的运作也十分简单：由光学专家和材料专家带领大家自由讨论，欢迎成员提出各类问题。在确定了课题之后，我们研发团队每周拿出一个下午的时间把大家送到研发团队以外的地方，目的是在一个不受干扰的环境下进行讨论。经过了几个月的研究探讨，大家达成了共识。由于取得了满意的结果，"交流班"就此结束。

你在工作中给员工留下的印象随处可见，它表现在你支持哪些观点，支持哪种态度，支持员工建立哪种关系。这种印象很快就会形成一种文化。一个亲和的团队所能焕发出的创造力是显而易见的：他们通过各种方式交流信息，这样极易使这种公司文化得到传播和认同。如果一种公司文化得到明晰的界定，它的价值得到充分的认可，它就会蔓延到整个公司，就会在全体员工中形成创新的热潮。这是特别令人鼓舞的局面，这种文化的影响力会经久不衰。在我离开玻璃研发团队领导岗位 10 年后，蒂姆·科布让我领略了公司文化的强大威力。科布是位物理学家和公司文化的倡导者，还是一位交际舞高手。他认为领导发号施令往往无济于事，要因势利导，让全体员工都乐于参与其中。

努力营造轻松氛围
处处体现一种文化

在物理学家蒂姆·科布的身上我们既能看到一位舞蹈家的活泼，也能看到一位孤独者内心的热情。多年来他与同事们一起工作，培养了不

五
构建创新文化

少年轻人。现在他又开始攀登光纤技术的高峰。他从不同部门调集了有同样志向的专家，先组织了一个研讨会，议题是："我们如何制造出更细的光纤材料？"——这个议题涉及提高玻璃纤维的松弛性与如何改进玻璃纤维的加工过程。讨论会在活动室进行，大家在这里可以畅所欲言。大家争先恐后地发言，想用自己的观点说服对方。讨论的结果诞生了高性能（玻璃）纤维研究学会，这是一个由 8~15 人组成的小组，他们每周开会研讨大家感兴趣的问题；每次讨论超过了规定时间（2 小时）也没有人愿意离开。蒂姆负责组织研讨会，他要提前将本周议题发给大家。蒂姆工作热情主动，讲话以理服人，赢得了众人的尊敬。他创办的研讨会不仅成为新思想的发源地，与会者在会上发表的看法还会得到重视和讨论。每个人不仅在会上受到大家的尊敬，他们的意见甚至在会后就得到采纳。一些心直口快的人给讨论会定下了基调——彼得·莫瑞是讨论会的积极分子，还有叫本·波兰斯基的年轻人——斯坦福大学的高才生，是个见面熟，喜欢搞笑，特别有亲和力，有这两个人在场，不爱说话的人或年轻人都感觉放松，乐意发表意见。作为发起人，蒂姆总是千方百计地不"冷落"任何人——某人发表完意见后，他会提出让大家就此进行讨论——他这样做使所有参加讨论的人的意见得到同样的重视。参加的人中也有资深的研究人员和退休人员，他们特别喜欢研讨会轻松的氛围，在这里所有的人都感觉无拘无束。

这样的团体自然而然地形成了一种良性机制。一个成绩卓著的团体绝不仅仅让人感觉气氛融洽，也不仅是一个科学家从事专业研究的地方。开展活动的第一年，这个团体做了 5 项研究课题，其中包括研制出 21

世纪性能最好的智能手机的玻璃外壳。他们唯一担心的是，活动室的成功会吸引大批人员慕名而来，造成活动室人满为患。不过他们对此做出了如下回答：如果这样的活动在大礼堂举办，不会出现预期的效果。所以活动室如果容不下这么多人，他们宁可席地而坐，也不去其他地方。

我们可以这样讲，研讨某个课题也是在释放自己的思想和情感。它给予人们赢得尊重的空间，是一个人的行为完全进入自觉的过程，这也是公司文化诞生的温床。因为这些活动的意义已经超出了研讨会本身：它解放了人们的思想，激发了人们的创造力和争优的斗志，同时也丰富了人们的生活。简而言之，它点燃了人们的创新激情。

领导者应该明白这样一个道理：欲速则不达。管理人员也不一定要时时在场。员工整体觉悟的提升才是关键。要鼓励员工自己处理一些问题，做出自己的选择，领导者和管理人员可以适当放权。进一步讲，公司文化的创新就是要给员工留出自我表现的空间。不要凡事包办代替，但当你认为必要时，及时做出反应。这样，你会惊喜地发现，员工的创新积极性被极大地调动起来了。

认同的意义

一种公司文化能够经久不衰，完全依靠沟通和建立在信任基础上的认同感。认同感可以转化为高效率。达尔文原理中的一条原则适用于建立公司文化：承认并奖励每个员工所做的贡献就是表彰某些行为，成为大家效仿的楷模。因此，除了强调激发员工个人积极性的重要性——因为在变革过程中失败的案例远远多

五
构建创新文化

于成功的案例——我们还要多奖励、多理解员工，这是建立公司文化的基础。

遗憾的是，一些公司出于保护个人隐私和防止员工之间的不合和妒忌，多数"重"赏——现金奖励、提薪、分红、优先认股等——都不敢公开。其结果是他们行为的示范作用大大降低。他们的业绩既能激励人们的工作热情，又是对他们的认可，必须经常而又毫不吝惜地利用这样的先进典型。

升职：需要认真对待的事

奖励的另一种方式就是升职，它在激励士气和推进公司文化方面的作用不可小觑。升职的意义在于它是对受奖人工作的肯定——对他充分的信任——这相当于向员工告知公司重视受奖人做出的贡献。为了使给员工升职的做法成为推动工作的动力而非阻力，领导者需要权衡利弊，做到公正、公平。给员工升职要有正当理由，这样才会产生积极效果。如果升职的理由不充分——迫于某种压力、为了照顾各方情绪或平衡各种关系——那你肯定会遇到麻烦和阻力。升职的原因是业绩突出而不是上级任命，但作为激励士气的手段，升职一定要得到大家的认可。一个人在公司里无可争议地得到升职，他就为大家树立了一个学习的榜样；反之，不明不白的升职会成为笑柄。当然，特殊贡献、能力超群、技术革新等都是升职的重要依据，但是，领导往往还需要从整体上考虑这些有贡献的人是否应该升职。作为一位领导，你应该了解万物之间的阴阳关系，它是人类社会及自然现象形成与消亡的原动力。知晓了其中的差异，你就能不断完善和加强你的公司文化。

认定并推选什么样的人升职需要有责任感和一双慧眼，因为这件事是你代表很多其他人做出的重大决定。身为领导者，我们为员工提供工作条件并加以指导，

IDEA AGENT

让每位员工人尽其才，发挥出最大能量，从而最终收获成果。我们鼓励员工大胆实践、推陈出新、出谋献策，同时也欢迎他们更新知识，成为跨学科人才。我们还要在工作中对员工的能力做出公正评价，并适时给予职务上的提升。领导者在给员工升职的问题上，一定要做到慎之又慎、知人善用，在考核员工的业绩和成长过程的同时，要从全方位评价。

全面了解
尽可能全方位地认识一个人

- 有能力在技术上取得重大突破，能够扶持年轻的研究人员成长，并且乐于与其他研究人员一起合作。
- 有丰富的想象力、创造力和前瞻性，并且积极参与创新工程。
- 能够成为团队技术上的带头人，并且对所有需要得到帮助的人无私地伸出援手。
- 作为公司身居高位的顶级专家，知识渊博、管理严谨，并且胸怀坦荡。
- 既有科学家的创新精神，又有工程师的执着精神，勤学好问、不图名利。
- 不怕在技术上走弯路，为人笃实，有坚定的价值观和深厚的修养。

多渠道加深理解

许多公司通过各种不同方式增进与员工的沟通，如赠送电影票、礼金券，乃至提供休假。这些方式起到了重要的激励作用，并且加强了公司文化。如果这些

五
构建创新文化

方式具有针对性，效果会更好。例如，你为员工个人定制了服装，其效果远远超过你将"如何激励员工的积极性"这一项列入你的议事日程，他们会倍感亲切。

请员工吃饭
用各种方式亲近员工

康宁公司的总部设在康宁镇，镇上的人口不足 1 万人（而大都市的一个区就有 1.5 万人）。就其人口而言镇里的餐馆可不少，因为来吃饭的人也多。镇上的人不到几个星期就对各个餐馆的菜谱一清二楚。每到夏季，各种风味的小餐馆遍布手指湖周围，吸引了大批食客。开车出去不到 45 分钟，你就能享受到一顿丰盛的法式大餐、东欧大餐或美洲大餐，你还可以畅饮佳酿，饱览湖光美景。这一情景使我不由想到是否可以将其作为与员工沟通的场所：多么自然的沟通环境，不需要花费多少钱财。我的助理提出了一个很好的想法，他在就餐卡上打出一行字："持卡人可带一名客人到自选餐厅就餐。"我还要补充一句，这么做的目的不仅免除了员工的做饭之劳，主要是让员工心情愉快。至于餐厅如何，饭菜酒水是否满意，每个人的看法可能有所不同，这还要根据公司的经济状况和个人的贡献决定给他们支付多少费用。这样一种联络感情的方式深受大家的欢迎，既易于操作，又十分人性化。我要做的仅仅是在报销单上签个字而已。

在团队内部：深化理解

深化理解对公司文化有着深远的影响，要求你必须从点滴做起。凡是希望自己的员工能够创出佳绩的领导者，对员工每一步的成长过程都会十分了解。只有这样，这个团队才会创造辉煌，个人才会功成圆满。

深化理解有多种方式，并且要从点滴做起，更多地反映在基层团队员工的相互联系上。紧密性与经常性是深化理解的两大特点。人与人之间真诚相待、推心置腹、相互鼓励对于形成良好的公司文化作用巨大。

既然深化理解是建立在人与人日常交流的基础上的，那么一点一滴的理解会逐步深入，得到他人理解的人会觉得自己受到重视。以下就是沟通的几种方式。

大处着眼，小处着手
在细微处下功夫

- 在团队会议上让每个人讲出自己本月的闪光点，这只是增进相互了解，未必需要汇总上报老板。
- 将员工的创新想法拿到团队会上讨论。
- 高层的领导到团队了解情况，让员工有一种亲切感。
- 给工作繁忙的专家派助手，减轻其工作负担。
- 在团队会议上公布外单位表扬某位本组员工的事。
- 让经验丰富的专家辅导年轻的研究人员。
- 将一个团队好的经验推广到全公司。
- 团队成员相互学习对方的长处。

领导者在一天的上班期间，接触、了解员工的机会很多。所以，你要细心观察他们什么时候工作会出成果，讨论的新问题什么时候会得出答案，最近做出的

五
构建创新文化

人事变动带来了什么新气象。然后，将你得到的信息兴致勃勃地与团队的所有成员分享。

庆祝会：一切付出都要有回报

庆祝会是表达感谢的一种形式，对创建公司文化影响很大。庆祝会也是沟通的一种形式，但不要开得很乏味。无论是个人的庆祝会——升职、获奖、过生日、办婚礼——还是庆祝团队取得成功或公司发生的重大事件，都要充满乐趣。要让这些活动给人留下美好记忆，就必须考虑到它的特色和意义，不能铺张或千篇一律。这样的活动对公司文化有着本质的影响：员工可以进行近距离互动，可以在欢快的乐曲和交谈中"亮相"，感受一种无拘无束、其乐融融的氛围。因此，作为领导者，你要利用好庆祝会，预先做好策划，将它变成员工尽情享受的盛会。这正是你举办活动的意义所在。

时间的价值

公司文化的另一个要素是时间，进一步说，要给研究工作和讨论问题留有足够的时间。如果你是团队的成员，那么你就能体会到时间观念在公司文化中的突出位置。一味追求速度反而会误事，不利于创新。你能在几十分钟内写出好文章、设计出图纸或考虑好一整套拯救生命的外科手术方案吗？你可能有过这样的经历——连续工作几天，每天干10小时——既要统计数据，又要整理陈述报告，还要忙着打印材料，在如此紧张的情况下，你能创造出什么新东西吗？答案再清楚不过了：绝对不可能。疲于奔命的状态下，好的点子根本进入不了你的脑海。

IDEA
AGENT

众所周知，好的点子往往不期而至——在你洗淋浴的时候、散步的时候、睡意朦胧的时候，甚至在睡梦中。你期盼的答案经常在头脑不受干扰的时候突然闪现，这时你觉得眼前一亮，茅塞顿开。实际上，在破解这些答案之前需要给大脑一定的运转时间。因此，领导者应该考虑这种"消极空间"，也就是给灵光乍现、奇思妙想留有时间。理解了这一点，你就清楚了创造力的来源。工作上追求快节奏令每个人不堪重负，创造力恰恰与工作量成反比。领导者必须主动为员工扫清妨碍他们工作的麻烦，不要让研究人员拼命工作、加班加点。你要经常问自己：这些员工需要每次会议都参加吗？他们需要填写每日每时的工作汇报吗？上级主管部门随时都要看进度汇报吗？答案简单而又明显。重要的是，作为领导者的你先要改变思路，不要一味追求速度，工作量不要过大；研究人员不必人人到会，有时派一个代表就可以了。不必对他们的工作和时间盯得太紧。给他们留有充足的时间和空间；不要为了满足主管部门的要求事事都要写长篇汇报。

各种文化对时间与创造力之间的关系的看法有所不同。所谓"消极空间"的潜在创造力的理念，并非被所有文化认同。那些崇尚紧张、快节奏的团队，可能是因为他们的领导已经习惯了高强度的工作模式，让他们调整速率不是一件容易的事。

积重难返
一定要支持创建公司文化

我去法国接管康宁公司的一个研发团队不久，许多人提出要成立自己的创新活动室。他们都知道在美国的公司有这样的活动室。这件事被列入了议事日程，并且希望得到我的支持。我欣然接受了他们的请求，

五
构建创新文化

　　于是派一些人去挑选场地，另一些人去装修布置。他们购置了皮沙发和咖啡桌——这与其他活动室没什么两样，只是式样和颜色更具法国特色。不过他们添加了两样新东西，使活动室增色不少。

　　第一样是一个大鱼缸，这是大家日思夜想的东西，它成为全体研究人员关注的焦点，他们一来到活动室就争着喂鱼。大鱼产小鱼时他们心情喜悦，好似自己有了孩子。鱼缸不仅是活动室的研究人员沟通的桥梁，还具有象征意义。鱼吐出的气泡可以看成思想的萌发；它们游拢在一起可以看成理念的形成；它们的成长可以看成事业的进步。鱼缸确实激发了人们的想象力。

　　第二样是一位名叫法兰克斯·森尼克的同事给我们带来的礼物，他本人酷爱绘画，多才多艺。他主动与当地的美术馆联系，将每次展览结束后的原作借来，悬挂在活动室的墙上。他对艺术的执着让我们饱览了许多法国现代画家的原作。我们团队的研究人员和管理人员接触到不少新的艺术流派，有些人还对这些绘画作品展开了热烈讨论。

　　开始时，这间活动室是作为庆祝员工生日和员工聚会的场所，像一个"员工之家"。我没有看到其他活动室那样的氛围：大家热烈讨论问题、交流思想和久久不愿离开。后来我意识到这个活动室一大部分时间是闲置的。我偶尔看到有人光临或几个人在里面聊天，但它不是一个大家喝咖啡的地方，只是偶尔有人来歇个脚，更不会有同行来此讨论问题。我尽可能多来，但多数情况是我一个人在这个空房间里，或者碰到一个路过的人。我向一些老专家询问原因，他们的回答出乎我的预料：他们及其他同事不愿意来是因为没有收获，是浪费时间——一般员工都不愿意来，更何况他们的导师呢。我从中悟出了一个道理：要想创建一种公司文化，必须要花大力气。

乐队指挥只有掌握好节奏才能将乐曲的效果充分表现出来。同样的道理，模范的领导者知道如何利用好时间这个工具。所以，领导者要经常走出办公室，到下属的办公室和实验室了解情况，问问他们："工作进展如何？""有什么困难吗？"多去员工的休息室或活动室看看，不要打一个照面就走。要定期召开庆祝会。要随时提醒员工凡事勿匆忙，功到自然成。

创建公司文化的关键：做一个胸怀坦荡的人

创建公司文化关键在领导。换句话说，领导者需要身体力行。公司的管理模式要与公司文化相一致。一个激情四溢的交响乐团需要一位感情奔放的指挥，只有这样，乐团成员才能与指挥产生共鸣。我们无法想象一个领导者在创建了一种解放员工思想的公司文化的同时，却给自己设下了许多条条框框，不给自己的思想松绑。领导者要表里如一，胸怀坦荡，也只有他们自己的思想得到解放，才能带动团队的其他人解放思想。

对于领导者来说，把一个公司建设好，激励员工在工作中做出成绩是他的头等大事。领导者的角色就是要求员工踏踏实实工作，老老实实做人。所以，在你创建自己的领导作风和公司文化的同时，你首先要做一个胸怀坦荡的人。这样你就解放了思想，找到了适合你的领导作风，从而创立出特有的公司文化。

五
构建创新文化

有自己的特色
了解自己，言行一致

以我的经验，我认为我的第二天性形成了我的风格和处事理念。以下几个原则至关重要：

- 想方设法挖掘员工的才华、研发新技术和拓宽人们的视野。激发创造性——这是领导工作的本质。有时需要给员工一些思索的空间、一些工作上的鼓励和方向上的指点。

- 重要的工作要亲临指导，但要牢记"不干预"原则：这条特别适用于智商高、富于创造力的员工，他们敢想敢干，不愿意老板在身旁指手画脚。

- 安排工作时要考虑员工特点，因人而异，公平合理。特别要注意因工作安排不当或用人不当所造成的损失。

- 经常问你团队的成员工作是否顺利，他们有什么想法，要让他们敞开心扉；要真诚地对待他们，不可巧言令色。

- 一个问题一个问题地解决，一件事一件事地处理。

- 培养亲和力，打破等级观念。

- 尊重自己团队的员工和公司所有其他员工——对他们一视同仁。

- 对不同的员工运用不同的管理方法，你的角色更像一位私人教练而不是老板。你要清楚哪些岗位适合哪些人，在哪些环境下才能调动哪些人的积极性，他们的潜在能力何时才能被激发出来。

- 帮助员工迅速找到他们的最佳状态。

- 让自己和他们牢记，他们与你一起工作，不是给你打工，你的角色是为他们服务。

我时刻牢记上述原则，它们帮助我创建公司文化。在此我也建议你，作为领导者，要解放思想，并且形成自己的处事风格。这样会帮助你创建一种充满创造力的文化，同时你本人的思想也将得到升华。所有的目光都在关注着你。你的从容淡定、你的犹豫不决、你的所言所行都暴露在你的团队和公司面前。所以，你要深刻了解自己是什么样的人，自己的可塑性和人生价值取向。这些都会改变你的领导风格并改善你与公司上下的关系。他们会受到你的影响，以你为榜样。同样，他们也会在自己的身上发现第二天性。

我的个人经历
一次机构改革

公司的技术部门突然从 5 个增加到 19 个,权力分配也从高度集中到完全分散。于是,19 个部门的主管展开了激烈的讨论——其中有 18 个男性和 1 个女性——大家围坐在一张会议桌前。新上任的主管一改康宁公司员工温文尔雅的作风,说起话来咄咄逼人,他们认为公司应该办成一家生产光学系列产品的企业,过去专门生产光学材料的经营模式已经"过时"。这样重大的决策需要做调研,然后向上级汇报,但现在出现了问题:19 个部门主管不再向 1 位技术主管汇报情况,而是 3 位主管。这 3 位主管中,有人还不懂技术,更没有管理科研队伍的经验。总而言之,公司的组织机构失灵——谁负责什么工作,部门和人员之间怎样联系,谁领导谁,有事情找谁——诸如此类的问题困扰着这 19 个部门的主管和员工。

实验室的人员无所适从,工作难以推进。这时,对于我们这些业务主管来说,应该发挥作用,因为只有我们能够影响员工,从而担当起领导者的重任。这对我们既是考验又是锻炼。由于研究人员来自不同部门,工作性质不同,所以他们的能力、职务、贡献,甚至抗压能力均有所不同。但是,有一件事情将大家紧密联系在一起，那就是如何带领大家创出佳绩。有些人认为，要想解决这个问题必须明确每个人的岗位、职责和权限。我们觉得做好这件事至关重要，但工作量很大，没有人愿意干。

只有丹·布莱尔自告奋勇，他是来自电信部门的一位经验丰富的经理。此人智慧超群，长于抽象思维。他能言善辩，话语尖锐而不失幽默。多年来，我经常去他家吃饭，与他的妻子也很熟。我们无话不谈，从环球旅游到国际政治，从老年人保健到我们两家的女儿都从事的兽医工作。我特别佩服他的睿智和犀利。与他交谈，我感到受益匪浅。由他负责这项工作，我心里非常踏实。

在其他研究人员的配合下，我们几个人承担了这项艰巨的任务。我们首先与公司各个部门的主管接触，对公司上下每个岗位和岗位之间的从属关系做了细致调研，同时我们也讨论了岗位的职责和目标、财物预算、任务分配、会议次数的规定、汇报制度、顾问职责、客户接待等。我们对调研的结果反复核实，去除了与主题无关的多余内容。

我们将这份调研报告提交到公司，然后把各部门的反馈意见汇总在一起。我们吸收了各方的意见，又做了修改，最后形成正式文件。这份文件绝非完美无瑕，未必会给公司带来多大效益，但它使公司每位员工了解了各自的职能，都能按岗位标准规范自己的职责。

我们这个团队的许多人感到很有收获，大家都尽了全力。我们经常为一些问题讨论到深夜，大家抢着发表意见，有时甚至争得面红耳赤。我们的所作所为践行了一种公司文化。我们得出的最终结论是，公司的基本职能就是向下分派任务或取消任务。

六

建立结构清晰的团队

　　面对当今所遇到的高端、专项技术的挑战,我们必须依赖具有清晰结构的专业化团队来开展工作。要想使技术向实用型转化,体现团队的价值并使其得到认可和备受期待,就需要建立结构清晰的团队。科技研发复杂流程本身也要求团队具有清晰的组织结构,而每位科学家的成功也有赖于这种组织结构的存在。为了鼓励科学家充分使用他们的左、右脑,更多地相信直觉,遵循自己内心的轨迹,也同样需要一个结构清晰的团队。只有在结构清晰的团队中,每个成员才能明白自己承担的角色和使命,才能保证他们的技术合作得到完美的呈现;同时,各个成员还能在团队融合的环境里,满足各自精神层面的需求,最终达到消除隔阂、荣辱与共的目的。

为什么团队一定要结构清晰

规范、严谨的组织结构可以帮助公司或领导者解决发展中的问题。事后可知，阻碍我们前行的那些障碍，大多来自人们内心的恐惧和规避风险的本能，以及知难而退的潜在心理，还有一些障碍是人为或客观设置的陷阱。结构清晰可以简化流程，淘汰或替代过去的繁文缛节。然而，建立这样结构清晰的团队也非易事。团队中的角色安排、流程设计及职能定位等诸多环节，要得到所有参与者的理解，而这个寻求理解、支持的沟通过程，就会让领导者颇费时间和精力。团队重构的过程也没有必要在内部或与外界隔绝的状态中进行所谓的效果试行，完全可以公开、立即开始实行。虽然团队完善要重视组织结构的清晰，但公司最希望的还是能够通过这样的结构，团队保持本应具有的激情，并鼓励所有成员不断创造价值、追求卓越。同时，团队在为成员营造出尽情释放激情的空间后，还要为其提供完善的支持和服务。换句话说，团队和个体之间要保持在一种张力、激情和制度共存的平衡状态。

要大力提倡团队的重构
坚持和支持结构化改革

尽管团队的清晰结构在我们既有观念的形成中所发挥的作用经常不被重视，但对于团队成员的日常行为依然能够产生强大的影响，甚至波及他们的灵魂深处。人们应该能从界定清晰的组织结构中更好地表露出求善向上的渴望。

- "它（清晰的结构）明确了谁是责任者，弄清了事情由谁负责。

六
建立结构清晰的团队

> 这时你就可以放开手脚去做事,并能找到你想要的资源。一旦出现问题,可以准确地找到谁是负责人,可以和谁进行有效的沟通。"

- "这(了解组织)直接关系到谁是主要责任人。领导者是组织结构中的重要环节,是发出指令的中枢。缺少或模糊了这个关键环节,将会遏制组织的运转。"

- "我们愿意参与团队(尚处在不完美结构中)构建过程的想法似乎有些不被人重视。我们需要在自由表达意见与得不到信任之间找到某种尺度的平衡。其实,所谓人的信誉得失,从长久来看都不是那么重要,但人们确实在意努力付出的结果,以及来自外界的评价。"

- "关键是领导者要明确懂得自己的职责,知道自己的优势,并且还要有能力让团队中的每个成员都能实现其价值。"

组织结构形式存在两种极端,清晰的组织结构需要在两种极端中寻求平衡。一种极端是,依靠独断专行的手段建立起的一种有着清晰结构的团队组织形式,但这会扼杀组织中本应具有的创新激情和探索精神。另一种极端则是自由状态的组织形式。为了避免承袭旧的保守精神,团队倡导趋向另一个极端,即不受任何限制和规范的放任状态。这同样会使团队失去了本应遵循的规则而出现迷失的现象。所以,我们要更加清晰地界定团队中的"激情"概念,让团队中的每个成员都能清楚地知道自己所承担的角色及相应的责任,最终创造出有利于释放激情的环境,让所有人都能实现自己的价值。

但是,我们惊奇地发现,在一个结构清晰的团队中所能体会到的自由宽松感,远胜于严格的秩序带给人们的束缚感。而这种团队带给个人的愉悦体验能够增加个体的存在意识，至少能起到缓解团队和个体之间的张力，减少冲突和矛盾的作用。这种清晰的结构还能最大限度地规避团队中的破坏性争执，同时提供了某种宣泄情绪的空间。通过对比我们可以看出，在非结构性团队也就是处于自由状态下的团队组织形式中，由于角色、位置、责任的相互关系界定不明，造成彼此之间的关系难以控制，总是处于动荡、变化的状态，这样的团队隐藏着某种失衡和崩坍的风险。半个世纪前，伯恩斯和斯托克在他们的权变理论中，当提到动态、非确定性环境和静态环境下的机械体系时，都涉及从创意的形成到成熟发展的阶段以至最终形成产业化的过程中，必须在团队中建立起某种相互依存的关系。

结构清晰的团队利于识人、用人

团队无论以什么样的形式构成，其结构的核心自然是所有成员。即使面对再困难的挑战，如果团队的领导者能够为成员指明方向、提供资源、明确职责，规划出一条清晰、简洁的可行路径，并事先准备好在跨越障碍的过程中可能需要的相关技巧，那么团队中的所有成员，即使形式上游离于组织结构之外的人，也会凭借团队完善互补的结构关系而取得超乎寻常的结果。这些结果和贡献绝不会因为人微言轻而被他人忽略。

人如果处在一个结构清晰的团队中，其角色就容易得到他人的认可和尊重，无论结果如何，其所应负的责任都会被清晰地界定，同时也易于得到他人的理解。团队成员都会认清自己的角色定位及所承担的相应责任，他们不会轻易地丧失自己的位置，他们希望所扮演的角色能够得到他人的尊重，他们的想法和观点也会

六
建立结构清晰的团队

有人倾听，他们的意见和决定也不会被轻易忽视。而与此形成强烈对比的是，在自由结构的团队中，经常会看到成员之间为攫取地盘而出现的习惯性争斗；在学术观点及具体研究成果需要论证或最终得到认可的过程中，也经常会遇到某些人出于各种目的加以阻挠。这样的事实在团队的所有层面上都能观察到，而这些在各个层面都能观察到的事实表明了领导者必须强化团队建设的重要性。这就意味着要建立起让所有成员都信赖的、定义清晰的新型团队，激励成员不断创新，鼓励实现个人价值，营造出团队内外自由交流的宽松环境。这样的团队将吸纳更多的优秀人才参与到贡献与合作中来，他们将更加灵活地发展、扩大团队的创新能力，使之在更大规模、更高水准上协调、运转和实施，最终圆满实现团队的目标。

对个人而言，在涉及团队的诸多问题中人们最关心的只有两个，那就是团队的存在能否让自己的工作效率变得更高，取得的研究成果能否顺利实现产品化转型。简单地说就是："谁会考虑我的个人利益？""谁能满足我的项目需求？"当然，我们知道在团队中领导者和员工所处的位置不同，他们各自要求的答案也不同。而这两个问题确实是在团队工作中最容易给员工带来麻烦，影响其事业发展的障碍。其实，答案很简单，那就是团队要对领导者和员工这两个不同的角色给出明确的职能定义，即一个是职能管理，另一个是项目管理。

在团队中，明确不同角色的工作性质是需要引起领导者重视的事情。在管理者的权限范畴内，领导者要尽可能地为员工的事业发展创造出易于释放激情、迎接挑战的自由空间。领导者既要为员工提供技术上的咨询和指导，又要在出现业务分歧或争执时负责寻求正确与合理的解决方式。作为领导者，还要鼓励团队成员合作，互帮互补，勇于承担相应的责任，为团队及具体项目提供支持，尽可能地争取到最好的资源，同时还要为预期目标的实现设定完成的期限，并带领团队

IDEA AGENT

为实现目标制定出周密可行的计划和相应的奖惩措施，以及明确责任管理等诸多事项。这些都属于职能管理者的职责范畴，它将决定团队成员是否能真正清晰地了解所要实现的目标，以及最终能否充分调动资源如期实现目标。

团队中有两个角色的定义不需要过分强调，那就是职能管理者和项目管理者，但是团队成员的角色定义则必须清晰明了。因为团队的效益是由团队成员创造的，最终的目标也要靠他们来完成。我们无须了解这两种角色在细节上究竟有什么不同，但从我个人角度来看，其实，两者之间的关系非常微妙。对职能管理者来说，侧重的是人的管理，要长期关注、持续积累，注重文化营造；对项目管理者而言，则需要从具体的目标管理出发，克服眼前的困难，追求阶段性成果的完成，同时还要以人为本、重视细节、讲求实效。他们在观察团队中锐意进取的成员时视角各不相同，所表现出的态度也有所不同，简单地说就是，职能管理者在对他的部下进行褒奖时，通常会选择这样的措辞："他绝对是在追求完美。"但作为一个项目管理者，在面临需要对手下的表现进行评价时，则会说："他做的事情太难了。"这两种褒奖听上去有所不同，但其目的无疑都是想激励员工有更加卓越的表现，表述方式虽不同，但都能达到振奋精神的作用。所以，无论是职能管理者，还是项目管理者，只是一种称谓上的不同。他们需要建立起密切合作的伙伴关系，彼此尊重、相互依存，充分认识到短期成功只是他们共同实现的阶段性目标，而要进一步实现长远目标，则取决于两者在剩下的时间里如何合作和相处，取决于他们建立起的彼此依赖与协作的关系。

以上谈到的是一些能够在团队中发挥的技巧，都是些自然而然的事情。在领导所处的高端领域中，是否存在着某些特殊观点或更艺术化的诠释方式，又或许处于高端领域的领导者根本就没有施展这些技巧的机会？在这里，我们所设置的

六

建立结构清晰的团队

前提是领导者既重视职能管理的作用,同时也不忽略项目管理的作用。在团队中,领导者首先观察到的就是成员自身掌握的某些科学和技术的能力,从而反映出每个人所具备的最大潜能。这种潜能在团队竞争与合作的关系中,最有可能得到支持和成长的机会。无论是个人还是团队,在通向成功的关键步骤中通常会缺乏驾驭环境的能力。人在通往成功的道路上最好的状态应该是由自身的兴趣出发,从内心生出强烈的好奇与挑战的冲动,从而释放出蕴藏的潜能,进而陷入执着、痴迷的境地,达到忘我投入的状态。作为团队的领导,通常都会被员工这种投入于事业的忘我状态所迷惑,他们忘记了员工身上附着的这种激情、能量来自团队成员的合作与领导者的支持。

领导者通常高高在上,与团队成员的直接接触不多。我们唯一能为员工做的,就是为他们提供成长发展的环境,让他们在适合发展的环境中获得事业上的成功。具体来说,无论何时领导都要把安排给员工的每项简单、具体的任务当成一项重要的事情来看待,而把自己当成为员工完成这项任务提供服务的人,要时刻自我提醒:自己的角色非常重要,所提供的每项支持对最终的结果都至关重要。要安排正确的人去做正确的事,把所有的事情都做到位,才能达到最好的结果。只有在合适的时间,选择了合适的事情,才能在事业的起步阶段不至于走错方向。一旦选择了错误的时间,即使做了相同的事情,梦想破碎所带来的痛苦也将令你苦不堪言。下面看看塞巴斯蒂安·埃斯泰夫的例子。

| 找到他们的需求
| 尽心为他们服务

塞巴斯蒂安首次向我汇报时,他已经是无机材料小组的一位负责人

IDEA AGENT

了。从他的生活经历中，你可以明显地看出他的双重性格特征。在专业上，他拥有化学和材料科学的双重教育背景，在美国的东、西海岸的权威机构中分别担任过要职。他还在能源与固体材料领域中有着丰富的经验，对两者在技术和市场上的相互关联和作用都表现出了浓厚的兴趣。他游刃有余地涉足各种专业领域，而当时他还没有充分认识到自身所具备的这种独特优势。

凭借在技术团队 15 年的卓越表现，塞巴斯蒂安赢得了团队中所有人的信任。他在涉及化学、电子等相关学科的材料使用及设备应用的广泛领域中，为团队发挥了重要的领导作用。他不像其他人那样工作，他要让团队中的所有成员都懂得固体材料学的基础知识，并在材料供应、相关材料设备及最新材料的尖端技术发展等方面为团队构建起了基本的概念。他还参与了团队为市场开发而进行的技术上的咨询培训，并根据市场反馈信息对相关产品进行改良和完善。在团队中，塞巴斯蒂安充分发挥和释放了他的激情和能量。

在他承担一系列新的管理工作之前，塞巴斯蒂安无疑被看成一位事业上的成功者。在他向职能管理者身份转换的过程中，我们依然能够从他身上看到那种特有的项目管理者的强势风格。他继续在工作中释放着这种独特的光芒，他现在所取得的一切成就都可以溯源到其工作初期所接受的教育，以及在那个年代所使用的简单设备上得到的训练。这些使他在材料技术领域进入复杂的能源时代时，仍然能够跟上理论和技术的发展变化，并在交叉领域中的各种新材料的发明，以及满足社会和市场需求上，都表现得卓有成效。在塞巴斯蒂安顺利带领团队实施计划的过

六
建立结构清晰的团队

程中,作为旁观者,我很容易看出他是一个称职的、卓越的项目管理者。然而,他作为具体项目管理者的工作状态,与现在他所承担的主要侧重于人的职能管理者的角色,还有一定的距离。

事实上,塞巴斯蒂安在团队中担任职能管理的角色不仅得到了团队内部的认可,同时也得到了来自外部的认可。但是,面对他个人发展的一个重要阶段,作为他的领导,我觉得还是应该提醒他,要注意周围存在的某种潜在风险。当我开始和他一起工作并给他一些指导和帮助的时候,我很容易地就了解了塞巴斯蒂安的特点,甚至从某种程度上比他自己还熟悉他的情况。我认为在他管辖的团队中,问题的核心是没有得到年轻成员的支持。严格来说,就是在塞巴斯蒂安周围根本就没有什么成熟、理性的合作伙伴。这就很容易理解为什么他的激情和希望实现的目标与最终得到的结果会有如此大的差距。在他的团队中,成员们感受到的是一位有着丰富经验的项目管理者的管理方式,他们内心所希冀和勾勒的却是一个成熟的职能管理者的形象。这就难以在彼此之间产生情感上的共鸣。塞巴斯蒂安负责的主要科研项目事实上都需要得到外界的合作和财政上的支持。同时,他还要有能力游说其他团队成员为同一项目的分工承担起职责。我们会授权他在宽松的空间里尽情地施展他的才能,但同时我们也想让他意识到这样的激情或许会耗尽他的能量。

在领导力中,有一个显而易见的矛盾,即作为领导者的你,很容易利用手中的权力及权力带来的影响力迫使他人做事,这会给他人带来压力,使他变得谨小慎微,而不是相反地利用这些权力的影响力,让他人感到更加舒适并从中受到激励。这就导致了一旦人们所遭遇的权力诱惑足够大，由此产生的后果可能更加严重。作为领导者，我们要有清醒的自觉意识，要为团队的利益考虑，要为每个成员尽责。这远比处心积虑地控制下属、限制他们的自由更重要。

塞巴斯蒂安是一个非常理想化的人，让他重新成为一个称职、优秀的项目经理人，将是解决团队包括他自身困境的最好选择。同时，我们也物色到了一些拥有很好职能管理经验的候选人，能够更加容易地帮助他的团队。对于这样的决定，塞巴斯蒂安本人理解得并不是很到位。但在我看来，这样的决定并没有包含任何强加于人的意思。我希望通过这样的调整，能够达到扩充和完善他所领导的现有团队的目的。我从达萨那里了解到了人类意识的玄奥，同时也觉察到了个体在获取支持后所得到的神奇力量。达萨还告诫我们："觉悟给人以自由，觉悟给人以力量，觉悟给人以抉择。只有提高人的觉悟，才能促其真正转变。"塞巴斯蒂安通过他的努力呈现在公众面前的卓越表现，让我在调整他的职责时感到了一种压力和挑战。我希望我的指导能够让塞巴斯蒂安知道并引起他的重视和热情回馈。我尽量做到措辞优雅，并保持着接受各种质疑的风度，以这种姿态传递给他的清晰意图自然也会影响他的表现。他的性格决定了他会是那种喜怒形于色的人。最终，塞巴斯蒂安意识到他在带领团队的过程中时时感受到的掣肘压力，其实是由其自身的某种缺点造成的，所以才会常常出现与他最初的愿景背道而驰的结果。有了这样的认识，塞巴斯蒂安很快就走出了困惑，他的勇气为他赢得了更多的尊重。雨过天晴，所有的争论都过去了。

六
建立结构清晰的团队

塞巴斯蒂安继续着他的工作，他现在能更多地享受劳逸结合的乐趣。他尽情地释放自己的活力，并让团队中的所有人都能分享到他的技能和经验带来的成果。他早期的行业阅历、扎实的专业基础，以及对市场的熟悉，再加上他作为一个成熟的项目管理者的丰富经验，这一切无疑会让其他团队成员从他身上学习到太多的东西。他话不多，这也表露出他并不是一个性格外向、活泼好动的人。他属于那种能让人从其平静表象背后读出其力量和领导力的人，他的微笑中隐藏着某种自信的力量。塞巴斯蒂安曾经在我的办公桌上放了一本用纸包裹着的书，他留话给我说，那是一本我们曾经一起谈论过的畅销书，他让我猜猜是什么。当我打开包装纸后，发现书名是《感谢》，从这个细节上你可以看出他的睿智和风趣。

塞巴斯蒂安的人生继续演绎着精彩。他的专业技能更加纯熟，社交能力也得到进一步的提升。在工作和生活中，他都不断尝试着新的挑战。幸运的是，在接受所有这些挑战的过程中，他都从来没有失去过激情和微笑。经历了挫折后，他更加清楚地认识到自己的位置，知道了自己究竟是谁。

清晰结构带来的团队动力

作为领导者，要为团队成员、项目经理及职能管理者构建起某种相互依存的关系，这是对领导力的基本要求。团队中的所有成员可以依靠这样的关系产生创新的动机。根据角色的不同，一方面，要考虑团队的目标、愿景及目标达成的期限要求；另一方面，又要强调激情、技巧，以及团队合作的共赢能力。当团队预期实现的目标与个体创新的激情发生冲突时，项目或事业的推进就会减缓，甚至出现停滞。当然，激情释放的结果也有可能令预期目标发生转折，使其结果出现某种革命性的突破。我相信，只要你注意观察团队运作过程中的表现，就会发现团队发展的过程自始至终是一个与拥有着巨大人格魅力的强势领导者之间的博弈过程。有时候，团队竭尽全力赢得的结果实际上并不是团队最初设想的东西。那么，这样的利益对于整个团队来说就显得多余，还需要借助整个团队的力量加以化解和转移，从而真正使团队和成员实现共赢。只有将团队中不同角色间的关系维系得更加牢固，才有可能抵御高风险项目中受内、外环境影响所造成的损失。当然，最后的成功不会在你刚刚启动调整程序时就能看到。团队成员间的牢固关系最终还是要建立在彼此信赖、共同分享价值的基础之上。团队成员之间维系起的这种感情要有助激发创新的激情、吸引更多的资源、解决争端和矛盾，通过这种凝聚力更容易形成合作共赢的状态。其中最关键的是要借助成员的信赖关系，把握住更多成功的机会，实现共同的目标。为了鼓励团队发展，激励人才成长，领导者甚至可以带领团队通过选择更具挑战和风险的项目，促使团队主动迎接新技术和新市场的考验。在实现更高目标的过程中，让团队的信赖关系更加牢固，从而为每个成员释放激情、施展才华提供一个理想的平台。

　　相比之下，奎斯特·斯坦米勒表现出来的工作和生活态度显然没有受到太多外界环境的影响。"我最近被邀请去帮助研究三维成型玻璃工艺的工作，那是一种新型技术，利用压力或真空环境可以生产出各种有趣的玻璃形状。我之前并没有参加过他们的技术立项会。开始我是通过

六
建立结构清晰的团队

E-mail 和他们建立起联系的，现在我们依然保持这样的方式。在 E-mail 中，对方有时会提出让我'回答一下这个问题'等诸如此类的要求。好像他们只有在遇到问题时，才会想起我。我也弄不清楚，他们是不是有权力这样做。我从来不被人关注，我不知道领导者应该是什么样的，他们是怎样做决议的，什么是重要的，我不会为这样的事情费神，所以，我可以腾出很多精力去做其他的事，什么事在我这里都好商量。"

这样做可能引起争议。安德鲁·哈格顿按照他的"关联团队"概念，指出创新（不是发明）是围绕着关联展开的，是通过改善社会关系和改变技术关联性实现的。要想实现突破，你需要与团队成员一起营造自由的氛围、建立结构清晰的组织。结构清晰被定位为文化的范畴，它意味着每个人都能正确表露自己的态度和行为，每个人都可以明晰自己的角色。这是团队内在的一种属性，是团队流程中易于释放和管理的能力。而另一种属性，是以团队与外部的关联为基础产生的概念，是一种授权管理，它超越了由直觉引导态度和行为的模式，更趋向于大型团队的管理。这样建立起来的授权团队，将会迸发出更大的创新能力和化解难题的能力，以及影响外部环境的能力。这样的团队最终将超越彼此的关联，充分释放激情和能量，为成员提供更多实现价值和取得成功的机会；通过创造和整合各种资源，圆满实现计划和达成终极目标。

每个计划最初都是为了满足不同的需要，以及适应不同程度的复杂性而制定出的一套完整的体系。创建团队的关联体系具有三重功效：可以促进团队的变革，适应各种复杂情况；在迎接挑战和维系关联中加深对人生意义的理解；使团队（无论是内部小组还是大规模组织）实现突破和转变。

IDEA AGENT

捍卫梦想

明确职责，交付成果

在20世纪90年代末，我们抱着这样的理念得到了一个非常重要的成果。首先从清晰界定团队中两种角色的职能做起。为了满足市场对显示屏的需求，康宁公司推出了一种新型玻璃产品，意图占领市场的主要位置，同时还成立了一个玻璃研究小组，分析监控这种玻璃材质的性能。然而，这场游戏从一开始，就埋下了对我们不利的种子。

产品推向市场后，凭借其独特的技术和独有的制造工艺，在显示屏领域中赢得了一席之地，成为世界高端精密玻璃中一款不错的产品。但是，显示屏市场很快就出现了对新型玻璃材质的升级要求，这样的变化是康宁公司始料不及的，由此使得这款产品与其他竞争产品之间拉开了距离。当时，我是玻璃研发团队的领导，因此要对这款产品的未来前景负责。在我接手这项工作时，项目开发的带头人是吉姆·布劳森，他是一位有着康奈尔大学博士头衔的非常聪明的科学家，在康宁公司，他后来被提升以负责所有平板玻璃的市场技术研发工作。我遇到他的那天，恰好是我在康宁公司工作的头一天。我从吉姆教授那里学习到了很多化学气相沉积工艺上的经验和技能，并按照其指导应用在实际工作中，在接下来的很多年中，我们彼此都很享受这样的交流。我们还会与孩子们一起放风筝，共同分享与孩子们的快乐。我们成了彼此信赖的忠实朋友。

吉姆以前进行玻璃研究大多依靠自己，而此次研究他更多的是依赖

六
建立结构清晰的团队

与自己有深厚友谊的合作伙伴。这样的关系确保了他们在争取更大的市场及共同谋求市场开发的过程中，通过默契合作而使彼此受益。吉姆在他的市场营销经理乔纳森·博温的影响下，从客户角度出发，考虑对玻璃材质的性能要求，逐渐对市场有了更加深刻的理解。我们的科研专家利用这样的市场反馈指导研究，从而生产出更加符合市场需求的玻璃样品及最终的定型产品。团队中的所有人都很满意这样的过程及其带来的结果，这个过程兼顾了所有人的需求，使各方利益都得到了满足。而这种满足了客户真正需求的新型玻璃产品也会随着市场的变化逐渐完善性能，进而更加适应时代发展。

经过这样的调整，团队目标变得清晰。我们自己的角色定位，以及对相关责任的理解都显得更加成熟。我在玻璃研发团队中所承担的领导角色要求我掌握整个世界玻璃市场的行情，从而制定出相应的团队发展目标。而吉姆的工作重点则放在市场上。我们希望他能把自己的专业知识应用在产品特殊性能的开发中。有些会议会延续到深夜，我、吉姆，还有乔纳森仍在不停地讨论着，当时的情况是，如果我们不能清晰地描述出某种产品的优势性能，就将面临着放弃某种可能应用于显示屏技术中的新型玻璃材料的所有研发努力。我们的结论要以市场调查的结果为依据，要能指出这样的新产品与市场上的现有产品有着什么样的显著不同，或者具备哪些明显的替代优势，还要考虑这样的产品能否得到市场的广泛认同，进而赢得采购订单。通过总体评估，我们要拿出一整套关于这种特制玻璃的材料属性，论证它能给客户的工艺和生产环节带来的优势。

IDEA AGENT

　　于是，我们精心安排和设计了6个月的市场调查。这些调查绝大多数是由吉姆和乔纳森带领的专业团队在靠近太平洋东海岸的一些周边国家完成的。在这对搭档中，乔纳森有着敏锐的洞悉客户心理的能力，而吉姆则具备缜密分析客户需求的能力。在6个月的调查期间，他们所依靠的最重要的原则和工具，就是科学的直觉与洞察力，以及强烈的探究欲望。而我们的研发团队本身，并没有直接介入玻璃显示屏市场的一手调查当中。在近6个月的调查收尾阶段，吉姆和乔纳森的团队用令人信服的精确分析，给我们带来了这种新型玻璃将会赢得市场的评估结果。这种产品的物理属性具有最大的竞争优势，它将给消费者带来根本性的影响。它就像为这些客户量身定做的特制产品，让人感到非常的体贴和满意。企业开发出来的这些产品有着清晰的目标愿景，即玻璃的结构性能要能在多变的温度环境中保持稳定，同时重量也不会增加。当然，玻璃的黏合剂也要能够满足康宁公司对工艺的特殊要求。伊莎贝尔·洛佩兹负责玻璃的结构工艺研究。团队围绕着工艺上的创新，并非只单纯考虑客户的需求，也要从玻璃材料的研究本身出发，在工厂进行的实验过程中不对玻璃进行结构上的调整，同时尽可能让新型玻璃变得更加平滑，从而使这种玻璃的性能指标成为市场同类产品的行业标准。这种新型玻璃为康宁公司在显示屏市场上持续保持技术领先地位铺平了道路。

　　多年以后，吉姆·布罗森纳在谈到这件事对市场产生的影响时说："这种玻璃的成功研发是康宁公司能够在LED显示屏市场保持长久地位的关键因素。那时，LED显示屏在笔记本和台式计算机上的应用有着巨大的潜在市场，而整个行业的更新步伐缓慢，显然不能满足市场的需求。

六

建立结构清晰的团队

但康宁公司研发的这种新型玻璃实现了 LED 显示屏技术的重大突破，不仅赢得了电视机市场，同时还在随处可见的较小设备的显示屏市场上抢得了先机。"

虽然在某些阶段，研究人员可以通过某种突破性的贡献给企业的发展带来明确的方向，并能收到立竿见影的效果，但在更多的情况下，团队关注的焦点还应该侧重于未来。而未来愿景的实现，有些甚至不能被"造梦者"亲眼所见。因此，这就要求领导者要成为研究人员追求梦想的过程中坚定不移的捍卫者。有时候，我们不仅要把别人还视为梦想的东西找出实现的可能性，甚至还要有能力将这种实现的可能性转变成最终的现实目标。任何事情的初期阶段，你都可以把它称作幻想阶段，同时你也可以把这个阶段称为感性阶段。正是通过利用直觉引导梦想前行，并用理智不断校准方向，才能吸引更多的加盟者共同创造并赢得未来。

"圣杯"的研究
梦想要靠实力来支撑

这里提到的第二个案例，其失败概率之大让我们无法预测是否能成功。玻璃研发团队有着清晰的战略发展眼光，他们当然知道，研发的产品本身需要具备卓越的性能和竞争力。无论是产品结构本身，还是玻璃工艺流程，都要能适应和满足复杂的市场环境。而满足上述复杂的条件，就需要有一个庞大、系统的团队共同协作才能完成。但是，即便团队做出了巨大的努力，所研发出的产品还是会受到来自营销团队的质疑，他们的质疑及对市场的预估在决定产品是否成功时占有 5% 的比例。研发

IDEA AGENT

团队还要去扭转他们的看法和立场，使其对新产品的质疑转变为赞同，最终成为忠实的拥护者。

康宁公司没有为新型玻璃的研发进行简单的人才招募。研究机构通常都习惯于招募一些具有成功潜质、经过训练最终能成为玻璃研究专家的科学家。但在绝大多数的学院中并没有专门设置玻璃工业专业，也没有相应的学位授予。康宁公司只有通过自己的招聘培训体系，才能训练出达到公司标准的专业人才。拉宾达拉·拉贾没有像大多数新员工那样，一入职就要进行系统的培训和雕琢，一年后才能成为团队中的合格者。他凭借自身对玻璃结构和特性的超常理解，以及对玻璃工艺过程中的敏感，很快就投入了研发工作中。我们丝毫不为他这种超乎寻常的起步感到惊讶。在项目的启动阶段，他就做好了迎接任何挑战的准备，他充满着自信和激情。

21世纪的头10年，整个康宁公司技术团队进入了三人直接领导下的履行管理职责时期。在公司中凡具备了核心资源的职能管理者都需要向三人最高管理机构履行职责。而在职能管理者这一层级，设置为19人。但是，团队的规模会随时发生变化，职能管理者的人选也会有所变化。然而公司的文化却很难改变，在缺乏内部沟通的机制下，关于公司战略方向的制定及相应阶段下的调整，都要在这19人的制衡中进行。公司为鼓励项目参与者和相关人员能够更好地共同推动研究的进展，三人决策机构要求19个担负着重要职责的领导者都要站在公司发展的整体高度上，考虑各自具体项目的设置，并从总体的发展战略中，预估和考量自己领导的团队在其中所扮演的角色及承担的职责。

六
建立结构清晰的团队

在我负责管辖的技术范畴，拉宾达拉提出了一个大胆的研究提案。如果这个提案实施成功，它所带来的成果将在单模光纤制造领域独领风骚数十年。这项技术提出的挑战是使单模纤维工艺传输损耗低于行业标准的25%，而这个行业标准已在世界范围内执行了近30年。当时的情况是，为了满足某些特殊产品的苛刻标准，在行业中已经出现了将传递损耗严格控制在低于标准10%的工艺水平。全世界最优秀的科学家都集中在该领域的工艺基础实验上，他们为了取得该项事业的"圣杯"投入了极大的精力、时间和资源，结果却有些令人遗憾。到目前为止，在这个领域中还只是取得了一点点的进步。现在，只有一家日本制造商能够生产出一种传输损耗的数值低于现有工业标准的单模光纤，这需要把单模光纤的拉伸速度降低到工业标准的5%，他们因为掌握了此项技术，从而在业界享有很高的声誉。在拉宾达拉的构想中，这种通过化学作用使玻璃的基础物理性能发生转变是一件非常容易的事情。但把光学物理学家和系统工程师的精力长期耗费在这项与电信、光纤和设备等相关联的研究领域，无异于在等待"天上掉馅饼"。这样的投资并不一定会有结果，所以说这是一个"不值得我们浪费时间"的项目。或者说，这一战略决策不值得我们如此大规模投入。

无论是拉宾达拉还是我，都知道在某些事情上是要依靠直觉的。凭借直觉很容易就能理解其中的基本原理，再通过科学的预测得出结论。我们将一种古老的技法应用于现在的研究过程中，从而为一个辉煌的计划赢得了发展的空间，尽管这个计划在立项时很少有人能看到其中隐藏的潜力。拉宾达拉的构想其实非常简单，就是从现有提炼纤维的系统单

IDEA AGENT

元中移除纯化硅，再通过添加适量的钾元素，达到"人为污染"的目的，从而实现玻璃的软化，以此降低散射损失，而且也不会导入更多的杂质。

这个项目最初只是个人的想法，立项以后就需要得到更多人的理解，以及得到更多的支持。作为示范，该项目还需得到更大范围的关注，不仅要使项目本身得到官方的支持和认可，还要让负责项目实施的带头人成为公众关注的焦点。

只要设想一下项目实施过程中的复杂性，就可以清楚地预见在发展过程中可能遭遇到的挑战。我们需要找到一位既懂得技术，又能破解各种复杂科学瓶颈的项目负责人，从而带动整个团队的工作。首先就要解决一系列理论上的困惑，使之达到规范化的要求，从而满足研究与实验过程中的需要。除此之外，我们还要重新构建团队文化。如果有必要进行强有力的商业推动，我们还要做到能在紧迫、有限的时间内完成上述所有的步骤，将实验中的研究结果完美地转换成实用型产品；同时，还需要将这种产品化的结果不断完善，最终与康宁公司的光纤产业融合、进入完整的产品体系中。

我们没必要到更远的地方去寻找这样的人才。在我们自己的玻璃研发团队中，就有伊莎贝尔·洛佩兹这样的能人，她目前是我们一个新开发项目的带头人，熟悉我们涉及技术的所有环节。在美国康宁光纤工厂的设备改造中，伊莎贝尔将基础知识融汇于工艺流程的具体做法，成功地提高了设备等级。对于团队授予她的这项新使命，伊莎贝尔只当做一项扩充规模的实验，她正在寻找更好的机会在团队中证明自己的能力。作为在团队中已经承担了技术辅助职能的负责人，她审慎地将新任务导

六
建立结构清晰的团队

入现有的规划中，避免做无效的付出。这样做的明显结果就是能够为团队赢得更多的预算经费和技术支持。在她需要多方协助共同攻克某项难题时，无论是在研发团队还是在生产基地，都会得到最优先的支持。当然，这个项目本身也是值得期待的。

在伊莎贝尔的领导下，项目得到了下游干系人的支持，进展非常顺利。而此时在项目的上游阶段，出现了类似项目实施进展的情况，即出现了竞争者的身影。无论从什么角度考虑，这样类似竞争项目的出现，都会成为干扰和破坏性的因素，影响我们自身计划的实施完成。但是，伊莎贝尔有能力应对这种复杂局面，并能依照预先的计划按步骤工作，她稳健地引导着自己的团队，化解遇到的各种问题，最终实现了既定的目标。她通过反复认真地实验，最终选择了两种可能实现目标的途径。她首先采用的实验途径就是拉宾达拉提出的钾渗入方法，这种方法对工厂现场实施条件的要求很高。其结果进一步印证了之前的想法，即通过玻璃软化调整光纤拉伸速度，使传递损耗减少了30%。第二个实验途径则是选择将同等添加剂调整到最低水平，这更便于工厂的现场操作，结果是光纤传输损耗只能减少12%。根据技术难度和成果交付时间的综合考量，在与对手的竞争中，拉宾达拉最终倾向于选择第二种更具时效优势的途径。

团队能量的积蓄为整体应对项目进展中的各种挑战提供了力量。在团队中，伊莎贝尔和我经常扮演解决那些最刺激和最具挑战性问题的角色，有时也会采取非常激烈的手段。尽管每个决策都会凝聚起一批最热情的拥护者，但其中的一些细节也可能给某些人带来不快，甚至出现质

IDEA
AGENT

疑和争辩。但你还是能从所有参与者身上感受到那种只有在志愿者身上才能看到的无偿奉献精神，他们把自己当成免费的机器，激情而忘我地投入工作。

我们的研发团队通过第二种途径减少了光纤传输过程中的损耗，适时成功地推出两款升级替代产品，从而提升了康宁公司光纤的制造和传输质量，使其超过同期市场上常规光纤产品的拉伸速度，在竞争激烈的行业角逐中，将优势保持在几倍于挑战者的位置上。当然，这并不意味着我们所有的实验成果都能实现材料产业化的转变。但随着光纤市场的变化，对于超低耗光纤材料的需求正是对拉宾达拉的科研路径给出的最好肯定。无论是从技术改良还是从生产工艺上，新型产品的市场都呈现出一种前所未有的光明。从市场角度来说，这无疑是一种正确的选择，但某种隐含的"损失"也会随时降临。

领导者要拥有足够的视野，能洞悉团队的需求，并能筹措到足够的资金，来满足团队项目启动的需要；还要将规范和自由有机地结合起来，才能构建和运行一个充满激情活力的组织。作为激发团队的领导者，还要顾及战略性、方向性及高层领导力的诸多问题，要有能力激励团队中基层、中层等各个层面的创新能力，做好协调和执行工作。衡量一个领导者是否具有水平、具备核心竞争力，就是要看他能否为团队找到可持续发展的机会。这对领导者提出了更高的要求，需要注重倾听市场和生产一线反馈回来的信息。因为任何发展机会都不会轻易到手，潜藏的机会也不会随意示人。创新和改进本身并非易事，常常会在意想不到的地方光顾，而且通常极具挑战性、复杂性和不确定性，进而使人们与可能的机会失之

六
建立结构清晰的团队

交臂。这是领导者诸多职能中最应被明确界定和引起重视的关键所在。同时，团队也要有清晰的定位，并具备很好的弹性和宽容度，鼓励成员在自由、宽松的状态中尽情地释放激情，营造出彼此信赖、共同成长和最终实现个人价值的团队文化。作为领导者，你将获得意想不到的惊喜。

▍渗透欧洲
寻找技能卓越的合作伙伴，建立信赖关系

　　第三个案例的复杂性会更加引人注目，因为它涉及研发与市场推广两个团队之间经常讨论的战略焦点问题。在该案例中，无论哪个团队，都需要首先说明自己对市场的看法，以此说服决策者接受自己对当前市场的判断。而对于研发团队来说，最终还需要提供一份详尽的计划，以便为项目的实施吸引更多的参与者，赢得更多来自市场团队的支持，从而为产品的进一步改良和完善创造更好的机会。

　　在开始启动这个项目时，从最初的商业价值判断来看，任何人都觉得这个项目将是康宁公司发展到目前为止所遇到的最复杂、最困难，也是最富有挑战性的变革方案之一。但从研究人员的角度来看，因为这项挑战要依仗研发团队的力量，而他们完全有责任和能力抓住这样的机遇，为公司的成长做出贡献，这就足以使团队兴奋和活跃起来了。于是，研发团队和市场推广团队达成了某种默契，为促成这项研究的启动做出了共同的努力。

　　顺着从研发到市场推广的路径看下来，第一个兴奋点当然就是公司的产品研发部门。负责研发团队的运作及从研发团队手中拿到第一手研

IDEA AGENT

究成果的重要角色，就是皮特·布兰切特。他是一个蓄着红色胡子的法国科学家，是我在环法旅行时收获的"成果"，可以说是那趟旅行中的意外之喜。在卢瓦尔河谷城堡，我们聊得非常愉快。作为产品技术研发的同人，我们有机会在各种会议中频繁见面，并由此建立起了良好的友谊。在柴油机事件发生后，他从研发的视角出发，同我们分享了他的观点，他还尝试着为解决这样的危机提出自己的想法，在同行间引起热烈的讨论。

在成立近 30 年后的今天，康宁公司作为汽车排放控制领域的早期领导者，拥有大量发明专利，包括从普通的材料到蜂窝状载体。但目前，康宁公司的环保产品正面临着一系列的威胁。从 21 世纪初开始，欧洲柴油机汽车市场的增长为目前存在的柴油制品生产线——从重型设备到轻型设备——提供了良好的机会，这对康宁公司同样也是一个新的机遇。在原来重视柴油机应用的市场中，无论是汽车还是柴油制品的细分市场，同样类型的产品无一例外地都遇到了严峻的市场挑战。而柴油市场上出现的新材料应用也同样面临着残酷竞争环境的严峻考验。公司在产品领域的竞争中处于劣势，从产品最初设计的环节就显示出了致命的不足和缺陷——在材料黏聚的部分形成了圆筒结构。科学家最初的设想是希望通过改造结构达到弥补材料性能本身的不足。

当产品在市场上的存在受到严重威胁时，公司就必须做出反应。在新产品研发机构中，通常会提出 3 种不同的可行性研究计划，每种计划都代表着技术上的某种趋势，预示着某种市场竞争的优势，或者发明了某种新材料。研发伊始，技术上的改善是显而易见的，但很难说这种变

六
建立结构清晰的团队

化能够带来立竿见影的效果，许多技术上的难题依然不能很快得到解决。希望借助新材料一举扭转竞争颓势的团队领导，完全意识到了这种现状，他们十分清楚自己应当承担的责任，以及在材料研发中尚未完全释放出来的潜能。于是，在研究室里，在饭堂或走廊上，我努力去向科学家们咨询并同他们交流，激励他们更加大胆地创新。到目前为止，在无机技术领域里所能掌握和了解的可用材料的基础上，只要在性能上能够适应柴油条件下的应用，我们就准备使其更加合理地满足新技术条件下的生产工序的要求。

研究引发了新的想象空间，很快我们就发现了更多的候选人。这对于一项研究计划来说是个良好的征兆。在研发团队中，皮特·布兰切特的个性突出，所持的观点也与众不同。他恪守自己应尽的职责，秉持科学家的客观立场，在新材料的研制过程中，只要发现了某种缺陷或可能带来的风险，他都会直言不讳地提出自己的看法。但从上级研发机构发出的这种声音对于后续的生产单位，以及更加关注新产品性能优势的负责市场推广的团队来说，这种毫不隐讳地将意见和盘托出的性格及做法会被当作质疑和否定新产品具有可开发潜能。事实上，他们自己也不清楚，在当今的柴油市场上是不是真的存在新材料的替代空间。

作为整个研发团队的领导，我应尽的责任就是凡事都要想在前头、做在前头，此时我提倡在研发新材料的过程中开展一系列小规模的探索。确实，我是幸运的，包括在商业开发方面。在别人还没有搞清楚究竟需要什么的时候，我与皮特在研发阶段已经结成了默契的同盟关系。这种诚信的同盟关系，是建立在我们彼此都笃信一定能从这个研发项目中找到我们想要的理想结果的基础上的。从该项研究早期取得的成果，以及那些经过典型实验所表现出的非正式、独立性的实验数据上看，我们也确实见到了某种成功的希望。与正规样本相比，这些实验结果是在相对宽松的实验条件下得到的。我们从开始的2~4个，很快就发展到6个不同的材料样本，经过严格筛选、比较，最终选出了合适的材料，舍弃了其余的备选材料。

那种仅凭项目负责人所理解的技术需求来决定能否成功的做法，是不明智的愚蠢行为。我们需要的是在某个人指挥下的复合型技术团队，在面对多种解决方案的选择时，能够进行公开讨论，通过不同观点的碰撞，找到最有效的解决方案。而这个指挥者在必要的时候，有能力巧妙地化解和掌控由内部竞争可能带来的抵触。说到掌控的成功，有能力的领导者甚至可以自如地带领团队在6~8个候选人中找到那匹最具爆发力的黑马——让所有成员都参与项目预案的制定过程——遴选出最优秀的人选带领团队实施方案。简单地说，如果我们能在团队的内部找到既熟悉商业市场战略、又能提供合理技术支持方案的人才，就能创造优异的成绩。

回想我曾经管理过的不同组织机构，接触并面试过的各种候选人，最终我想到了杰佛·梅吉尔。他是我在康宁公司参加的第一个研发团队中一起共事的研究人员，在那段时间里，我们彼此熟识，都在努力调整自己以适应康宁公司的原始管理状态，以及家长式的管理风格。在我负责的一个产品开发项目中，他担任项目经理。他拥有技术和市场方面的双重优势，无论是有机化学还是无机化学，抑或在生化酶和催化技术上，

六
建立结构清晰的团队

杰佛都具备娴熟的技能。过去我们各自的事业轨迹并不重合，他也不曾是我负责团队中的成员。他擅长的领域是玻璃行业自上而下都被严密保护的显示屏技术（这块领地外人很难涉足）。但是，我知道他"渴望新的挑战，一种真正意义上的、足够刺激的、有吸引力的全新挑战"。在他向我表述自己的这种强烈愿望时，我知道我已经找到了自己需要的项目经理人。

为项目找到合适的带头人，这只是第一步。如果我们要成功地鉴定和筛选出一种新材料并证明它具备生产条件和商品属性特征，那么在实验阶段，就要进行十分枯燥而艰辛的劳动。而在商业部门形成的战略计划书中，我们还不能确定它是否拥有市场价值和地位。如果我们足够幸运的话，那么我们设置的第一个目标——通过团队内的项目开发合作——就能得以实现。我同皮特之间建立了稳定的合作关系，分享各自的观点，我们一起谋划，让杰佛不仅承担一个普通项目经理人的责任，还要与我们建立起一种双重汇报的关系，他的工作同时要对我们两个人负责。他确实被赋予了重任来运作这个项目。我们都意识到，这样的授权加上这种特殊程序的汇报方式，可以使责任者从中体验到某种主人翁的感觉，这对结果的实现显然非常重要。这也正是我们最初希望传递给项目负责人的信息，希望他们能尽情地释放聪明才智，最终惠及项目及产品本身。所以，即便存在着某种风险，我们也要培养和授权这样的角色。皮特在我负责的这个研发计划中承担职能经理的职责，负责整个研究计划的制订和具体实施。这并非传统意义上他应该扮演的角色，而是一种非正统的组织结构所需要的，但这也恰恰成了取得成功的关键。

IDEA AGENT

从市场角度来说，这样的做法也会带来完全不同的结果。十年后，皮特在一次非正式的报告中，谈到了这里面的关键问题："组织结构上的一个关键转变，是我们决定把杰佛·梅吉尔放在一个重要的位置上。当时，客观上存在着几种技术解决方案，它们被分散到玻璃研发、陶瓷研发甚至外观研发等不同的团队。就筒仓敏感的动力学研究问题，各个团队分别寻找突破口。这样的安排对我来说意义非常重大，我找到了合适的人选，以及合适的组织结构。从职能上杰佛被授权直接向两位主管汇报工作，这无疑为他的工作提供了另一种高效运转的保障。"

经过几个月的反复研究和实践，通过淘汰和甄选，甚至还进行了新候选人的最后陈述，所有这一切使最后的结果在严格和理性的状态中呈现出来了。杰佛对整个团队产生了众望所归的影响力。皮特和我开始分享这种感觉，并意识到是时候赢得商业领袖们的支持了。

弗兰克斯·潘瑟是康宁商业团队的总经理，德高望重，受人尊敬。他非常睿智，锋芒毕露，拥有广阔的商业战略视野和罕见的市场洞察力。在一般人看来，他具有某种戏剧表演的才能，能够吸引住观众。我们都很了解他，而且相信他。我们也知道，他只要提出了某种新的观点，那么就一定有能力来证明他观点的可行性和正确性。

作为总经理，他经常很忙，即使和我们预约了见面的时间，通常也只能安排在几小时之后，见了面谈话的时间也是非常短暂的。但对于围绕整个计划忙碌的人来说，他确实都是同等对待，没有厚此薄彼。在较早的时候，他的项目经理和团队就已经被分别派去收集和整理相关的市场信息了，所以他们对外部市场动态已经有了深层次的了解，熟悉现有

六
建立结构清晰的团队

柴油产品市场整体的商业战略格局。他们将现有市场上产品的技术指标、生产周期，以及选用陶瓷材料、工艺和检测等方面的特征进行了综合的对比。弗兰克斯团队主张，为了在商业领域中保持产品长久的生命力，要在所有的细节上下功夫做到最好，他们所追求的目标就是要拿到更多的商业订单并得到客户的认可，从而提升客户的满意度。

听了对市场调查结果的陈述，弗兰克斯看到了研发团队的新产品中潜藏的商业价值，认为能给康宁公司在柴油动力汽车既有的产品细分市场上，再提供一种极具竞争优势的产品。这种具有竞争优势的新材料为我们赢得了有力的市场支持。会议结束后，弗兰克斯很快就同意为这项计划争取更多的投入资金，并同时启动商业赞助的营销策略。他还愿意提供帮助，争取以最小的投入甄选出适合市场需求的终极产品。我们都了解他的性格，不想违背他的意愿，我们满足了弗兰克斯的要求。

产品很快定型并进入实际生产阶段，在几年前，这样的结果简直让人无法想象。从项目早期研究的启动到按步骤持续进行深入研究的整个过程，再到现在这个凝聚着康宁公司全体智慧的新产品全面驶上发展的快车道，这个项目的领头人率领着一支充满激情的团队，用创造出的优质新材料为康宁公司的商业发展开辟出了新天地。他们通过切实可行的途径满足了柴油轻型交通工具的技术需求，并很快引导客户欣然接受了这种产品。当然，这种新型材料也正是凭借着自身优良的性能赢得了客户的认可，其中也包括低廉的价格。康宁公司的市场推广团队跃跃欲试，为该项产品进入并占领市场制订了完善的市场营销计划，力求通过这种新产品一举攻下欧洲柴油动力汽车市场。

IDEA AGENT

几年后，弗兰克斯·潘瑟通过这个项目为他赢得了更加辉煌的商业影响力。时间证明了他在商业领域中所具备的卓越洞察力。用他自己总结的话来说："团队业绩不是用来炫耀的，这10个月来，新型过滤技术的应用并最终形成具有强劲市场竞争优势的产品，完全是建立在研发团队甄选出来的材料本身具有卓越性能的基础上的。而我们之所以能够领先欧洲柴油机汽车市场成为最大柴油过滤设备供应商，这就要归功于我们的商业团队与客户之间的沟通水平。我们很荣幸在对这项新产品的评价上与客户达到了高度的默契。他们了解了我们的产品所具有的'技术竞争'优势，同时，我们在面临风险时表现出的应急能力、稳健的市场开拓能力，还有高规格、大规模的新产品研发能力，都给他们留下了深刻的印象。所以，他们信赖我们的能力。为了表示合作的诚意，他们为我们新产品的推广提供了前所未有的施展空间。我们之间建立起了一种互信的全新合作模式，由此，也开创了我们共同迎接商业飞速发展的共赢局面。这种休戚与共、相互信赖的默契合作关系也是我们取得成功的关键。他们赞誉我们这个激情、创新的团队为'梦之队'。我想我们确实配得上这样的荣誉。"

在这种突破性的变革中，团队所做出的出类拔萃的贡献，首先要归功于领导者和成员共同创建的团队文化，以及清晰的组织结构。显而易见，这样的结果并不容易得到。这需要团队在获得成果前很长的一段时间里就开始重视文化建设，并寻求更多力量的支持。清晰的组织结构除了体现团队的价值，还要能为迎接变革和挑战提供有效的保护，同时也有益于成员行为与团队整体价值保持一致。至

六
建立结构清晰的团队

于成员在团队中应当承担的责任，对于团队领导者来说，是一件非常值得考虑的事情。它绝不应该表现为一种退却和规避，也不应将成员的能量隐没在团队的力量之中。团队成员之间必须保持个体独立、相互竞争，同时还要相互合作，形成彼此制衡的动态关系，才能使团队真正凝聚成一个整体。团队中的成员只有达到了共同承担使命的默契，才能有效地进行合理分工并将工作中的激情尽情释放在事业的跑道上，团队则要为他们快速的奔跑提供强大的助力。当然，团队中各种角色最好的合作方式体现在日常工作中，特别是在那些复杂的、迫待结果的项目实施过程中，他们可以做到互相激励、相互补缺、克服惰性和极力避免出现各种负面情绪。

很多团队都有过在众目睽睽之下，紧张和迫切地去接受某种技术或事业挑战的经历，这是团队"必须"接受的考验。此时，围绕在团队周边的各级领导发出的指令会让整个团队处于癫狂的状态，使团队成员忘记了自身的角色所应尽的职责。尽管有时领导者要相信在某些抉择的背后确实存在着诱惑力，但这并不意味着要由经理、主管或副总这样的角色去做技术上的抉择。领导者也不应该在具体的项目会议讨论中用权威压服不同的意见，或者干脆直接"越权"去影响、干扰研究专家的研究，试图通过他们的实验数据来左右项目的进展程度。其实，领导者要做的事情很简单，就是为团队中的所有人提供服务，而领导工作最简单的宗旨就是要保证团队工作的正常运转。

我的个人经历

去法国的路上

完成了每年一次的乳腺钼靶检查，从罗切斯特开两小时车回来，我依然还能够感觉到身上穿刺检查后的疼痛。结果，很幸运的是，医生说我还可以活 5 年。之后，我去参加了一次专利颁奖的庆功晚宴，这是康宁公司的重要活动。晚宴上，我与企业的 CTO 诺博·斯坦利进行了交谈。他显然想让气氛变得轻松，以拉近我们之间的距离。他问了我一个很简单的问题："你对国际转让的工作感兴趣吗？"我的回答很干脆，没有给人留下任何犹豫的印象："毫无疑问！"于是，他很快就结束了我们这次非常简短的交谈，把注意力又转移到下一个人身上去了。

诺博是一个经验丰富的技术官员，他曾在公司的管理层任职。由于在技术才能上显现出的实力，他得到了康宁公司高层领导的支持，轻松成为董事会成员。加之其自身的努力，他很快成为一个得到公司上下普遍认可、颇有人缘的人物。过去的一些年中，在诺博的直接领导下，公司取得了显著的业绩，员工的士气也很饱满。我领导的团队也受到他的精神感染，无论是在业绩还是面貌上，都有不错的表现。而我自己，通过几年的努力，也得到了公司核心领导层的好评。

我在工作中一直坚守这样的做法，既要把握好激情释放的尺度，同时也要注

我的个人经历
去法国的路上

重规则，由此使团队在平衡与稳健中不断发展，从而得到领导的赏识和认可。我也从团队其他同伴身上学习到了很多东西，为实现自己的价值留出了足够的施展空间。我喜欢用自己的风格开展工作及管理团队。但是，最近的经历令我的工作明显地偏离了既定的风格和轨道。分析其中的原因，似乎所有事情都事与愿违。近两年来，我想要实现的目标都撞在了现实的墙上。由上级指定安排给我的工作与我内心想要实现的理想存在着很大的差距，我发现自己处于缺乏理解和支持的孤独境地。我过去习惯了接纳建设性的意见，现在却反过来要束缚和拒绝在新的发展条件下因不同视野带来的不同见解。我曾经鼓励过的自由创新环境换来的却是被忽视的结果，以致团队丧失了竞争的优势。我的办公室大门随时为各种意见打开，这也意味着我在等待机会的降临。但是，我的声音在某种程度上受到了阻滞。我之所以有这样的想法是因为团队中的所有人似乎都陷入了迷茫。这其中包括我的同僚、我的团队，还有我的上级。这样的体验对于大多数人来说或许并不陌生，他们在自己的事业发展中都出现过类似的状况。只不过，他们的那种强烈的感觉表现得更加隐秘和独特。

公司的高层领导也曾试图出面帮助解决这个问题，从而使我的团队突破现在的瓶颈。他们来到我的身边帮我分析问题的所在，尝试着解决眼前的危机。我从过去的经验中找出应对冲突的手段，为自己的处境和所作所为进行了努力的辩解。尽管如此，我还是愿意为自己的错误承担责任。在寻求解决问题的过程中，我自认为可以得到不少人的理解和支持，但如果不能得到高层的允诺和配合，困境最终就不会得到真正的化解。也就是说，不管你想要改善问题的态度如何真诚，解决问题的方案还是需要得到上级领导的认可和支持。我既然被当成一个拖着一列破车前行的车头，在得不到任何支持和认可的前提下，就不可能继续带领着对我

IDEA AGENT

寄予厚望的团队再做出什么卓越的贡献了。我的出轨也就在所难免。

在寻求破解这个难题的过程中，诺博·斯坦利终于发现了一个办法，可以让他应对双方的不满——重新评估或干脆结束康宁公司设在法国的实验室。这个决定隐含着对我的强大支持，正是我摆脱目前困境最需要的东西。这让我重新回归到他的帐下，在他的调遣中，我打算去海外重新建立一个全新的技术实验中心。他的一箭双雕解决了横亘在我与公司之间的所有矛盾。尽管在康宁公司的资深管理团队中，我曾经被认为是解决矛盾冲突的首选人物，但我心里十分清楚，在化解问题的过程中，矛盾双方就缓解冲突的边界及最终结果之间存在着理解上和承受上的差异。通过沟通了解了彼此的想法，在相互鼓励、尊重各方承诺的前提下，我朝着自己选择的方向重新出发。一种全新的生活正等待着我去探索。

七

提供可信赖的领导力

作为创新团队的领导者,要善于激励成员,在直觉的引导下采用理性的行为去实践。而最终如何使这样的实践通向真正的成功,则是新形势下对领导力提出的一种要求。这一要求涵盖了领导者的所有责任范畴,包括制订团队的战略计划、带领团队执行计划、构建团队文化,以及承继和维护好的传统。同时,团队领导还要对上级负责,参与企业高层战略方案的筹划并承担决策的职能;另外,还要按计划安排成员的日常工作,以自身能力影响成员的生活和工作,以期构建起合作共进的团队文化。为此,领导要做到:在涉及团队内外的整体利益时,要以宏观视野为基础进行观察和思考;要创造相互交流、自由表达意见的环境;尽量争取更多的资源;要表彰成绩,推广成果;重视员工的职业规划;创造并追求更高的目标;提供"发展方向"的范本;倾听、倾听、再倾听。

或许没必要强调,即使对一个老练的领导者来说,要想领导好一个快速变革成长中的团队,对其领导力也是一种很大的考验。要想成为这样的领导者,除了具有凝聚团队的能力,还要有毅力、高尚的道德、义无反顾大胆尝试的魄力和勇气,同时要具备坚韧不拔的精神。即使做到了这些,也仍然不够。要想统率一个高效率的激情团队,领导者自身就需要充满激情,要有渴望成功的强烈事业心,同时还不能表现得过于外向,要用矜持的态度保持住领导者的威仪和神秘。但领导者的感情必须真实,不能给人留下虚情假意的印象。领导者角色中最重要的一点就是要把自己的真实性展示给他人。如果能做到这些,那么自然就会树立起领导者的权威性。具有人格魅力的领导者,即使不特意去营造团队的文化氛围或刻意去激励团队,也同样能够带领团队取得很好的成绩。

总之,领导者要想始终保持饱满的工作状态,就要做到收放自如地控制和调节自己的情绪,既能在需要时充满激情,也能在必要时保持冷静。激情也是领导者做事的动力及创造灵感的关键。在某些时候,领导者可以从"当事者"的意识中脱离,让自己暂时处于"旁观者"的角色。对于团队成员来说,或许更容易接受领导者的这种"超然物外"的态度。但作为领导者,这种"放任"的尺度并不容易把握,而真正能够做到"超然管理"的领导者,其精力一定是投入激励和培训团队的工作当中了,而不是控制和限制成员的发挥。

在自我激励成长的过程中,如何界定领导者的角色并不是一件简单的事情。作为领导者,最重要的是要得到核心管理层的支持。要想实现超越自我,就要尽可能地使自己周围的环境变得简单,要注意保持自己的健康心智,要让领导者这个角色成为承载自身个性自由的载体,体验角色扮演带给自己的那份成功快感,以及利用一切机会施展自己建功立业的才华。

在我个人的经历中,如何界定领导者角色这一问题的答案,最开始是从我们的心灵导师达萨那里得来的。大家也许会认为像心灵导师这样的角色,似乎不应该出现在企业中。但正是他开示我去思考,如何在正常的研究工作中找到自然状

七
提供可信赖的领导力

态下真正的生命本质。通过理解和感悟的逐渐加深，我接受了他的开示，并在他的建议下，开始在自己的团队中提倡一种终身学习和修行的实践。而我本人也从反复学习和感悟达萨的这些箴言中，完成了一个领导者的蜕变。达萨导师拥有非凡的智慧和能力。在那段时间，他给了我强大的支持，正是在他的教诲下，我才顿悟了关于领导力中精神、授权、相互依存、服务和支持及自我意识与承诺的内涵，还掌握了所谓"工作中的智慧"——这也是他著述的一本书的名字。我通过这种触及灵魂的修行方式，开启了智慧的觉悟之门，再经过不断的实践修正，更加唤起了内心深层的意识觉醒。我很快就证明了遵循达萨教诲的承诺、诚信并具备超凡勇气的实践精神可以给工作带来不一样的效果和影响。也正是在那段时间，我开始懂得了在工作中保持平衡心态的价值，学会了放弃，这也是我在应对棘手的复杂局面时可以倚仗的原则和工具。在法国领导实验室的经历，给我提供了非常理想的工作舞台，而达萨教给我的这些道理全都变成了指导我在新环境中领导团队的精神财富。

领导变革
接受挑战

受命在法国负责运营康宁公司的实验室，对我而言是一项有趣的工作。在我们事业发展的早期，我和丈夫曾经在德国住了3年，那时是在马克斯·普朗克的研究室中进行地球化学项目的研究。那段有趣的经历是我和丈夫一生都难忘的。我期待着再有机会回到欧洲。这些年，我在枫丹白露研究中心认识了不少科学家，该中心位于巴黎一处著名的区域，因其崇高的声望而被尊贵的董事们以此命名。通过多次访问该实验

IDEA AGENT

机构，我与这些科学家建立起了友好的合作关系。我很高兴能有机会来领导康宁公司的这一独立分支机构。最终，我很幸运地得到了这个职位。因为要承担起更多的责任，所以就需要我从过去学者的身份逐渐转化到职能管理的角色。而团队的重新构建也对我提出了新的要求。这无疑是一项充满诱惑和极富挑战的工作。

当时，康宁公司刚刚经历了自身领导层的变革，有着"濒死"的深刻教训。经历了后光学时代发展的泡沫时期，公司正在通过深刻反省和组织更新，将"超速的列车"从脱轨的危险境地拉回正常的轨道。在这个关系公司生存的关键时刻，技术研发部门必须大幅度削减一系列的研究项目。而这些项目，在过去那些年里，也正是公司在全球范围内通过激烈竞争才赢得的"机会"。这个项目削减决策也包括枫丹白露研究中心，有些项目已经研究了 10 年，业已成为支撑团队技术未来发展规模的重要构成部分，削减掉会尤其令人痛心。康宁公司中的主要研究项目及技术外延的生产能力，大约有 1/10 集中在美国的纽约州北部。法国实验室以此作为目标，已经努力发展了几年。但是，我们发现，在康宁公司未来的整体格局中，本应属于兄弟关系的法国实验室，所处的地位却有些模糊。法国实验室拥有一流的科技人才，他们涉猎的知识领域极为宽广，在广泛的研究和项目开发上，同样具有优秀的能力。但他们缺少的是公司对其团队战略价值的准确定位和评估。从即将离任的 CEO 的一句话中，我们大致可以揣测出公司高层对法国实验室的态度："如果你问公司中任何一个人'我们为什么要在法国建实验室'这个问题，我相信谁也不会知道答案是什么。"

七
提供可信赖的领导力

在我看来,要想成功地扮演领导者的角色,必须从学习语言开始。尽管在领导多国科学家参与的合作中自然能接触到各种语言,但我还是强烈地意识到,要想领导好一个团队,就要真正成为他们当中的一员,这样才能凝聚他们的力量,分享他们的世界。这就要求领导者至少要懂得当地的语言,了解当地的新闻,关心当地发生的重要事情,还要与当地的学者领袖保持良好的互动关系,要能与工会首脑进行沟通谈判。我在高中时学的那点儿法语,已经几十年没有用了,其中有不少已经在我多年前努力学习德语时忘记得差不多了。但我还是有信心,通过在罗切斯特两个星期的强化学习恢复我的法语能力。在去法国就职前,我用了两周的时间来学习法语,这些付出是值得的。

到了法国的实验室,最初受到的礼遇还算不错。在第一次员工大会上,我设置了公开问答的环节。在法国,这种口头交流的形式可以让员工感受到你的真诚。他们可以直观地了解我,我可以不依赖文字记录和他们进行口头上的交流。我传递给他们的信息很明确:被优先考虑留在实验室工作的人,不仅要有突出的课题研究能力,而且他研究的课题还要具备可操作性,具有转化为实用型产品的潜能。我们不仅追求超级法国实验室的名声,更重要的是用商业合作的价值和引领技术潮流的成果来证明自身的能力。如果我们用这样的目标为法国实验室定位,要做的就是将主要的研发团队转变成一个一个的特殊技术部门。如果我们能让这些独立运作的技术部门都做出卓越的贡献,那么无疑将带来至关重要的商机,从而使这个设置在欧洲的实验室成为公司发展的重中之重。为了将康宁公司的这个实验室发展成不仅在法国,而且在整个欧洲都有着

IDEA
AGENT

重要地位的研究机构，我开始更多地采用欧洲实验中心的说法来替代法国实验室的称谓。所以，在到法国后召开的第一次碰头会上，我就阐明了要将实验室打造成了解欧洲最尖端科学技术的实验窗口的决心。此外，为了实验室自身的发展需要，我们也要努力将这个平台建设成高水准的科研基地。按照我的构想，实验室要围绕4个重点展开工作——在科技市场化过程中扮演重要角色；研究课题要具备独特竞争力；成为通往欧洲的技术输出平台；具备雄厚的研究实力。这是我为中心制定的整体发展战略，同时还要指导团队共同去实现这一使命。于是，我们开始了在欧洲3年持续不断的高强度、高投入的工作。从实验中心的战略方向到机构组成及团队文化建设方面，我们转变了原有实验中心的部分功能和设置。在这3年的时间里，挑战不仅改变和充实了所有人的生活，同时也给我们带来了丰厚的回报。

我被整个团队的精神所感染，成为一名阳光型的管理者。团队中的所有人都在为他人及承担的项目尽责尽力，特别是在具体项目的研发中和特殊计划的实施中，每个人都能发挥各自的技术优势。所有人的价值都得到了尊重，大家彼此合作，还能遵从领导的指挥。而在第一次员工大会上，我对团队组织结构的变化所产生的顾虑，也在自己重新诠释和理解了领导者的概念后被彻底地化解了。此外，我曾经考虑过的如何使用权力，如何进行授权管理，如何尽到领导者应尽的责任，以及如何做到长久地坚持下去等一系列相关问题，也一并烟消云散了。比起原有管理制度，分级授权管理使团队成员普遍感觉氛围更加宽松和愉悦。作为管理者，这样的方式也令我受益，它使我更加懂得了过去掩盖在具体管

七
提供可信赖的领导力

理者背后的每个员工的真实想法，这让我感到非常有趣。

我对法国当地文化的了解，可以说是从把工作时间和个人生活时间严格区分开来开始的。这对于我来说，完全可以称得上是一种职业意识的进步，这对于处理好领导者与团队的关系有着十分重要的意义。在我以前的印象中，这种关系是停留在管理者和就职者之间，就劳动力的付出和交换建立的契约关系。受雇者的一切均被雇用者的组织结构所限制。随着雇佣文化的兴起，人本身成了雇佣关系中最重要的因素。每个人在这样的关系中都会受到鼓励，应该按照自己的意愿来对抗限制自己发展的任何障碍，而这样的行为往往还会得到周边环境的支持。对于像我这样从外部介入进来的参与者来说，重要的是既不能失掉自我的文化，同时又要避免文化影响中的摇摆，做到客观地认识和评价法国实验室。

通过直接向我汇报，员工逐渐了解了我的性格，这让他们感到很舒服，非常愿意与我分享他们的乐趣及做事的风格。通过交流，我希望他们意识到每个人都很优秀，完全配得上他们的所得，他们都是难得的人才。我们共同构建一个有组织的团队，开拓彼此的视野，增强使命感。这种全新形式的变革，给实验室带来了新的生机，受到了所有人的拥护。至于我自己，在一个新的国度里开始生活，总是感到有些孤独，我还不能很好地融入法国的文化，除了努力扮演好领导的角色，我还是能感到社会和文化上的不同给自己带来的某种隔阂。

我们最初的工作旨在建立一个有黏着力的领导团队，可以分享彼此的观点并努力践行。比起其他的事情，我更希望看到一个授权充分的激情团队，有了这样的团队，就会有最佳的想法和最好的行动。经过复杂的甄别及动态的取舍后，我相信最终留在团队里的都是卓越的人才，他们凝聚和释放出的创造能量远胜于任何一个个体的能力总和。我希望他们都能承担更高难度的挑战，做出更加卓越的贡献，并且都能从事业的成功中获得更大的幸福和满足。我愿意与他们分享在新的团队中相互融合的感觉，当然，我还希望他们能够懂得在营造团队价值的过程中，最重要的是领导者自身发挥的作用，这是团队能够获得成功的基本保障。

团队召开的会议总会涉及某些战略方向的论题，这就要求决策层要通过既往的经验适时做出恰当的判断。到法国几个月后，在团队重构的关键时刻，我请来了达萨导师和罗布·麦克劳格林。他们的到来无疑为我们的团队注入了一股强大的能量。罗布是一位有着美国式管理风格的人力资源主管，他有过在国际合作技术机构中工作的丰富经历。我希望他帮助我用两三天的时间筹备一下将要举行的实验中心半年度管理会议的议题。

比起专门花时间去了解公司战略和领导力，以及掌握授权和激励的技巧，我认为这样的场合和机会都更加值得珍惜。我也希望团队成员能够利用这样的机会真诚交流，体会简单的快乐。我让娜莎列·高顿做我的行政助理，她是一位身高一米八、在新西兰有过突出表现的法国姑娘，她做了新西兰人的新娘，从她的口音中，还可以听出当地英语的腔调。她成了我在法国最得力的助手，靠着她的帮助，我们找到了合适的活动场所，环境很有特色，有助于调动员工的情绪、鼓舞士气。无论是暂住于法国的乡村小屋，还是在田园风格的古堡，或者在葡萄酒庄园中的餐馆，凡是经过娜莎列安排的交流和会谈，都不会让我们感到失望。饭菜

七
提供可信赖的领导力

肯定会很可口，住宿也会很舒适。无论面对多么复杂的要求，以及随时可能遇到的观念、态度上的挑剔和质疑，她都能应对自如，完全能达到她自己预期的效果。随着创意的不断产生，需求也在不断增长。人处于越舒适的状态，往往就会产生越多的需求。整个团队的氛围显得更加宽松，成员的参与感变得更加强烈。在团队的招聘活动中，员工都会表达出自己的观点，尊重和坚守各自的价值观，就团队中发生的事情可以自由地发表自己的意见，自我参与的意识普遍得到提升。

在美国，我们青睐的室外活动（像绳网和攀岩）及室内活动（演奏吉他和唱歌）都是为了培养团队成员之间的信赖感而采取的简单而开心的娱乐方式。但我们在法国所做的事情则属于文化滞后的形式，或者说就是倒退——聚会中的奶酪、曲奇等甜点根本不可能带来室外运动所具备的凝聚力。我们发现自己正在笨拙地做着的事情，就像让法国古典吉他的高手弹奏着美国的蓝调一样——其实，尝试探索其他文化的表现形式，最重要的还是要在借鉴中找到适合自己的。文化可以创造，未来也可以设想，舞台从来都是为见证奇迹的时刻而搭建的。

我们每时每刻都在表达志在成为一个卓越实验室的态度，相信最终会改变科技界对传统实验室的评估视角，待到枝繁叶茂时必将惠及整个欧洲。现在我们依靠猎头公司作为最主要的招聘途径，以此替代过去靠人脉推荐和中介代理的传统方式。在实验室招聘初期，我们还设定了对非法国籍就职者的要求，后来我们改变了招聘的政策。于是，在招募的科学家中，来自德国、英国、意大利、罗马尼亚、印度和马达加斯加等地的候选者，都进入了我们甄选的行列。只要观念发生了转变，障碍自然就会消除。

　　功能被重新定位后，实验室成为商业研发机构，这是一个关键的转折点。实验室就此成了诸多合作环节的中心，并由此承担起研发龙头的责任。尽管康宁公司在欧洲技术市场上历来属于活跃的参与者，但其下辖的实验室未能在欧洲大陆的技术发明与科技成果向市场产品转化的过程中承担起重要的角色。康宁公司在法国设置的这个实验室的特殊位置，就要求它必须为满足欧洲市场的基本需求而做出应有的贡献。在欧洲的新实验室选择设置在法国之前，我曾同团队中的3个主要技术负责人进行了交流。我们谈到了各自所掌握的技术与客户真正的需求之间应该如何转换的问题，我们还分析了现有的资源、技术及资金支持等诸多事宜，我们找到了彼此共同认可的价值观。这个新设的实验室将随时为康宁公司在能源环境领域中的柴油动力汽车市场提供满足客户需求的技术支持；同时，还会为生命科学等新兴领域中的高通量筛选技术的应用提供支持；而对于代表科技发展最新水平的精密热玻璃定型处理的市场转化过程也会提供大力的支持。几个月后，新实验室已初具规模，设备也得到了更新和完善。接下来的工作水到渠成，就是要充分发挥出这个重新构建、有着清晰结构和准确定位的实验室的作用，使其支持和完成我们的使命。

　　对于实验室的领导层来说，最重要的是要迅速凝聚起他们的智慧和才能，并将这种精神和能量传递给他们的团队。我们围绕着团队中的角色、关系和责任进行了长时间的严肃讨论。不同角色和技能的要求决定了要有不同类型的职能经理和项目经理。在缺乏具体项目管理责任人的

七
提供可信赖的领导力

情况下，我们要直面一些棘手的问题。但最终还是需要尽早地帮助他们构建一个结构清晰的团队。整个团队能够坚定地执行符合市场需求的实用性技术的研发和运行计划，打造产品的核心竞争能力，并支持和维护团队领导者的权威。当然，最重要的还是要让团队中的每个人都能明白自己承担的职责，了解自己的技术优势，认清工作中潜在的真正价值，在技术向产品转化的过程中，建立起广泛的人脉关系。这是评估团队成员是否能适应新形势下的工作的首要标准。

第二个被重新定位的中心主题是在康宁公司研究的整体框架中明确界定了新实验室的功能和职责。这对于规范化管理和减少重复劳动有十分重要的意义，有时减少比增加还要困难。科学家们充满创造性的劳动，使得实验室在很多领域的研究上都更具水准，研究课题涉及的方向也变得更加宽阔。市场需求从来不是一个简单的提高与创新的过程，而是要将技术引导到一个特殊的领域。所选择的技术要在市场的合作研发中具备独特的优势，同时能够带来文化的发展及社会的繁荣。我们希望通过团队共同的努力，使法国实验室成为与世界上少数几个合作竞争对手相媲美的著名实验室之一，赢得它本应具有的无可争议的地位。我们在玻璃成型、有机材料、高温玻璃陶瓷及工艺制造等领域，已经形成了几个不同的研究机构，尽管目前都还没有达到独步天下的程度。利用这段时间，我和康宁中心实验机构的高层们进行了沟通和谈判。同时，我也和大西洋另一侧的同事进行了长时间的交流，在充分评估了自身优势，以及承担的职责与所得利益之间的权衡后，我最终接受了康宁公司的任命。我们彼此看重并共同寄予厚望的基础正是这个新实验室所拥有的独

IDEA AGENT

特价值及其无可替代的超凡气质。

实验室的所有人都能感受到这种变化。团队的工作重点、责任和汇报机制都发生了改变，甚至连他们呼吸的空气都变得新鲜、自由起来。我提倡的开门办公的政策，就是希望能调动起更多人的参与热情。从最初少数到访者的犹豫，到最后吸引来很多科学家的直言，就像涓涓细流汇聚成湍急的河水一样，各种观点和意见、关注的热点和焦点、可能的机会及生活的状态等问题都汇集到我这里。在这些建议和请求里，有的是与新设备有关的建议，有的是需要得到工会支持的某些行动的请求，有的是关于夏季或圣诞派对的建议，以及为某个项目争取更多预算的请求，还有更深一些的话题，譬如在文化融合上的忠告和建议，还有的人希望得到自己的工作空间。在午餐的咖啡时间，我可以听到更多关于法国的政治家和劳工组织领导人的话题，还可以与员工共同分享我和朋友们环法旅行的感想。如果你再和他们打上几小时的壁球，相信你们的关系就会显得更加融洽了。

与工会的交涉是在一种紧张气氛中开始的。双方的会面混杂着某种诚恳、透明，还有些幽默的复杂情感。作为谈判的双方，各自所处的立场不同，从本能的对抗态度转变成就事论事只是代表不同群体发言的做法，证明了现在团队正处于默契合作、蓬勃发展的良好时期。在工作中，我会为团队里每位过生日的成员送上自己亲手写的祝贺卡片。其中的词汇和语法会得到娜莎列的修改和润色。这样的方式还可以继续提高我的法语水平。在与团队中的项目经理交流时，我总会问到他们直接下属的情况，有时候是问候，有时候是了解，但更多的当然是给予支持。在团

七
提供可信赖的领导力

队工作场所的咖啡间里，总是聚集着不少人，那里自然成了庆祝项目成功的场所，或者被当成生日聚会的场所。我们一起创造出了团队的激情文化，并承诺要让所有人都能实现自己的梦想。我们的表现得到了行业内外频繁来访的朋友们的称赞，他们同样喜欢这里的氛围。他们会与我们一起去实验室周围的小镇上品尝法国美食，彼此间轻松交流，非常愉快。通过这样的社交，实验室及其领导者逐渐受到更多人的关注，从而成为更具影响力的角色。我们还同法国当地的政府官员会面，参与博物馆的功能设计，组织社区捐款等活动。实验室成了当地的一个枢纽，一种力量，其能量已经不容忽视。

实验室运作了两年后，枫丹白露研究中心在行业范围内的知名度已经尽其可能地扩大了。了解到这种价值的评估是来自客观实际而并非主观认可，这一点是很重要的，这是通过中心所有人的最佳表现集中显示出来的效果。这种声誉与所有人的热情有关，是激情动力的源泉。因此，我们在半年度的领导会议上充分肯定了团队所坚持的特色理念，营造出的良好社会影响，并用一箱法国红酒嘉奖整个团队的卓越表现。团队之所以能够取得这样的成绩，在于所有人都理解了各自的职责，充分认识了自己的使命，挖掘了自身的潜能，最终实现了超越自我的目标。在对团队的优势、常态及独特性等诸多因素进行充分论证后，管理层清晰地意识到，从广义上来说，现在的实验室所拥有的综合技术优势及影响力所覆盖的区域，已经超出了法国，它的名声已遍及整个欧洲。

团队成员用自己最好的表现，为康宁公司成为欧洲的技术中心进行了投票，他们还建议用CTO（Chief Technology Officer），也就是首席技

IDEA AGENT

术官的名称替换我现在的称谓。这当然会让现任的 CTO 诺博·斯坦利感到十分诧异:"要是真能让琳娜改了名头的话,这可算是数百万年也不会遇到的令人称奇的大事了。"原先康宁公司内部并没有计划将一个新的实验室设置在欧洲,结果在康宁公司上层的支持下,这个实验室最终还是被设置在了法国。即将卸任的 CEO 说:"康宁公司的管理委员会赞赏了实验室在这个阶段的表现。而这所有的表现都是发生在她上任之后。"还有,"实验室过去想要争取独立的想法是不切实际的,但现在的状况已经完全不同了。这个欧洲的实验室通过他们自身的努力,制订了完备的发展计划,特别是针对需要特殊攻关的项目也会提出完善的预前方案,足以形成团队的凝聚力,释放出科研创造的激情。我很高兴她为团队带来了更多的能量,也为公司承担了更多的责任。他们干得很棒!"

只要我与达萨在一起,工作时就不会感到孤独,也能正视现实。在康宁公司的技术团队中,还有许多其他同事,也会用各种极具建设性的意见来回馈我对他们的信任,从而能让我认识到他们在团队中所起到的关键作用。达萨给我们提出的建议是:"当人们一旦愿意打开心灵尝试沟通时,工作就会成为某种生活价值的寄托。在这个过程中,更多的是鼓励个人成就感的满足,以及自由激情的释放。"很多人正是在这种精神的感召下,开始镇定自若地应对各种机遇和挑战,踏上了真正实现人生价值的轨迹。在此期间我们互相学习,彼此受益匪浅。

然而,掌控和维持一个高效团队还需要行之有效的管理技能。要创建一个能够预测未来、寻求自身价值的突破,以及打破传统行为模式、依靠自己的力量克服所有障碍的激情团队。这样的团队要求领导者具备规划未来、展望前景及前瞻

七
提供可信赖的领导力

的洞察能力。团队一旦做出了正确的选择,让这样的领导者登上了表演的舞台,那么什么奇迹都有可能发生。一个习惯了在工作中总考虑"如何"才能做好的领导者,会将视线拘泥于琐碎的过程中,这与总是在工作中提出"为什么"的领导者,对于团队存在的价值、意义和目的是不同的。作为一个激情团队的领导者,要强调团队工作的性质、团队文化,以及工作意义的终极价值;要善于调动团队成员的情绪,努力实现和发挥整体的价值。同时,领导者要作为榜样影响他人,分享每个人的贡献带给整体团队成功的喜悦,让所有成员都能做自己想做的事情。我在这里提到的这些想法,都是自己在工作和生活中总结出来的,我并不打算在广义层面上探讨什么是领导力。那是伟大的比尔·乔治、约翰·伍德,以及其他一些著名的人物才有兴趣研究和探讨的话题。作为一个善于总结、重视他人经验的人来说,我非常认可他们的观点,相信这样的领导方式才是真实、可信而且行之有效的。

总之,领导力的真正核心是明确表达出的一种自我接纳意识,以及在需要坚韧和毅力的工作环境中所表现出的自我存在意识。自我接纳意识和自我存在意识是构成领导力施之于他人的勇气、正直及同情心的基础,也是授权文化生长的土壤。

授权

在我们的日常生活中,经常会看到这样的情景,领导要赢得员工的支持是非常困难的事,但反过来员工要拆领导的台却是十分容易的事。那时我们就意识到了变革不能过快。希望我们的变革所带来的实际效果能使每个人通过日复一日的

IDEA AGENT

努力逐渐找到最好的自己,再通过构建合作共赢的团队,奉行相同的价值观,彼此信赖,最终实现我们的目标。真正的变革是通过给所有人创造一个有意义、有价值,以及能够自由开心工作的空间,从而建立起彼此之间的信任,凝聚成拥有集体意识的健康团队。人们一旦把焦点和注意力集中在每个具体的个人身上,就会采用独特的方式去迎合独特的追求。每个个体感受到的这种独特的感觉,也正是人们内心都渴望成为唯一个体的原始需求。它能让人尽情地释放激情,满足人们的幸福感及工作上渴望成功的欲望。作为团队成员,为了让自己的表现尽善尽美,就要努力通过工作为自己的生活注入强大的能量,让事业的成功成为实现个人价值的一个途径。

通过授权形式,能够促使员工进入最佳的状态,相信每个员工都有能力实现成功。授权可以发现员工的潜能——某些潜能其实已经显露。授权为员工的成长创造了机会,能够激励他们追求更高的目标,实现更大的发展和扩张。领导者要与团队一起,共同参与员工间的互动交流,并给他们提出善意的建议和忠告,这种感觉类似于某种曝光,但把这面有着借鉴作用的镜子公开置放在他人的面前,将引导他步入一条自我发现和觉醒的道路,尽管有时这种做法会使当事人感觉痛苦。最终的授权是通过团队成员之间开诚布公的交流实现的,其结果是一种能被团队中的所有成员都接受的承诺。这就要求领导者在团队中建立起一种公开、透明的意见反馈机制、能够容纳各种意见的监督平台,并且根据新的形势不断纠正自己的观点和行为。

授权,作为团队和领导者之间达成的承诺,实质上是一种激励团队成长的问责机制。将所有的权力下放给员工,是领导者对待权力分配的最直接的体现。尽管授权的概念是抽象的,或许还会给人留下一种"领导者弱势"的印象,由此造

七
提供可信赖的领导力

成削弱团队凝聚力的负面影响。但实际上，授权能够达到使人尽情释放激情、创造出卓越成绩的效果，这种效果还是十分明显的。在实际工作中，团队所有成员都会秉持公开与自由的原则。授权使成员对团队的战略决策产生信赖，从而做到自我激励，为实现目标而尽职尽责。甚至，成员会为每天的项目进展变化而激动不已，领导者的指令可以贯彻到任何角落，授权成为领导者和员工之间共同参与的游戏，随时会有惊喜发生，到处可见真正的创造性的释放。如果思想得不到自由，就不会看到光明。授权会让他们感到欲望的萌动，以及自身力量的强大。

共同参与的授权游戏，可以让领导者抓住管理中最重要的关键点，那就是团队"与"你一起工作，并非"为"你工作。领导者的真正意义是在遵循某种价值观和原则的基础上为员工提供服务，这种理念的宗旨是提升他人价值并造福于他人，它是团队外在表现后面的真正推动力。要想成为一个开明的领导者，就要在团队中公开、频繁地宣传这样的观点，增加自己所承担的责任的神圣感，这对激励团队成员履行各自的义务大有裨益。领导者要言行一致地告诫自己的员工，他们不是在为你工作而是与你共进退，你们在一起所做的全部贡献都是为了实现团队的共同利益。

领导者还扮演管家的角色，为所有人谋福利，掌管和扩充着团队的资源。把领导者视为服务的角色，这种心理并不像把领导者视为权力象征那样根深蒂固。权力带来的最大错觉是，它会被理解为只是领导者才有的属性，是某种职位带来的优势，是一种特殊身份的体验。或者说，权力是一种对许多人都具有吸引力的磁石。然而，领导者的真正意义是将权力的内涵从侧重于权威地位转向决策和责任方面。这样的改变会给团队的事业及成员的生活带来影响，从总体上提升价值，为成员谋得更多的福利。因此，领导者需要更加智慧地发挥权力的影响，以与众

IDEA AGENT

不同的魄力和勇气成为发动并牵引团队向前的内在动力。

领导者需要接触每位员工,进行有意义的交流,这样才能了解他们各自的具体问题。尤其在管理大型团队时,领导者和团队中的每个人的交流是件很亲切的事情。每当遇到一对一的交流机会时,领导者都要找到合适的途径和恰当的表达来适应每个人的特点,这会让团队中所有成员都能得到领导者的当面指教。显然,这样的方式有助于更好地满足每个人的需求,也便于展现每个人最真实的状态,以及最好的一面。

诚实

诚实,是我们处事中要坚守的原则,也是我们努力追求和倡导的领导力中最具价值的部分。谈到自我追求,都会涉及自身价值、原则,以及信仰等方面。诚实还表现在如何与人相处,如何体现个人价值方面。

在日常生活中,我们所说的每句话、所做的每件事都能体现自己诚实与否,同样,我们也很容易从周围的评价中觉察到。在授权管理的过程中,诚实表现在契约达成之前,领导者要以开诚布公的态度与团队进行沟通,目的是赢得所有成员的支持。在诚信的前提下达成的契约,总会被团队寄予很高的期望。一个充分授权、高效、激情的团队,鼓励所有人参与共同创新的游戏。每项具体建议、具体行为,包括领导者因失误而造成的任何损失,都会被团队认真对待,或者毫不留情地表示质疑。如果在这样的团队中,领导者表现出的是具有开放觉悟及胜任高难度工作的能力,那么他将成为难得的将帅之才;而如果团队中的成员能以坦诚的态度回报这样的信任,那么他们也将成为团队发展的真正动力。

七
提供可信赖的领导力

在提升团队的综合能力上，诚实也能发挥作用。它是团队提升效率、鼓舞士气，以及产生信赖感的基础。诚实通过清晰的角色定位及角色间的彼此关联支持团队的构建，避免混乱，形成团队凝聚力，以期适应环境的变化，快速调节与外部的关系。诚实所发挥的最显著作用体现在对每个个体的尊重和信任上，它使人们凝聚成一个整体。可以说，诚实是团队的灵魂，它无情地荡涤着任何不义行为。这就需要团队领导者和所有成员保持激情、承担责任并勇于为他人尽责。领导者要从一开始就公开自己的抱负，要有魄力成为公众关注的焦点，要用坦诚、直接的方式表达自己的意愿，要善于接受建设性的反馈，要用关怀和支持他人的方式将自己塑造成一个不可或缺的最重要的人物。

让人们总是坚信诚实的价值并非一件容易的事情。我们相信自己的观点和原则，但在实际中，当人们面对一个大胆的建议或某种有别于常态的做法时，有时还是会感到因诚实而带来的尴尬，以及反馈的结果与实际状态的出入。处于领导位置上的我们就会产生某种抵触和一些可以理解的不适感。当我们暴露在公众的视野下时，就会有失察的漏洞被他人窥破的紧张感，也会产生一种被外界监督的压力。我们最初的反应或许是一种本能的规避，但信奉的原则要求我们做出唯一的选择，那就是要以诚实的态度作为行动的指南，这会与我们内心的意识保持一致，符合自己的价值和原则。这种清醒的认知能力会在我们想要背离诚实原则而采取某种行动时萌生出来，也会在我们想要摆脱某种束缚时重新给予警示。这样的价值观源自我们的内心，并成为我们的底线。

IDEA AGENT

勇气

一旦具备了诚实的品质，领导者就能在内心价值观与原则的引导下，去应对和化解风险。在现实生活中，大多数领导者在应用新方法、采取非常规的标准时，或者在对老板、客户和员工说"不"时会畏缩不前。没有这种经历的领导者，或者通过学习深刻领会如何临危不乱，或者避免逾越安全保护区的界限而陷入危险的境地。如果领导者不能正视相关行为带来的风险和恐惧，那么在面对错综复杂的问题时，领导者的决策、观点和价值观都可能成为销蚀团队情绪、破坏团队精神的负面力量。

恐惧也并非毫无意义。如果你能清楚地意识到它，恐惧就能起到激励和鞭策的作用。世人普遍认为，恐惧本身不足惧，人类内心的勇气就是用来克服恐惧的。勇气可以使人在面对恐惧时，冷静地感觉它，仔细地观察它，甚至做到不假思索地接受它。这种体验恐惧的感觉及随之采取的行动，会令恐惧这种负面的情绪转化为推动我们行动的强大力量。这种力量将深入我们的内心，成为使我们看清恐惧本质并能坦然面对、最终摆脱恐惧的关键因素。

我们能够感知到的很多危险，都源于我们的内心希望达到或维持下去的某种难以割舍的事物。例如，任何一个大胆的建议都有可能被认为对信任或权威的某种挑战，或者被视为威胁；采用非常规的标准有可能被他人拒绝；对老板说"不"，有可能给职业生涯带来负面影响。但真理就像指南针的指向一样不会改变，只要我们秉持正直的原则，就会懂得在什么时候谢幕，以及如何重新登场。按彼得·布洛克的话说："如果我们的基本目标是打造和提升一个团队，那么最重要的就是能做到谨慎行事。而如果我们的基本宗旨是承诺服务和奉献于客户，那么与人为

七
提供可信赖的领导力

善、坚持诚信就是我们必须坚守的原则,但这同时也意味着我们已经选择了一条冒险的、不同寻常的,乃至充满危机的道路。事实上,在途中我们会遇到很多令人畏惧的障碍,但勇气将有助于我们正视和克服这种畏惧。我们只有在努力帮助他人的过程中,才能真正找到自己的存在价值。"[《授权管理》(The Empowered Manager)]

在领导力中,勇气并不意味着某种不顾一切的盲目行动,它是一种与清醒的意识、良好的判断相关联的智慧。通过培养高效团队,我们可以知道何时及如何带领团队向前,尽管前行的道路上困难重重。作为领导者,勇气可以体现在寻找支持者、转化科研成果、发挥人力资源优势、争取广泛支持、创造团队文化并捍卫其神圣性、掌控和化解冲突带来的潜在危机、追求充实的生活等过程中。通常某些被认为高不可攀、很难实现的目标,其中潜藏着为商业创造重要战略空间的机会。但因为这样的机会常常伴随很大的风险,所以只能得到少数人的支持,甚至处于根本无人理睬的境地。如果领导者能够依靠自己的授权团队,得到他们的支持和认可,并坚信你有能力率领他们实现目标,那么这就是你能够排除障碍开始行动的最大动力。虽然当今世界发展变化很快,但领导者仍然可以奉行某些旧的箴言行事:"勇气可以改变世界,智慧能够化解一切。"

共鸣

真正的领导者,不会陶醉于个人的能力、控制的手段,以及被人赞美的虚幻影像中,而是会将对员工幸福和成功的承诺放在首位。热情服务于员工是领导工作的核心。领导工作为关心员工并通过有形的方式表达出来提供了机会。真正的

IDEA AGENT

领导者不仅能够控制自己情绪并巧妙地管理员工，还能捕捉和把控员工的情绪。

热情是极具感染力的情绪，共鸣则为这种感染力打开了方便之门。共鸣与热情是鼓舞人心的驱动器。毫无疑问，工作中表现出的正能量会影响正被负面情绪困扰的员工和领导者，甚至得到他们行为上的响应。虽然，领导者个人的情商会给整个团队带来显著的不同，但共鸣和热情的能量不论在哪里都同样强大，在创建激情团队时它的作用绝不能被忽视。相同的感受、彼此的共鸣，可以让成员在团队中呈现出他们的最佳状态。

只要留意一下成功人士的经历，看一下他们披露出来的诀窍，你就会发现，他们最关心的是"如何才能让自己的工作获得大家的认可和褒奖"。他们会告诉你在商场上做得长久的最佳方式就是培养拥护者，带好自己的啦啦队。而就激情团队及其成员的挑剔目光来说，领导者的态度必须是公开、透明的，因为真正的共鸣不可能在虚伪的状态中产生。这就需要领导者利用自身智慧，将其体验到的兴奋、痛苦及心中的愿景，都传递给团队中的其他人，这才是引起共鸣的核心动力。共鸣无关性别，它体现的是对他人需求的敏锐发现、尊重他人的价值、包容彼此的差异，甘愿做别人成功的垫脚石，倾听、倾听、再倾听。

共鸣需要通过尊重每个独立个体的价值来体现，即使这意味着领导者在创造新机会时可能进展不太顺利，或者在竞选时将自己置于危险境地，但团队中产生的这种集体共鸣的力量，其作用和贡献仍是毋庸置疑的。这意味着你要尊重那些相信你的人，相信他们有能力在你所提供的空间中尽情地施展才华，而一旦他们的观点得到了支持，那么在他们具体的做事风格与你的行事方式不一致时，也会因共鸣而发生交叉。人类的共鸣需要有内在的热情，要找到恰当的方式来激发，或许人们正因现状与梦想的违和而焦虑，但依然会为曾经的愿景而骄傲。但是，

七
提供可信赖的领导力

共鸣并不意味着这是一种有效的疏导路径，总能呈现出一派和美的景象。共鸣并不能掩盖员工的不满，共鸣也不代表着能够净化一切污秽。它们只能让事物呈现出感觉上的美好，有时甚至还会抹杀人的个性，掣肘特立独行在团队中的作用。这就意味着团队成员还需更加准确、深刻地洞悉自身意识，掌握好特立独行与共鸣之间的辩证关系。如果不在此刻重视这种辩证关系，工作中迟早还会遭遇矛盾和纠结。在团队中鼓励共鸣的产生，主要是为了激发每个个体的最大潜能，让你成为那个唯一的自己。

从更深层次的视角看，共鸣对领导者提出了更高的要求。共鸣不仅要停留在惠及他人的层面，更重要的还是要有利于自己。团队成员的共同参与使团队不断发展壮大，而团队成员也因受益于你的教导和启迪而得以成长。我从自己的经验中发现，所谓的共鸣，不仅需要一个公开和透明的环境，而且要求我们要使周围的环境也达到尽善尽美。这就意味着在自我完善的过程中，不能将这样的状态当成平常的随机行为，而要把它当成一种长期的能量储备或资源投入，要将从中衍生出的经验、教训和智慧与他人分享。这也许会让你感到某种危机，担心过度地袒露自己会打破他人对自己的幻想，从而埋下失败的隐患。但共鸣终究会带来一些机会，能够帮助我们战胜内心的恐惧，踏上无畏的征程。这时，展现在你面前的将是一个与以往完全不同的世界，你登上的将是过去从未企及的高峰。当然，其中最大的收获是源于自身的强大勇气、与他人分享的快感、对自我的意识和强烈表达的愿望。作为领导者，拥有为他人奉献、服务的机会才是真正的无价之宝。

最后，我想说的是，团队的成功及其成员的福祉都维系于领导者的卓越表现。领导者赢得员工的拥护，比自身成功更具价值。领导者要有足够的胸襟气魄，期待和帮助他人做出更大的贡献。事实上，这样的境界是来自领导者自我意识中的深层觉悟，正是凭借这样的觉悟，领导者才能够引导自身复杂的情感和需求，聚焦于自觉的服务精神中，从而达到忘我工作的境地。

乐趣

　　领导者对他人的承诺不能只停留在口头上。领导者首先要做到的就是对自己负责，这样当他人把自己的事业和未来托付给你时才觉得可靠，领导者只有把握好承诺与责任的平衡，才谈得上确保他人的成功。要想在服务的过程中得到他人真心的拥护，关键是领导者自己要有健康的体魄和坚韧的精神。

　　平衡生活，这是我们经常听到的说法。对于领导者来说，这不仅是一种要求，而且应当是一种责任。就像强力发动机需要高标准的燃料一样，领导者也需要不断注入能量，作为其工作的动力。领导者不可以懈怠，只有不断前行才能将你从日常的疲惫中解脱出来。你需要直面内心，在直觉中释放积蓄的能量，让自己保持平衡的心态，控制好管理带来的压力，调整和恢复自己的体力，去应对复杂的局面，承担起领导者应尽的职责。领导者要带领团队保持乐观的心态，使每个人都充满能量，处于激情和兴奋的状态中。然后，这些正能量将以领导者为中心在创造性工作中得到真正的释放，由此给团队带来勃勃生机。

　　乐趣是以一种轻松的方式将我们带进或回归宁静的空间，在那里你可以找到曾经失去的生活品质。如果你还没有找到或拥有这种感觉，那么就让梦想任意驰骋，牵引着你去发现某些有趣的事，这些乐趣会让你感到舒适、放松。它能帮助你从日常琐碎的事物中解脱出来，不至于总是被时间急促地追赶，从而使你重新蓄积能量，重燃生活的热情。所以，要多找一些能让创造力更加活跃的趣事来做，

七
提供可信赖的领导力

同时也要让身体通过运动保持健康，并努力保持身心的平衡。对于领导者来说，重要的还是要持续热情地为他人奉献，让这样的奉献贯穿自己的整个职业生涯。

自我意识

自我意识贯穿于我们的生活，要树立起一个自我的概念，可以通过承担的角色、获得的证书、从事的职业等来确定自我的属性，并以此表达我们的价值、原则和信仰。这是帮助我们认识自我以及在日常状态中做出常规判断的那部分，对所有人来说，这是自我最熟悉的那部分。尽管我们都习惯于用经验做标准，但人的某种情感的瞬间反应——焦急、喜悦、愤慨、生气等，是我们集合在一起的外在表现，由此我们可以确定自己的存在状态。然而，在我们的内心深处，隐藏着某种与生俱来的智慧的力量，那是我们自己尚未认知、没有被以往的经验充分验证过的那部分，这种境界是我们不容易达到的。作为领导者，就需要将这部分内在智慧显露出来，做到不加约束地释放其潜在的能量，并以此行事。这种能量虽然是深藏于内的，但也是可知、可觉、可感的。

正如创新的欲望总会被日常生活的杂乱与无序所掩埋那样，最好不要让人们在创新的过程中产生"工作不知道究竟为了什么"的困惑，人们感性和直观的认识大都是在无思维状态下的静默中产生的。人们的这种静默状态，其实是一种思维充分集中、感觉瞬间凝聚，在时间的延续过程中体验到瞬时片段的当下行为。它能为直觉的流动释放出空间，是人们面临事物做出恰当反应的关键。静默反映的是人们的一种达观通透的能力，是一种观察事物本质的方法，其中蕴藏着超凡的能量。懂得了这一点，在现实中面对具体情况时，领导者就能高屋建瓴地从容

IDEA AGENT

应对。自我意识的建立为领导者提供了最有力的工具：一旦洞悉了自我意识能量的来源，在为他人提供服务及实现其价值时，就能够最大化地释放出这种能量。在这个过程中并非采取控制的方式而是参与的状态，是在他人乐于支持的状态下得以实现的。这种互动共存的情形，特别是在团队经历了暴风雨的洗礼后，仍能保持领导者的核心地位，使其能够继续履行和发挥他应有的职责。

为了更好地解决外部冲突，领导者首先要解决自身的冲突，如果没有自我认知的能力，这是不可能实现的。内心的想法和感觉，还有下意识的惯性都会决定和控制你的行为，直到你意识到了它们的存在。而一旦你觉察到了自我的存在，就有能力应对外在的挑战。最终，自由会从潜藏在我们内心深处的欲望、知觉及情感中释放出来，并表现为可以被外界清晰辨识的形式。只有在真正认清了自身的这种潜能并坦然接受它的牵引而随之行动的情况下，你才有可能去影响和改变他人的行为。你最终会明白，其实这也是你唯一能够通过自身的影响带给外界和他人的转变，当然也寄托着你从中想要得到的结果。作为领导者，你要在洞悉了他人的意识活动规律之后，按照自己的意志带领你的团队从业已形成的经验中，或者在无意识状态下的机械行为里走出来，选择一条正确的路径前行。

教育背景和早期历练决定了我们在潜意识里有着某种领导他人的欲望，而这种意识使我们当中的很多人都产生了"权威就意味着正确"这样的负担，并依循这样的理解在领导者的位置上塑造和发展自己，他们希望自己在任何时候做出的决策都是正确的。只有当我们察觉到是我们自己想要一种凡事皆正确的结果时，才会明白这样的意愿其实代表的是一种错误的暗示。我们需要勇气去改变这种想法和观点。

同样，领导者也常常会因为陶醉和满足于角色赋予的特性而陷入困境。在领

七
提供可信赖的领导力

导者的体验中，成功、褒奖、影响、权力、控制、名誉、财富、关系、地位等，所有这一切都成为重复导致愉悦的因素。但是，聪慧的领导者会发现和证明欲望的快感永远难以满足。欲望的底线就是欲望本身，它从不会餍足，在追求欲望满足的过程会不断产生新的欲望。要想打破这种循环，唯一的方法就是要认识到真正的满足源自内心，只有在消除了欲望之后才会得到真正的满足。另外，人们是通过行为背后的意识获得行事的动力的，只有充分地认识了这样的能力，超越日常经验，人们才可能自由地选择和消除欲望。

当然，就像抛掷的硬币一样，欲望也会显露出它的另一面，就是对欲望得不到满足的恐惧。很多领导者会被失败、暴露、犯错、软弱、缺乏控制、遭到回绝、失落或非难的恐惧惊扰着。这时，我们的欲望在镜子里会显现出一副恐惧的嘴脸。只有当欲望得到了赞美，我们才会抛弃这种恐惧。如果我们内心觊觎成功，就会害怕失败和风险；如果我们迷信权力的强大，就会生出被操纵的畏惧；如果我们只关注输赢，就不能承担输掉的后果。一旦懂得了权力的本质，就可以帮助我们释怀恐惧的心理，自我意识可以给出一种选择，让我们做出适当的反应，从而将我们的能量引导到希望的方向。

挖掘自我意识对领导者来说势在必行。领导者在帮助他人实现价值之前，首先要言行如一从而使成员信任自己。而要想让别人真正相信自己，你就要知道自己究竟是谁，或者说，除了被团队或成员认可的一面，领导者还有着很多尚未被认知的方面。要想应对更加复杂的局面，克服更多困难和挑战，就必须唤醒和利用更多的潜意识，诱发内心更丰富的情感，由此创造不可多得的机会。

IDEA
AGENT

自我接纳

  在领导者的诸多品质中,最重要的是要拥有自信。有了诚实和勇气,你就不会像陷于骄傲和自负中的领导者那样浅薄。前者的自信来自对领导者角色的自我意识,因服务于他人并助其实现潜能的开发而感到的满足。而后者的自负则是基于领导者位置本身衍生出的某种状态和权力感,以及膨胀的自我意识。当人们相信了在这面镜子中看到的幻象时,那么外界对其固有价值或自身能力产生的任何质疑,都会使我们因为害怕失去这些习惯性的认知、褒奖及价值而心生恐惧。内心的挣扎又会使我们产生一定要做到更好、更大、更强的强势心态,从而在背后承受更多与内心的自负进行较量的痛苦。无论是在工作场所、会议室,还是在学校的操场上,都能看到这种挣扎。其实对于领导者权威的真正威胁,来自他们利用组织的授权去处理那些在工作中出现的毫无价值、细枝末节的琐事而带来的烦恼和痛苦。因为这样滥用权力不但对问题的解决无补,而且还会成为一种成瘾性的循环,从而不断地削弱领导者的权威。

  勇气的大小并不是领导者解决问题的关键所在。在权力的高压下,你也不会真正找到权威的感觉。这时权威带来的结果或许正好与愿望背道而驰。作为领导者,要想摆脱自我设置的陷阱,只有一个强化自我意识的方法,那就是为他人服务。

  领导者从自身经历中所积累起来的自信,可以让他把关注的焦点从自身转移出去,这样就能有效地淡化对生存、名利、地位的执着,进一步认识到何谓全心全意的工作。工作本身就是一种鼓舞领导者和员工士气的重要来源,这种认识的转变是人在不断深入自我发现过程中的产物,通常表现出持久的效用。但这个过

七

提供可信赖的领导力

程要求人要做到绝对诚实,具备坚韧不拔的精神,还要做到完全地接纳自己的行为及存在:你的技能、你的欲望、你的趣味、你的毛病、你的长项和你的怪癖。自我接纳不是降低对自己的要求,而是要使自己的承诺兑现得更加完美,在不降低自身要求的前提下,使承诺和目标得以完美的实现。对于领导者来说,重要的是要做到自我认可与接纳,尽可能规避自我主观判断中的错误给团队带来的破坏性影响,持续鼓励和保持员工的激情与竞争力,尽情释放他们的才能,将领导团队的重点从"我和我要的"转移到"他们和他们要的"上来。

服务型领导者要做到客观地接纳周围的所有现实,不必太在意自己的感觉或行为是否存在某种偏颇。自我接纳能够使人的行为变得谦恭,让我们从傲慢和膨胀的状态中解脱出来。服务型领导者不以追求个人得失为前提,他们的事业反而更加易于成功。领导者在自由意志下尽心地服务于团队,用心为他人带来最好的利益,同时释放出自身的激情,与他人一争高下。

达萨在总结强势领导者的状况时说:"自我接纳给领导者带来的最大转变是变得开明了,它将领导者从总是自认为正确,总想控制他人、滥用职权、陶醉于他人奉承的状态中解脱出来。它还会让领导者把注意力放在他人而不是自己身上,在不受任何干扰的情况下,在工作中真正地授权于他人。领导者自我接纳可以让员工产生更多信赖,从而使他们的事业得以成功,自身价值得到更多尊重。他们可以尽情地释放才华,等待脱颖而出的机会,不用担心自己的价值被忽视、埋没。自我接纳最终是去造福他人。"[莱特·戴维森,《工作的智慧》(*Wisdom at Work*)]

结束语

让生活继续

　　我已经站在了世界顶端。丈夫和我一直喜欢徒步旅行,对攀登山峰也抱有特殊兴趣。所以,无论去哪个大洲,我们除了一起走访城市,更多的时间会去攀登那里的山峰。最近一次的远征,就是我们登上了乞力马扎罗的顶峰,那种在山巅上俯瞰带来的全新感受,给这次旅行留下了十分难忘的印象。那次登顶,我们用了 5 天时间,山脚下葱郁的热带雨林被山腰的草地和灌木所替代,然后,随着海拔的逐渐升高,植被逐渐贫瘠,最终完全不见,视野中出现了类似浩瀚、苍凉的像火星上一般的景观,遍地丛生的尖锐火山岩的碎片,阻碍着我们前行的脚步。我们认识到了人类自身的局限。

　　"站稳,站稳。"我们的向导一直在用斯瓦希里语给我们鼓劲,"慢点,慢点"。在我们已经攀登过的绝大多数的山峰中,在接近登顶时,从来没有出现过这种感觉。空气如此稀薄,脚下都被细末状的火山灰覆盖。我们均匀、稳定地挪动着脚步,无声地一点点向顶峰靠近,在天上满月魔幻般的清辉指引下,每次移步都让思想得到了净化和升华。恰好在黎明前,我们到达了顶峰,俯瞰下的山谷慢慢地

结束语
让生活继续

在视线中展开，目力远及于地平线上隐现的山峦叠嶂。山峰像有了生命一般，阳光直射下的冰峰呈现出白色、水绿和紫色丁香混合成的微妙色调。这让我们觉察到那种只有屹立于世界巅峰上才会体验到的特有意义，以及这种意义的深刻内涵。

我似乎也能体会到一种处在世界顶峰的感觉。有一瞬间，生活看起来对你充满了微笑。我们夫妇有一段日子生活在法国，对我来说，生活在一个新的国度里，充满了自己喜欢的挑战，以及在国外履职的那种独立自由的感觉。公司的上级管理者也很好地接纳和接受了我为实验室设置好的新的发展战略方向，当地员工也用积极的态度配合着计划的具体执行。我的孩子现在回到了美国读研究生，他是个很棒的小伙子。我们欣喜地关注着他的成长，享受着他来欧洲和我们一起度假的快乐。

现在，我已经从欧洲回到了总部，被晋升为公司的联合副总裁。这种奖励再次让众人跌破了眼镜——对于我来说，这意味着从此进入了一个新领域，而对康宁公司的技术而言，则象征着开辟了一个新的市场。我身体依然健康，充满活力，在参加公司举办的同年龄组的铁人三项比赛中，获得了第二名的佳绩。我计划还要参加更多这样的比赛。我的生活很忙，但在这种忙碌的状态中，我是健康和快乐的。

但是，生活悄然发生着某种改变。就在我参加铁人三项比赛后的一个月，以及接受乳腺 X 光检查的一年后，复查的结果是"异常"。接下来的活检及其他的检查也确定了这个结果。这种体验与我过去一年中所得到的那种幸福感觉完全相反。我的乳腺受到癌细胞的强烈侵蚀，并迅速扩散转移到了淋巴系统，已经发展到了癌症晚期阶段，其中几处较大面积的附着肿瘤，除了采用大剂量化学疗法，已经不能再实施手术摘除。此阶段的癌症完全康复治愈的概率只有 15%。

IDEA
AGENT

  我必须接受的"大剂量"化学疗法耗尽了我的能量。而这对我来说，完全是无能为力的现实。治疗中，我的身体出现了这样的情况——没有力气举起一本杂志，甚至不能把勺子放进嘴里。这样痛苦的日子——还会有更长的苦痛来袭——我简直难以忍受。这意味着我不能再继续过去生活中的那些正常爱好，如游泳、举重、慢跑，以及同丈夫一起骑车这样的运动，即使最简单的带着狗散步这样的活动，也因能量的不断耗竭而无法进行。

  但是后来，也不知什么原因，我的癌症竟匪夷所思地痊愈了。如果有人问我是怎么回事，正像所有努力给我医治的临床医生和研究学者一样，我对此也不能给出很好的解释。我更不能给出任何能让人信服的理由——从药物到意志，到耐受力，到剂量浓度，到康复的欲望，等等——所有这些都是为了尝试性的组合实验，实验的过程充满着痛苦和折磨。然而，实验的结果是完美的。

  术后活检的结果没有发现癌细胞，这无疑宣布了我的起死回生。当我已经屈从命运把自己抛向无情荒野之后，在得到这个消息的瞬间，真的感到了一股暖流直接袭向了我的腹中。两天后，我停止了化疗。在我处于最黑暗、最虚弱、最无助，感到再没有更多的力气可供消耗的那段时间里，我的上司来家中探望我。在过去的4个月里，他来看过我几次，我总还能有力气在客厅见他，而那次我却无力起床。他搬了把椅子坐在了我的床边，他告诉我现在的经济形势迫使康宁公司做出裁员的决定。他必须在现有的员工里做出这样的选择，他做了一个提前退休的方案将提交给员工斟酌。尽管在病中我不能记住更多的细节，但在那种凝重的氛围下，还是很容易让我体验到领导者的痛苦。我提醒自己，必须从优秀者中进行被淘汰者的遴选，还要考虑团队在失去这些精英后如何生存。我也警告自己，这是必须要做的事情。要注意措辞、语气、情绪，乃至音色等细节的问题，在向

结束语
让生活继续

那些"提早退休志愿者"们传达辞退的决定时，尽量让他们接受公司的这个"安排"；对某些员工要表示出"不，你不必退休，我们还需要你"的挽留之情，而对另一些人则要流露出"你真的想要退休了吗"的暧昧态度。

我想，领导第一次来看我时，灌输给我的意识就是要我依然为他那个团队中的许多人负责。这让处于病中的我有些猝不及防。他好像根本没注意到我的身体状况，和我径直谈起该如何用提早退休的方案来进行人员的裁减。他反复强调，要授权我最大限度的自由执行这个方案。"但我可不想在这轮'提早退休'的裁员中直接动用行政命令。"其实，他的意思就是鼓动我来做这件事。他继续说服我，许诺赋予我极大的自由权限，并将得到他无条件的支持。我还被期许在康复后回到岗位时，将会达到下一个事业的巅峰。谈话气氛挺好，但只是很短的时间，我就没有力气继续我们的交谈了。

我很难做到不让孩子们知道这个消息，但我不想让这件事破坏一个星期后就要到来的圣诞节的气氛。我的化疗反应、即将接受的乳房切除手术及我的生存概率等，这些话题已经严重影响了我家人的情绪。家人对我现在的能力存有质疑，他们担心我现在的状况，是否能够适应竞争和新的岗位，以及在同高层领导交涉这个问题时还能否为自己争得有利的位置。我没有让他们失望，他们给了我支持。对我一贯的好强，家人已经习以为常。他们了解正是我内心那种争强好胜的欲望，让自己做事时有坚守、反对或转向的不同抉择，他们也知道我善于寻找对手的弱点，勇于开辟新的战场，信奉存者为胜。我身上的所有这些特质，即使我现在在床上无精打采地躺着，辗转反侧地睡不着，还是能在生活出现如此重大变故的情况下显露出来。对于我来说，应付挑战在我的生命中有着弥足珍贵的意义。帮助公司消弭合作中的障碍，正是自己利用以往的影响力可以做到的。我知道我能做

IDEA AGENT

好这项工作。我了解在这项棘手的工作中会得到什么人的支持。但这一切都需要我现在至少能离开病床才行。我起码要恢复到几个月前的那种状态，要能披上各色艳丽的头巾、戴上耳环、画上职业靓妆，给人以代表公司形象的外表。而这几个月病痛带给我身心两重的折磨，让我的精力尽失，以致精神也陷于萎靡的状态。要想做好这件重要的事，我就必须节省精力、振作精神。我重振的力量源于家庭带给我的感觉——我的孩子们、我的丈夫、我的姐妹及外甥们——他们和我站在一起，不考虑结果。我内心的宁静则源于自己真诚地笃信达萨的教诲，接受已有的现实，康复、罹病、死亡，或者提前退休……然而，这些都将重构我的生命，并在稍后的将来考验我的人生。

经过了罹患癌症的考验后，再去审视自己的生命，会有一种相当不安的感觉。患病及从康宁公司退休让我有一种被掏空的感觉，一种不知所从的绝望。但直觉告诉我，自己的生命到了另一个阶段。药物、意志、抗拒死亡、接受现实，所有这一切带给我的是一种改观。我不仅必须了解现在这个全新的自我，还要习惯生命中一旦失去了为我们设置的护栏屏障后的行走，而这种失去倚靠的状态已经成了我们日常生活中的一部分，成了我们与生命建立的一种新型关系。在我尝试着重新拾起过去日常生活中的那些习惯时，我才明白现在的我其实应该需要一种新的能量，成为激励自己的新动力。我还意识到，现在要重塑自己，在新的境遇中必须重新审视自己的一切，弄清自己未来的走向，给自己一个释放的空间。我必须要为自己找些新的事情做，要让自己的激情和能量得以释放。我要用引导他人的方式振作自己，我要用激励他人的方式激励自己，实现生命新的突破并最终受惠于自己。

既然自己想明白了要做什么，剩下的就是怎么做，如何释放和发挥自己能量

结束语
让生活继续

的问题。当然，与过去相比，现在所要做的这些会使自己的整个人生呈现更宽广的视角。所有的选项——编织、设计、刺绣及其他与布艺相关的技能，绘画、咨询或写作——对我来说，这其中大部分的事或许都要耗费太多的精力。在我的记忆里，想起了不同人给我留下的印象——彼得·穆雷的火热激情与大卫·约翰逊的泰然处之，与他们相处，即使有时将要失去耐心，对他们却仍然可以做到保持冷静。那个生活在美国文化和自身语言的狭缝中依然应对自如的来自中国大陆的陆家宝，其无所畏惧的科学家品格及抽象思维的能力都曾经给我留下深刻的印象，但他过于直白的表达常常让人难以接受并对解决事情无所补益。曼努埃尔·卡塞雷斯，一个天才音乐家和卓越的管理者，给人的感觉像你时刻都在与他进行着某种激烈的角力和较量，他学会了如何在"魅力男人"和在音效领导之间取得某种平衡。这样的回忆可以满足我的精神和需求。我开始绘画，试着掌握一门新技能。我试着在新面料上刺绣，让款式更适合我的气质。追求极致已经化为我自身的一部分。我在一件漂亮的正装礼服上补缀上一块丝绸，直到看上去让我满意。可以说，那段时间我在学着让自己看上去更优雅。

　　了解自己现在的精力及身体的状况也很重要。过去，我经常像一个发电机一样，在早上 5 点钟就开动起来，晨起后马上就开始身体锻炼，从而让精力充沛。以前到了中午，我都会很饿，必须要补充能量，晚上还要再吃一顿。但在化疗后的一两年里，我身体的需求出现了不同的节奏，对我提出了全新的要求。在自己完全适应新节奏之前，我必须做到的是，如何让自己在早上稍晚的这段时间里有足够的精力去做那些我现在尝试学习的事情。因为要通过较长时间的系统课程去学习那些技能，这段时间就被安排在了早上稍晚时间开始，直到午后再持续些时间结束，中间不能间断。每当自己的创意灵感被打断的时候，我就意识到是时候

IDEA
AGENT

该吃点什么了。那些属于夜猫子类型的人才给我留下的印象是,他们的创意灵感从来不会在晨钟敲响之前被打断,他们兴奋活跃的周期与我当时正好相反。弹性工作时间或许更适合我当时的状态。每个人都有自己的生活节奏。保罗·肯尼迪是一个不需要任何人管理的独立研究员,他可以为了自己组织的排球比赛牺牲掉午餐时间。布莱恩·麦克哈格是位经常一身灯芯绒运动装、阿迪达斯室内足球鞋打扮的科学家,很难在早上 8:30 之前看到他,但他在晚上会最后一个离开工作大楼。还有伊莎贝尔·洛佩兹,一位多才多艺的氟化学家,她只要到了冬季的那几个月,随着阳光强度的降低,身体的状况就会下降,必须去低海拔地区调整几天。当我懂得了这些人的真实状况后,就不再刻意地用旧尺度来衡量自己,我已经能够为自己留出更合适的生活空间。

既然搞清楚了状况,那么我的生活就要被重新规划,要让这种规划符合自身的状况和精力,这对我重新找回工作状态是最严峻的挑战。老实说,这种挑战也让我心生胆怯,以致逃避了好一阵。我开始向最近退休的朋友们咨询,尽管他们没有像我这种身体健康遭受打击的亲身体验。但我假设他们也有着同样的遭遇,猛然从叠屋架构的生活中跌入失去任何支撑的状态,他们应该也会像我一样困惑。我回想起曾自鸣得意的那种人生架构在得到了团队支持而给自己带来的重要价值。团队成员的参与和创造,使我在奎斯特、皮特、吉姆、罗宾达拉纳那里聆听并最终找到了自身的成功感觉。这是一种能够创造参与和释放价值的文化,在开放的空间里,任由直觉的牵动,遵循内心的引导,这种共生的架构能清晰地被这些参数所界定——角色、关联、责任。而对于我来说,所谓的架构其实就是每天、每个星期,即日常的生活。

我记得自己曾经被一位居于显赫地位的领导提醒过,采取任何一项行动时,

结束语
让生活继续

特别要注意的是清除杂乱和分心,要避免陷入狂热的工作状态,也不要过度操劳,凡事要依靠组织化的结构支持,在清晰界定的组织结构和规范流程中,鼓励创造性和激情的探索,并为这种探索提供足够释放的空间,同时为总体把握这种激情而划定好尺度与界限。我很欣赏这样的创造性生活。因此,在随后的日子里,在我有机会发挥自己的创造性一面,进行长时间、连续性的工作时,我会安排从稍晚些的午饭结束后开始,到完成了身体锻炼后结束。换句话说,这样一种并非正规的生活方式,已经从根本上颠覆了我过去几十年的生活经验。我渴望利用之前的经验与现在的要求达到某种平衡。在做事之前,我通常习惯准备出整洁和条理化的环境。我倾向于做事时,把要用到的所有的布料、所有的画料,以及所有的参考资料,都有秩序地散放在我工作室的周围,这样我就可以在做事的过程中顺手找到它们。这是在我弄懂了彼得·穆雷放在桌上的从太古到近代岩层分类的意义后,向他学来的方法。我态度严谨地做事,沉浸在工作中,最终的结果与其说是创作,不如说是完成。

我在写作时,才真正体会到了一种直觉流动的快感。做着一件又一件有趣的事情,不知不觉中几个月就过去了。演讲者组织在这时拒绝了我的请求,原因是我在专业领域中没有相关出版物。我冷静下来,重新回来寻找真正属于自己的激情。我回想起自己曾在团队中鼓励成员做到的那些事情,认识到在生活遇到障碍而又必须在既定路径上前行的时候,即使头撞到了墙上,周围所有的力量都在拖曳你的脚步,你依然要从绝境中寻找他途,找到突围的出路。也正是如此的认知,让我心平气和地坐下来将自己做领导时的经验体会写下来。其实,我的内心并没有什么特殊动力的驱使,有的只是记录经验体会的需求。在热带雨林里,找到某处漂亮的地方舒适地坐下,举目高山,鸟鸣婉转,沉浸在创作中,我可以连续写

IDEA AGENT

上几小时，直到思绪漂移开了，我才会停笔。然后，我会去花园里散步，或者在泳池里游上几圈。在这些无忧无虑的静谧中，我能敏感地觉察到泳池中水划过手臂的那种清凉质感，也会被芭蕉叶上鸟儿哺育雏鸟的温馨画面而深深迷住。立意、结构，或者段落、字眼，那些消失了的灵感又都重新出现。这时，我就会再次回到键盘前——有时，必须趁灵感没有跑掉之前快速赶回。当然，这样的只言片语也没必要都强迫自己记下来。或许在别的时间，同样的直觉激发出的灵感会更长久。灵感稍纵即逝，或许恰是止歇的时间。"我现在不会来的。"我好像能听见这样的声音，这或许是灵感厌倦的声音吧。每当我想起这些的时候，就能深刻体会到一个科学家灵感迸发时的激情。集物理学家和交际舞者于一身的提姆·库博在他一头扎进玻璃的压实模型实验中时，喜好收集蝴蝶标本的布兰·麦克哈格在坚持探索无氧玻璃技术的原理过程时，美食烹调家大卫·约翰逊在按照他的想法增加布加迪发动机的转速时，都是这样的"灵感"在发挥着作用。而我作为一个科学家，也曾体会过灵感迸发的惊喜。我很能理解他们的状态，尊重灵感带给他们的惊喜，也为这种灵感的活跃提供保护和支持，现在则是为我自己而激动的时候了。

我能体会到创作过程中思维不受约束的喜悦状态，我慢慢咀嚼创作过程中的滋味。我明白写作于我仅仅是开始。我需要进入读者和专家的圈子，鼓励他们发表意见，无论是拥护、辩驳、还是批评、指导，无疑都会影响我的创作。我要汲取不同的智慧、不同的阅历和体验，来共同分享工作的价值和领导者的激情。我不用为他们中的任何人及他们的组织承担责任，但可以让他们为我提供智慧、阅历和体验，还有什么比得到顶级专家的睿智更让人激动和期待的事情？

我曾经凝聚并领导过这样的团队，并为他们承担过应尽的责任。我很懂得他

结束语
让生活继续

们的内心、他们的节奏、他们的独特，我被他们中的每个个体所牵连，在他们每个人所表达出的尊重中，都能找到隐藏的蕴意。他们的特质值得张扬，要给他们提供合适的舞台，以便英雄能有用武之地。就像教给了我有关 GLBT 知识的奎斯丁斯坦·米勒的能力，以及她的阅历，会促使着我做出安排让她通宵生产，以图挽救一个遭受重创的工厂。还有，就是当我们了解了杰夫·梅吉尔的技术及他的管理经验之后，得以充分放手让他去领导一个人员构成复杂、涵盖多项技术的研究机构。该机构的主要任务就是能够为欧洲市场提供高品质的柴油滤清器。他以其卓越的才能，令人信服地攫取了这个让很多项目负责人都感到头痛的职位。

我慎重地维系着与他们的关系，对他们的工作抱着作壁上观的态度。我理解他们工作的复杂性，了解他们的旅行计划，知晓他们生活上的要求，并且能够体察他们的内在及审美层面的需求。我会询问他们些具体的问题，从中能体现出尊重他们的经验及在专业领域上的独特才能。最近毕业的 MBA 们给我提供了一个独特的视角，能者多劳，我既能成为有名气的作者，也能做顶尖的咨询师，还能拥有学院教授的身份。我还要掌控好与外界的联系，知道什么时候该提交预约的书刊评论，什么时候该应付疯狂的电话采访，什么时候该安排一个从乡村到城市或国外进行的私人访问。我只是希望通过我的写作达到交流的目的。我愿意用自己的视野、从实践中得到的经验丰富他人的生活和阅历；如果再能通过做些什么来满足他人渴求知识的动机和愿望，那么我会认为这是对我的最高褒奖。

因此，我将自己的写作计划融入了生活，并投入了极大的热情和能量。这样的激情曾在过去帮助我领导极富创造力的天才，也让我一直保持着亢奋的斗志，只是在我行将退休时出现过片刻的损毁。这样的消沉还会像幽灵一般出现，扰乱我的心情，销蚀我的意志。每当遇到这样的时刻，我都会努力让自己沉潜在过去

IDEA AGENT

的自我意识中，希望能够借助以前做领导时使用过的某种应对冲突管理的有效工具解决自己的问题。想到彼得·穆雷身上的那股炙热的创造激情，以及那种因凝神于科学的深刻洞察而难于兼顾其他的始终专注的忘我精神；在温迪·李的研究中，其内心所具备的刚毅、韧性，以及他身上流露出的那种自信的风度；还有从塞巴斯蒂安身上能够看到的那种对要实现的梦想及自我角色抱有的强烈自信。我知道，其实这么多年来我只拥有一种财富，它深藏在自我意识的深处，需要自己持续、不懈地去努力开掘。从这些激励他人的经验中，我渐渐意识到了这样的道理。其实我真正能改变的人只有一个，那就是自己。我相信自己有能力改变自己，包括信仰及日常的习惯。尽管达萨走了，但我继续依照他的教诲生活，认识到自己不仅必须要继续为梦想而拼搏，同时也要接受现实。我发现，愈在自我意识的深处沉潜，就愈趋向于自我承认与接纳。只有接纳了自己，才能让能量回归成自身的活力。这样，我才能真正依循领导力的要素去生活。我正在学会如何正视自己的矛盾和冲突，以及如何把这种矛盾和冲突转换成创造的动力。

想起自己在康复过程中得到的启示，我觉察到其中很多正能量都是来自自己领导团队时的激情。这样的成功并不仅局限于某个点上，而是与过去工作中所有的点、线、面关联。遵循着这样的启示，我也十分热衷于参与和相关领导、顾问、作家、记者、编辑及研究生们的热烈讨论过程中，他们现在是我的指导团队，我渴望、期待他们的激情能够帮助我再生。想起自己在与玻璃研发团队共事的那些年中，提姆·库博倡议并组织发起了放松协会。提姆本来是一个不太合群的基础物理学家，后来变成了一位热衷于去舞场跳舞并熟谙社交的导师级人物。这个例子确实可以诠释创造文化中的一个概念，即文化本身是可以通过口碑而延续、传承的，无须用自上而下的组织命令发挥效能。但是，在简单组织的亲密关系中，

结束语
让生活继续

领导者在某个时刻还是能发挥出某种特殊影响的。我明白自己该做些什么，即要找回那些曾经惠及自己并发挥了关键作用的激情元素，同大家凝聚成一个团队，彼此敦促、共同激励，碰撞出火花。

- 既然跳进了火圈，处在了矛盾的焦点，就要认识到冲突是因不同人的不同经历，以及在看待事物角度的不同，而必然带来的结果。这种冲突经常是对立的，并且还会受他人驱动影响，在情绪失控时，甚至会是激烈暴力的。
- 将自己的活力融入一群充满激情、具有卓越能力、极富创造天赋的人的生活中去，他们利用各自的兴趣、技能及相互合作的关系，共同构造出团队中的个性角色。
- 作为领导者，激情可以让你确立团队的和谐价值，有利于与员工共同开拓创新精神，而这种卓越、严谨的精神在实现梦想和愿景的过程中发挥着重要的作用。
- 激情作用下的直觉和引导，可以让个人及团队追求一种卓越、丰富的生活态势，他们将表现出灌注于灵魂的精神气质，注重承诺的兑现。
- 在同一团队的亲密关系中，营造一种由信仰、态度、能力、互动和践行共同构成的创造性的参与文化。
- 让每个人都能意识并且做到，在清晰的组织结构中形成的个人角色的互动关系，以及彼此本应尽到的个人职责，将有助于消除合作的屏障，缓冲矛盾带来的挫折感，让每个人都能在团队中找到存在的价值。
- 作为领导者，提高自我意识，更加兼收并蓄，可以使自己做到允执厥中，不至于被激情所左右，而保持客观公允的立场。这样做一方面起到鼓励激情的作用，另一方面则起到控制激流、疏导情绪的作用。

IDEA
AGENT

总之，正如我的早期直觉所预示的一样，在我的生命进程中，前方尚有一个全新的阶段，那是一个迥异于前的不同境地。此外，我还弄懂了癌症作为一种不可抗的力量，是如何介入并扭转了我的生活，引导我进入现在这样的路径中来。在生命的这个节点，我根本无力抵抗，只能听任命运的安排。刺透将继续成为满足我创造欲望的一个宣泄出口——甚至，我可能还会尝试些其他的形式。我的激情、我的整个生命，都是为了创新文化的繁荣而存在的。现在，命运的眷顾使自己处于生命的新阶段，我愿意去引导和帮助他人，用适合他们的方式去营造属于他们的文化，这甚至远胜于过去自己在团队中发挥的作用。我希望能够教导他人通过改革和创新释放出创造的魔力，教会他们在具体创新过程中把握好卓越和严谨的平衡，并最终借助文化的力量实现创造性的突破。我相信不同的模式及不同的文化，都是因为某人、某地及某时的因缘恰好而形成的。